珞珈语言文学学术丛书

主　任：赵世举　刘礼堂
副主任：尚永亮　陈国恩
委　员：（以姓氏笔画为序）
万献初　王兆鹏　吴天明　张　洁
张荣翼　陈文新　於可训　涂险峰

【珞珈语言文学学术丛书】

语言的多角视野与应用研究

萧国政◎著

中国社会科学出版社

图书在版编目（CIP）数据

语言的多角视野与应用研究／萧国政著．—北京：中国社会科学出版社，2015.8
ISBN 978 – 7 – 5161 – 5771 – 8

Ⅰ.①语… Ⅱ.①萧… Ⅲ.①语言学—文集 Ⅳ.①H0 – 53

中国版本图书馆 CIP 数据核字（2015）第 059031 号

出 版 人	赵剑英
责任编辑	李炳青
责任校对	闫 萃
责任印制	李寡寡

出　　版	中国社会科学出版社
社　　址	北京鼓楼西大街甲 158 号
邮　　编	100720
网　　址	http://www.csspw.cn
发 行 部	010 – 84083685
门 市 部	010 – 84029450
经　　销	新华书店及其他书店

印刷装订	三河市君旺印务有限公司
版　　次	2015 年 8 月第 1 版
印　　次	2015 年 8 月第 1 次印刷

开　　本	880×1230　1/32
印　　张	14.75
字　　数	390 千字
定　　价	58.00 元

凡购买中国社会科学出版社图书，如有质量问题请与本社联系调换
电话：010 – 84083683
版权所有　侵权必究

目　录

第一章　语言的理论视野与语法研究

言语理解与言语构成 …………………………………………（3）
语法研究的两种宏观模式
　　——上向研究与下向研究 ………………………………（26）
汉语成分共用现象的语法性质与相关理论 …………………（47）
现代汉语动词重叠的几个理论问题 …………………………（66）
量词"把"的分类及使用
　　——面向第二语言教学的再研究 ………………………（81）
汉语偏正名词短语的切分原则与结构层次 …………………（96）
从"句本位"、"词组本位"到"小句中枢"
　　——汉语语法表述理论更迭的内在动力与历史趋向 ……（111）

第二章　语言的应用视野与理解研究

把语言放在人的交际中来观察和教学
　　——开设"语言交际艺术"课的一些认识 ……………（131）

"他的老师当得好"的句位构成与句子解释 ……………… (144)
"有+NP"格式的意义类型分析 ……………………… (165)
比拟的构成要素及结构特点 ………………………… (178)
借代和借喻的异同与连用 …………………………… (185)
从战略上保证汉语健康发展
　　——对三套小学语文改革实验教材的调查思考 ……… (189)
小学语文教材词语注音错误及一致性问题 …………… (194)
小学语文教材词语注音的规范性问题 ………………… (202)
新加坡华语发展的历史动因和华语形态透视 ………… (211)
从社交常用语的使用看新加坡华族的语言选择
　　及其趋势 ……………………………………………… (217)

第三章　语言的哲学视野与信息处理研究

时种概念、时量判断与时段推理 ……………………… (233)
从概念基元空间到语义基元空间的映射
　　——HNC联想脉络与词汇语义结构表述研究 …… (246)
动词"打"本义的结构描写及其同义词群建构
　　——一种人机共享的"词群—词位变体"研究 …… (260)
The Construction of Chinese Verb Synsets Oriented to Language
　　Knowledge and Reasoning
　　——"Synset-Allolex" Theory and "Syntactic-Semantic
　　Components" Analysis ……………………………… (274)
Semantic Composition and Formal Representation of
　　Synonym Set ………………………………………… (294)
Ontology 的类型及汉语词网的 Ontology 结构 ………… (308)
信息处理的汉语语义资源建设现状分析与前景展望 …… (323)

手持嵌入式系统应用中的自然语言处理关键技术 ………（339）

第四章 应用语言学及文化语言学视角

我国语言文字应用研究的开拓与进取
　——《语言文字应用研究》创刊五周年 …………（353）
世纪之交的应用语言学学科定位
　——迎接语言应用研究新世纪 ………………（370）
社会用语与社会脉象的语言文化透视 ……………（384）
汉语法特点和汉民族心态 …………………………（398）
文化语言学的方法 …………………………………（412）
文化语言学与当今社会 ……………………………（425）

[附录]2012年中国教育热点网络舆情报告 …………（441）
后记 …………………………………………………（460）

第一章

语言的理论视野与语法研究

言语理解与言语构成

本节试回答言语可以怎么理解、言语应该怎么研究和言语可以怎么研究的问题，并且认为应该和可以怎么研究受制于对言语的语言学理解。

任何符号和术语都有能指与所指的问题，节文严格区分"言语"的能指和所指，并先讨论其能指，再讨论其所指。

言语，在古汉语里曾是两个词。

言，动词兼名词。动词是本用，本义是讲话。"言"的甲骨文字形，下面是"舌"，插在舌上面的是一把带柄的剑，表示言从舌出。整个字形是张口伸舌讲话的象形。其本义的用法例如：志以发言。(《左传·襄公二十七年》) | 国人莫敢言，道路以目。(《国语·周语上》) | 言，心声也。(《法言·问神》) | 言，口之利也。(《墨子》) 具言所闻。(陶渊明《桃花源记》) "言"的本义用法至今仍保留在一些成语或惯用语中，如：知无不言、言不尽意、言行一致、王顾左右而言他。"言"的名词用法是动词用法的延伸，其词义是所讲的话（口语），引申为文字。其语例如：父母之言。(《诗·郑风·将仲子》) | 口之宣言也，善败于是乎兴。(《国语·周语上》) | 凡六百一十六言，命曰《琵琶行》。(唐·白居易《琵琶行》序) 引申义为文章中的

句子，如：《诗》三百，一言以蔽之，曰"思无邪。"（《论语》）"言"表话语的用法在很多成语中保留着，如：言之成理、言中无物、言外之意、言听计从、一言不发。

语，形声字。从言，吾声。也有动词和名词两种用法。本用动词，本义：谈论、议论、表达。《说文》："语，论也。"其用例如：子不语怪、力、乱、神。（《论语·述而》）｜公语之故，且告之悔。（《左传·隐公元年》）｜食不语，寝不言。（《论语·乡党》）又：不言不语、胡言乱语、鸟语花香。"语"的名词用法，也是其动词用法的延伸。例如：吾闻其语矣，未见其人也。（论语·季氏）｜张胜闻之，恐前语发。（《汉书·李广苏建传》）｜为人性僻耽佳句，语不惊人死不休。（唐·杜甫《江上值水如海势聊短述》）又如：语惊四座、欢声笑语、花言巧语、千言万语、话语、评语、口头语。现代汉语里"语"的名词性用法出现在造词层面，或表语言（language），如：词语、语义；或表语言的结构成分，如：主语、谓语、宾语；或表信号［signal］，如：目语、手语、灯语。

但"言"和"语"不论是用于动词义还是名词义，常常词义相通，对举使用。动词义对举用法的用例如：不言不语、胡言乱语；名词义对举用法的用例如：千言万语、花言巧语。

"言语"作为一个词，也有动词表说话和名词表说的话两种用法。例如：与人罕言语。（明·魏禧《大铁椎传》）｜市人之言语。（唐·杜牧《阿房宫赋》）又如当今的用例：言语失和、言语冲突、言语交际。

在语言学中，言语有时与语言相对，它们分别指称不同层级上相对具体的对象和表现。并且分语言和言语两个概念及其所指，是推动语言研究及其发展的重要方法。20 世纪初索绪尔们对语言与语言的区分，确立了 20 世纪的语言研究是为语言而进行的语言学研究（即语言本体研究）的性质，奠定了现代语言学的第一个理论基础。20世纪上半叶，中国语言学界的语言与言语大讨论，极大推进了我国语言研究的理论思考与研究深入。在21世纪的今天，我们再次讨论语言与语言，其研究意义应该是不言而喻的。

在不同的语言里，"言语"和"语言"的能指会不同，但是其所指可以相同。在同一语言里，相同的所指也能采用不同的能指表示，相同的能指可以表示不同的所指。

本节的"言语"（所指）在三个意义（三个能指）上使用：1. 说话——言语行为，2. 说的话或写的话——言语作品，3. 语言系统中不同层面与类（type）相对的例（token，living example）。这三个意义上的"言语"分别是言语的行为理解、作品理解和语言理解，我们依次记作言语$_1$、言语$_2$、言语$_3$，并分别从这三方面阐述我们对言语的理解，探讨言语不同意义上的构成，以之为推进我们的言语和言语学研究作一点努力。

一　言语的行为理解及其构成

言语$_1$或曰讲话（speak，speech act），是人类的社会行为，是人区别于动物的重要特征。从行为角度观察言语，探讨言语的构成，是我们从宏观上把握言语的基础。

言语作为一种行为，它是一个特殊的多态发生和转化过程。这个过程以制造言语作品为表征，以成功复制信息为目标，以一个互逆的三态转化及言语作品传递为动态构成。言语的行为理解，可从表征、构成和目标三个层面来观察和揭示。

（一）言语$_1$第一层面，是言语的大众层面。第一层面的言语,由言语行为及言语作品构成。

讲话作为人类行为,是人类具备了讲话的各种物质基础(如呼吸系统的进化完成、脑功能的成熟完善、发音器官和听觉系统的高度发达、各种知识的长期积累、有内容要讲并非讲不可等)和社会条件(有话能讲,并能成为语言现实)之后的社会作为。从人类第一次讲出真正意义上的话语开始,能不能讲出话语,或有没有话语产生,就是衡量人类的某种行为是不是讲话的第一标志。因此生产话语或言语作品,就是言语行为的直观目标或外部表征。在这个意义上,言语就是生产言语作品并有言语作品产生的人类社会行为。言语行为构成的第一层就是讲话和讲出的话,或:言语—言语作品。

第一层面是言语的行为构成层面,也是大众能感知的语言层面。第一个层面的言语研究,是言语行为、言语作品以及言语行为与言语作品的联系与关系的研究。

人们为什么讲话,讲话会产生什么结果、达到什么社会目标等的研究,似宜于在言语的这个层面进行和展开。

(二)言语$_1$第二层面,是言语的行为过程或行为原理层面。第二层面的言语,由言语状态、言语过程和言语状态的转化构成。

其第一阶段是信息(言语内容)的发射阶段,该阶段是一个信息从心理状态到生理状态再到物理状态的转化过程。即:

(1) 发射阶段及其信息三态
心理状态(Ⅰ)→生理状态(Ⅱ)→物理状态(Ⅲ)

人在讲话前,其所要传递的信息,以心理状态存在和存放于发话人的大脑里。在产生言语冲动后,信息进入发射的三态转化阶段。这个阶段分为两步：第一步，是把信息的心理状态转化为生理状态，这个状态的转化包括：对心理信息进行分类、排序，寻找相关的发音器官把信息发送过去。以电脑文件打印作比，这一步类似于电脑先把文本打印内容传给打印机。第二步，是生理状态转化为物理状态，即发音器官及其有关动力系统，按照一定程序，将生理状态的信息转化为声音及声音的连续体。这一步类于似打印机打印文件。

言语行为的第二阶段是信息以物理形态在空气中传送。这一阶段始于发射阶段信息的物理状态（Ⅲ）的形成（即语音的声波出现在空气中），止于物理状态（Ⅲ′）的声波进入受话人的耳膜。传递阶段的言语形式可描述为：

(2) 　　　　　传递阶段及其信息状态
　　　物理状态（Ⅲ）……语音传递→……物理状态（Ⅲ′）

非语言学的信息论，其讨论的信息内容和范围，基本是起于（Ⅲ），止于（Ⅲ′）。

言语行为的第三个阶段是接受阶段，是又一个三态转化的过程。即：

(3) 　　　　　接受阶段及其信息三态
　　　物理状态（Ⅲ）→生理状态（Ⅱ′）→心理状态（Ⅰ′）

与第一阶段比，接受阶段的三态转化与第一阶段是互逆的，是第一阶段三态的依次逆向还原。

言语性的三个阶段虽然可分开表述和描写为(1)(2)(3)，但是实质上发射、传递和接受是一个没有间断的言语行为过程，并且这个过程的起点和终点都是信息的心理状态。即：

(4) 言语发生过程原理全图

心理状态→生理状态→物理状态……传递→……物理
|……1. 发射阶段……|……2. 传递阶段……|

状态→生理状态→心理状态
|……3. 接受阶段……|

观察（4）不难发现，第二阶段的开始和结束是分别与一、三阶段的第三状态和第一状态重合的，一、三两个阶段的转化及步骤形成的序列，刚好围绕阶段2的空中传递形成轴对称或镜像结构，其对称或结构可用（1）（3）中状态的数码代替状态进一步抽象为：

(5) 言语发生过程原理示意图
（Ⅰ）→（Ⅱ）→（Ⅲ）……语音传递→……（Ⅲ′）
→（Ⅱ′）→（Ⅰ′）

从（4）（5）我们可以看到：

1）信息的生理状态和物理状态都是信息的过渡状态或动态形式，心理状态才是信息的存放态和固定形式；

2）发射阶段的三态和接受阶段的三态，所用名称相同，是由于其对应的信息的状态性质相同，（如第一阶段的心理状态和第三阶段的心理状态，其对应的信息及其表现都是心理形式）但这并不等于说这两个阶段相同状态的信息是全等的，因此，在用数码表示状态时本节用了带撇号的数字来显示其可能存在的差异。不过在理论上两个同名的信息状态所对应的信息应具有最大的接近值。①

3）由于言语行为是一个不间断的连续转化和传递的综合过程，故言语发生过程原理图上的任何阶段都不能离开整个过程而全量存在，任何状态也不能离开所在过程及其相关相连状态而全量存在，因此，虽然我们可将任一状态（包括言语作品）或阶段切割出来加以研究，但是其语言性质和信息的全量揭示，必须作阶段、过程、连接和转化的全面研究和联系的思考和研究。

如果联系我们交际的言语实际，我们还不难发现，除了第二阶段的物理状态（及言语作品）具有较强的直观性外，其余两个阶段的言语信息状态及其转化的可感性比较低。不管怎样，我们都看到，平常表面看起来一句普普通通的话〔(5)之(Ⅲ)和(Ⅲ′)中的一个具体形式〕，原来是一个由看不见的六态转化支撑的心理—生理—物理现象。该现象，没有阶段 1 它不能产生，没有阶段 3 它不能存在或存活。因为没有人听得懂的语言是没有生命的语言，如古希伯来语、古鲜卑语等之于现代人。因此要揭示言语或语言的真谛，我们必须要把语言的研究对象从静态的言语作品，转向动态的言语过程，实现语言研究的第一个回归：从作品静态向行为动态回归。

第二层面的言语研究，除了言语的过程、阶段、状态及其转化的研究和语音的传递研究外，还应看到，一个由语音传递连接的发射、接收的言语过程，除了语音传递的部分之外，其余都是在人的体内实现和完成的，涉及人的心理机制、生理机制及其工作原理，同时也关涉到物理学的声学原理与生理学的衔接。

言语$_1$的第二层面常可见到语言发生学、病理语言学、神经

---

① 进一步参见第 14 页"（二）"的部分。

语言学等在这里驰骋纵横。或者说言语₁的第二个构成层面是病理语言学和神经语言学驰骋的主要言语层面和领域。

（三）言语₁（讲话）是把发话者心理状态的信息复制到受话对方头脑中去的人类交际行为。该行为是以一方心理状态的信息为起点，以对方心理状态同值信息的建立为终点。虽然我们不敢说人类行为都是负责的，但是人类产生言语作品的言语行为却是一种生产、销售和服务全程负责的举动。这种举动不只有起点，而且还必须有终点，不能有始无终。

我们常常看到和这样做：当对方没有听清和听懂的时候，发话者会重说，会放慢速度或加大音量等，总之是负责到底，直到对方头脑中完全复制出发话方的心理信息方才罢休。

应该说，离开了信息复制就没有言语行为，或没有正常的言语行为。这可从两方面证明：第一，我们讲话不仅对方没有听懂我们会设法让其听懂，而且没有受众（即没有信息复制的对象）我们一般不讲话；第二，自言自语只能是语言的偶然现象，如果一个人讲话，自言自语的比例大于跟人讲话，那么这个人一般会被看作精神不正常。因为自言自语是以自己或虚拟的人为交际对象，是在把自己的信息复制给自己或虚拟的人。而语言是人类的交际工具，建立社会成员的社会联系和联结是语言的第一功能。

写文章或写话，好像是反例。其实不然。写话只是把过程（1）和过程（2）中物理状态的语音形式改为或转化成了文字形式，①传递的物质，或者换个角度说，连接两个言语阶段的媒介——言语作品的形式，由语音形式变成了文字。由于文字时间

---

① 言语的物理状态，在写话和阅读时，是把说话时的语音形式换成了文字形式，还是多了一道音字转换程序？可进一步研究。但是，不管该状态是更换了形式还是增加了程序，都不影响这里的结论。

上的可停留性，使接受阶段由必须当场发生变得可以后时发生。而写话作为言语行为的另一种形式，把自己一方心理形态的信息复制到对方头脑中去的性质和目标并没有改变，否则写话就成为毫无意义的人类举动了。

写话或书面语发生，并没有改变语言的行为性质，改变的是言语作品的物理形式、言语过程的构成及断续模式。由于原来讲话的言语作品是语音形式，语音是不能停留的，因而其言语过程，是一个不能间断的三段六态的言语传递转化链。一些现代通信手段和设备即电话和扩音器，只是延长了语音传递的距离，扩大了语音传递的范围，并没有改变言语的形态类型、三段相接的过程模式及不可间断的传递方式。但是，由于写话的言语作品的物理形式不再是耳闻的语音形式，而是目治的文字形式，这就带来了言语过程发生构成与特性两方面的变化。具体讲就是：第一，由于书面言语作品具有可保留性，言语发射制作三态与接受存放三态不再需要同时进行，而可异时相接，这就使得言语行为的过程可以断裂开来，成为不具物理联系，且理论相距时间可以无限的两个言语阶段；第二，由于两个物理形态之间的连接不再以传递的物理形式出现，因而说话的中间阶段——语音传递就不复存在，而书面语接受由于没有增加同质的新阶段，故写话将言语行为可断裂并使之减少为发射和接收的两个阶段。即：

(6)　　　写话言语行为的过程原理图
<u>心理状态→生理状态→物理状态</u>
　　　　　发射阶段

<u>物理状态→生理状态→心理状态</u>
　　　　　接收阶段

书面语言的出现,不仅改变了言语的过程方式和模式,也使两个阶段的物理状态的形式具有了最大限度的一致性。它不像口语,发出的物理形式为 A,接受的物理形式可能为 A′,甚至为 B。后者如人们常说的"聋子对话",你说"是我"他可能听成"失火"什么的。而书面语绝不会将你写的"是我"让另一个人看成"失火"什么的。

但是书面语会误导我们对于言语的认识,会使我们认为言语作品是可以离开接收三态而存在的社会物理形式。所以,要真正认识言语性质及其过程,必须观察口语、研究口语。所以,在这个意义上说,言语研究或语言研究,要从现在一边倒地注重书面语研究或研究书面语,向立足口语和研究口语回归。语言和言语的第一形态是说话和说的话,而写话和写的话,只是前者的发展和变化形式。

总之,言语行为是把信息复制到对方头脑里去的人类举动。信息复制,是言语行为的性质和目标。言语$_1$第三层面的构成,是言语的性质构成。

二 言语的作品理解及其构成

言语$_2$或话语(diction, saying, spoken language),一般认为是言语行为的产品——言语作品或言语产品。言语作品一方面与言语行为相联系,另一方面与信息载体相联系,此外它还与特定的言语主体和环境相联系,本小节分三个层面来讨论。

(一)言语作品(言语$_2$),从理论上讲,是言语行为的过程中某个阶段的信息形态。

在言语行为原理图上,我们把言语行为描写为六态及其转化过程，从语言作品的角度看，真正的言语行为过程，是从"→生理状态（Ⅱ）"到"→心理状态（Ⅰ'）"的一段，即发射阶段的信息向生理状态转化开始，到接收阶段信息的心理状态截止的一段。为了直观简洁地说明言语形态、言语作品和言语行为的关系，我们可把（4）和（5）合并为（7）：

(7)　　　　言语形态、言语作品和言语行为的关系
　　　　（Ⅰ）心理状态→（Ⅱ）生理状态→（Ⅲ）物理状态……传递→……（Ⅰ'）物理状态→（Ⅱ'）生理状态→（Ⅲ'）心理状态

<u>（Ⅰ）→（Ⅱ）→（Ⅲ）</u>…语音传递→…<u>（Ⅲ'）→（Ⅱ'）→（Ⅰ'）</u>

心理状态（Ⅰ）是信息的起点形式或状态，是信息的原生态。一旦言语行为开始，该信息所具有的形式，就是原始信息的言语形式，即言语作品了。

虽然从理论上讲一条言语行为轴可看作若干个言语形态的运动轨迹，言语过程中的言语作品形态或形式的切分可以是无限的，但是如果就两个形式之间具有阶段性质的区别来看，言语先后只有五种过程形态或形式，即：生理状态（Ⅱ）、物理状态（Ⅲ）、物理状态（Ⅲ'）、生理状态（Ⅱ'）和心理状态（Ⅰ'）。这五种形态是言语行为过程中言语作品的几种基本形态或形式。其中（Ⅱ）、（Ⅲ）是言语的两种发射形态或形式，（Ⅲ'）、（Ⅱ'）和（Ⅰ'）是言语接受的三种形态或形式。

从行为过程看，这个层面的言语构成，是言语作品的过程形态的集合。

言语形态（Ⅱ）、（Ⅲ）、（Ⅲ′）、（Ⅱ′）、（Ⅰ′）与言语起点状态（Ⅰ）的关系，是信息跟信息的言语作品形式（或形态）的关系（进一步看第 16 页"（三）"）。

（二）言语过程中其五种形态的言语作品，它们的性质和形式几乎是各不相同的。

从前述已知，讲话是要把发话者的心理信息复制到受话者头脑中去，从这个角度讲，言语作品的五种过程形态，首先可分为目的作品和过渡作品。未到达受话者头脑中的形态（或形式）——生理状态（Ⅱ）、物理状态（Ⅲ）、物理状态（Ⅲ′）、生理状态（Ⅱ′），是言语作品的过渡形式（或过渡作品），处于受话方头脑中的心理状态（Ⅰ′）是言语作品的终极作品（或言语的目标形式）。

其次，从感知特点看，五种形态的言语作品，有内部言语作品和外部言语作品之分。内部言语是存在于交际双方身体内的状态和形式，对人体具有极大的依附性，离开了人体便无法存在和体现。外部言语是以物理的形式声音形诸体外，在空气中传送，其自然单位是音节和音节的有意义的连续体句子。外部言语离开人体可独立存在。不过，从文献看，至今人们关注到和研究比较多的是言语的外部形式。①

特征上，内部言语在某个时点或时段总是只有一方（受方或授方）可感知，外部言语则是授受双方可共同感知，即说话人说话时可同时监听自己的声音。一方不能感受存在于对方人体内的生理状态和心理状态的内部言语，但是可共同感知物理态的外部言语。

言语作品的上述性质差异及其类型可图示为（8）：

---

① 这种形式有人称为言语作品，有人称为言语行为。

（8） 言语作品的性质差异及其类型

心理状态 I	→	生理状态 II	→	物理状态 III	→	物理状态 III′	→	生理状态 II′	→	心理状态 I′
言语作品											
内部言语作品1	外部言语作品	内部言语作品2									

形式上，言语作品的心理状态（I′）和信息的心理状态（I）相同，其信息储存的心理结构和形态也相同。但是对于不同语言传达的相同信息来说，其心理状态可能相同，可能有同有异，也可能完全不同。

物理状态（III）和物理状态（III′），如果是说的话（口语作品）其表现形式都是语音，它们的表现形式是同形状态；如果是写的话（书面语）其作品形式是文字或文字串，那么它们的形式更是相同的。但不同语言，相同信息的物理状态，一般不同。

生理状态（II）和生理状态（II′）却不然，它们状态类型相同，而结构和表现形式却各异（或性质相反）。简单地讲，如果是说的话（口语），（II）可能主要是与发音相联系的生理状态，（II′）可能主要是与辨音（解析语音）相联系的生理状态；如果学写的话（书面语），（II）可能主要是与文字书写发生联系的生理状态，（II′）可能主要是与文字理解发生联系的生理状态。

至于语言翻译，应该是信息的两种物理状态的作品的变更，其起点和终点分别是两种语言的物理形态的信息。其言语过程及其动态作品形态是（9）：

(9) 翻译的言语过程及其动态作品形态

物理状态1	→	生理状态1	→	心理状态1	→	心理状态2	→	生理状态2	→	物理状态2
甲语言　理解						乙语言　生成				

（三）言语作品的第三个层面是语言的信息层面。这个层面的言语构成，是言语作品的要素构成。

我们认为，不同的信息有不同的载体、结构、传递方式和活动空间。光信息有光信息的载体、结构、传递方式和活动空间，电信息有电信息的载体、结构、传递方式和活动空间，语言信息有语言信息的载体、结构、传递方式和活动空间。

不同的物质，是不同的信息与不同的载体相联系的产物。信息可以单独定义，但是它不能离开载体而单独存在。语言信息是人类的思想（或思维成果）或感情，它是人类心智活动的产物。哲学家们早在19世纪就指出过，思想不可能是赤裸裸的，它必须穿上语言（载体）的外衣才能为他人所感知。这种认识应该是信息与载体不可分离存在之观念的早期萌芽。

我们把人的思想感情称作语言信息，并不是这种信息就是语言，相反，是认为这种信息的运动载体是语言。

语言信息的第一种形态和储存形态是心理形态，语言信息的第一载体是心理载体。进入言语过程后的语言信息，依次是生理载体、物理载体。换句话说，心理状态的信息、生理状态的信息和物理状态的信息,分别是心理性载体、生理性载体和物理性载体的语言信息。但这绝不是说,生理状态的信息和物理状态的信息,是心理状态的信息在言语过程中,把载体换成了生理载体和物理载体。相反,它们之间的关系不是载体更替关系,而是加载关系,即有了第二层载体、第三层载体,这种更替和加载关系可图示如下4式:

(10) 心理状态的信息+生理载体→生理状态的信息
(11) 心理状态的信息+物理载体→物理状态的信息

或者:

(12) 信息+心理载体→心理状态的信息+生理载体→生理状态的信息
(13) 信息+心理载体→心理状态的信息+物理载体→物理状态的信息

心理状态的语言信息,是其存在的最基本的自然形式和内在形式,生理状态的语言和物理状态的语言,是语言信息的传递形式和言语形式。言语作品形态间的这种关系,我们还可从人们发一个词的语音和造一个句子(音节串)时,衡量所发的音和所说的句子对不对来看。一般来讲,常常先用心理心态的信息作衡量标准,[①] 去对照该心理信息的标准语言形式,再用标准形式对照所要检验的言语形式。从听话的角度看,我们常常会是"得鱼忘筌"(或者说得"义"忘"形"),即交际结束,言语的生

---

① 通常我们说是用意义去观察形式,其实我们用的意义就是心理状态的信息。

物形态的作品和物理形态的作品全部不管了，留下的只是心理形态的语言信息。除非刻意去记语言形式，某些内容的物理形式的作品才储存在头脑里。

另外，如果言语作品的体积或从人脑对言语作品的容量或承受看，听讲课和听讲演，读书或看报，如果我们只记内容（心理形态的信息）一般都不觉得累，人家要问你看到和听到什么，我们可用自己的话不费什么力地讲出来。但是如果记的是物理状态的信息，那么内容记得多一些就觉得比较累，即如果要用别人的原话（物理载体的信息）复述出来，就会感到累得多。这种情况表明，生理和物理形态的信息是占心理空间的，如果人脑的容量一定，信息的载体越多，人们会感受到脑空间越挤，因而人就越感到难受。

在言语形式中，生理状态的信息是言语内部信息，物理状态的信息是言语外部信息。在这个意义上，言语$_1$是语言信息与生理载体和物理载体相结合的过程，言语$_2$是语言信息与生理载体和物理载体相结合过程中形成的复合状态。语言（记作语言$_1$）是心理信息与生理性载体和物理性载体相结合，生成生理状态信息和物理状态信息联系的规则和系统。并且，是这个意义上的语言以及言语三态转化的能力，才是人的先天遗传，其后天的语言学习或习得是激活这种遗传的方式和途径。[①]

以上关于言语作品形式和信息的关系，只是就言语构成本身而言的，没有考虑交际双方人的因素以及说话和听话双方言语心态和言语能力等方面的差异，没有考虑同一物质载体与被载之间的歧义关系。如果把这些考虑进去，相同类型的言语形态在授受双方心理上的反应是不同的，接收阶段的三态还是对发射阶段三

---

① 关于"语言"进一步参见第三小节。

态的分别"重构"。因此，信息的传递常常会有误差。

三 言语的语言理解及其构成

语言是人类最重要的交际工具。"交际"，词典一般解释为人们之间的交流和交往。语言之所以在交流和交往中扮演最重要的工具角色，是因为人类的交流和交往，首先是信息的交流，其他交流（比如商品交流等）是通过信息交流来表达和实现的。作为信息交流工具的语言，具有不同的层级和层次，其相对应的言语也具有不同的级次。与不同级次语言相应的言语含义和内容，是言语$_3$的语言理解及其构成。

（一）在这个意义上，语言首先是抽象的言语，言语是具体的语言。其二者之间是抽象与具体、隐性与显性的关系。比如：

(14)

语言：	主谓结构短语	因为P，所以Q。（因果复句）	X?（问句）
言语：	灯光明亮 祖国繁荣 ……	因为下雨，所以比赛取消。 因为天气问题，明天不发车。 ……	谁？ 你去？ ……

(15)

语言：形容词 + 的 + 名词 → 名词短语

言语：伟大 + 的 + 祖国 → 伟大的祖国
　　　坚强 + 的 + 战士 → 坚强的战士
　　　……

语言：人物名词+们 → 名词表多数的形式
言语：学生+们　　→ 学生们
　　　老师同学+们 → 老师同学们
　　　……

（14）横线上面是几个语法实体的语言表达，线下是它们对应的言语形式，（15）横线上面是构成更大语言单位和一个语言形式带附加意义的形式的规则及其内容的语言表达，线下是它们对应的言语内容及言语表现。总之，线上是语言，线下是言语。言语是具体的语言或语言的体现。或者说言语是语言系统中不同层面与语言"类"（type）相对的"例"（token, living example）。

语言是隐性的，言语是显性的。我们见到的都是言语，存在于我们心里和头脑里的言语依据是语言。语言体现为言语。言语是语言的显现。

（二）言语是依存于语言的，没有离开语言而存在或存活的言语。在这个层面，言语是特定语言的个别表现。

言语的语言特定性可从"组形"造句和"释义"理解两方来看。

从理解释义看，言语形式的意义依附特定的语言。一个短语或句子就是一个物理态的言语形式，它们表达什么样的意思，完全依附某个特定的语言。否则，就会南辕北辙，十分可笑。

在词对词的机器翻译中，英语的两个句子被翻译成它下面的中文，而这种翻译显然不是英文句子的原意：

（16）a) How old are you?　　b) Go back by bicycle。
　　　　怎么老是你？　　　　　　回家骑自行车。

在对外汉语教学中,有这样一个故事。有一天,中国老师骂另一个同事说:

(17) a)"你不是个东西!"

说完突然想到留学生在场,觉得不好意思,就看了那个留学生一眼。留学生以为是老师暗示自己帮腔,于是接着说道:

(17) b)"老师,你也不是东西,我也不是东西,我们大家都不是东西。"

学生说完,十分得意,老师听后,非常尴尬。

例(16)的英语句子是依附英语而存在的,(16a)英语的意思是"你多大",(16b)英语的意思是"骑自行车回家",可是词对词地翻译成中文后,则忽视了句子的意义理解对所属语言的依附性而南辕北辙。例(17)也是由于汉语和留学生的母语是两种不同的语言,留学生不自觉地把汉语的句子当母语理解而使为师者更为尴尬。不同语言的言语作品,必须按该语言的释义规则和有关要求去解释和理解。

再看组形造句和用句。

句子,言语形式的组造和使用,必须符合特定的语言。

下面是一个来华没几天的留学生早上跟同学见面时用的汉语问候语:

(18) *怎么样你?

据那位留学生自己讲他刚来不会汉语，又想用汉语讲话，于是按英语的问候语（How are you）编造了这个他认为是汉语的句子。结果这个句子语形上站不住，意义上也不存活：汉语母语者没有人这样寒暄，问候内容也不合汉文化。

同一种语言，不同时代的语言系统也有差异，共同语与方言也有差异，有些言语形式只能在一种系统里存活。比如只在汉语普通话、方言或古汉语里存活。

言语的语言依存性及其内容，是言语$_3$第二个层面的言语构成。不仅理解和使用某个言语体必须了解它所属于的语言，而且所有言语体都只能通过所在语言来理解、解释和组造。

（三）言语是语言的使用形式，一个言语形式传递什么样的信息，取决于它的使用约定和出现的语境。比如下面两个小句单用、连成句群或组成复句用，表义情况不同。如：

（19） 他没考好。（单句）
（20） 名牌大学怎么会录取他？（单句）
（21） 他没考好。名牌大学怎么会录取他？

（19）(20) 单用，意思分别是：他考得不好，他没被录取。(21) 两单句连成的句群，有两种意思：1. 后一小句是反问句，句群的意思是他没被录取；2. 后一分句是引问，句群等于说：我同意你的说法"他是没考好"。同时问："（你问）名牌大学怎么会录取他？我也不知道。"意思可能是他被录取了。再看(19)(20)构成的复句：

（22）他没考好，名牌大学怎么会录取他？（复句）

（22）有另两个意思：1. 作为一个推论因果关系的"既然A，就B"复句，句子的意思是：既然他没考好，他就不会被录取；2. 相当于一个容忍性让步转折关系的"尽管A，但B"复句，句子通过否定后一分句来否定前一分句，等于说，既然名牌大学已经录取他了，就说明他已经考好了。①

这里再看同一信息汉语使用不同言语形式来表达的实例：

（23）他来，时间是明天下午，坐小王的车。
（24）他明天下午坐小王的车来。

（23）（24）的信息相同，但是言语载体不同。并且信息是在心理世界构建的，言语的形式载体——句子或句联，是在物理世界组构的。语言形式组合和信息组合是各自独立的世界。言语是分别与语言的不同世界发生联系的，言语是多世界的语言使用体。

四　结语

本节从"言语"的能指和所指入手，将"言语"的所指分为言语$_1$、言语$_2$和言语$_3$，讨论了"言语"的语言学理解和构成。语言$_1$即语言的行为，其第一层是言语的构成六态（说话方的

---

① 参见邢福义：《小句中枢说》，《中国语文》1995年第6期。

发出三态"心理形态—生理形态—物理形态"和听话方接受的逆向三态）及传递；第二层是言语"六态"的发生及其过程原理；第三层是言语行为的性质。言语$_2$即说话的产品（言语作品），言语作品为言语$_1$构成六态中的后五态相对应，可归纳为生理和物理两态三种形式（生理发音形式和物理的声波形式及文字形式）。言语$_3$即语言系统中与不同层面"类"（type）相对的"例"（token, living example）。文节在论述语言上述构成的基础上，揭示了语言产生、语言形式、语言系统、语言性质和相关原理。通过以上研究和论证，本节提出语言研究的对象和方法应三回归：（1）从静态的言语作品向动态的言语形式和构成回归，（2）从书面语向口语回归，（3）从语言向言语回归。

参考文献

戴维·克里斯特尔：《现代语言学词典》，沈家煊译，商务印书馆 2000 年版。

郭婷婷、游舒：《言语、言语学、言语学科建构》，《语言文字应用》2003 年第 3 期。

刘叔新：《语言和言语问题的重新认识》，《语言学通讯》1992 年第 3—4 期。

索绪尔：《普通语言学教程》，高名凯译，商务印书馆 1980 年版。

王希杰：《语言的语法分析和言语的语法分析》，《语法研究和探索》(2)，北京大学出版社 1984 年版。

萧国政：《现代汉语的隐性语法范畴》，《华中师范大学学报》（人文社会科学版）1999 年第 2 期。

萧国政：《汉语语法研究论》，华中师范大学出版社 2001 年版。

萧国政：《论 21 世纪现代汉语语法研究的内涵构成与发展选择》，《华东师范大学学报》2004年第3期。

邢福义:《小句中枢说》,《中国语文》1995年第6期。

Jack C. Richards, John Platt, Heidi Platt:《朗文语言教学及应用语言学辞典》,管燕红译,外语教育与研究出版社2000年版。

(本节原载李宇明、萧国政、冯学锋、赵世举主编《言语与言语学研究》,崇文书局2005年版)

语法研究的两种宏观模式[*]
——上向研究与下向研究

著名语言学家邢福义先生在《汉语语法学》中说："《马氏文通》于1898年问世，成就了作为一门科学的汉语语法学的第一个篇章。100年来，汉语语法研究大体可以分为三个时期：（一）套用期（19世纪末期到20世纪30年代末期），大约40年。基本倾向是套用国外语法学体系，略加增减修补，形成汉语语法学体系。（二）引发期（20世纪30年代末期到70年代末期），大约40年。基本倾向是引进国外语法理论，用以观察和描写汉语语法事实，生发出比较注重汉语语法事实的语法学系统。（三）探求期（20世纪70年代末期到现在），大约已有20年。基本倾向是接受国外理论的启示，注重通过对汉语语法事实的发掘，探索研究的路子，追求形成具有中国特色的研究思路和研究方法。探求期是代表现代汉语语法研究新起点的一个重要阶段。……近年来，群体性思考、独立性思考和开拓性思考的结合，已经使现代汉语语法研究进入了一个新的思考阶段。"

---

[*] 本研究得到国家教委八五社科项目"我国当代语法研究方法的多侧面考察"基金赞助，谨此致谢。

汉语语法怎么研究，具体研究目标和学科研究目标怎么指向，可以说，这是"探索期"语法学者和语言理论研究者，经常思考的问题。前几年，笔者承担了国家教委社科项目"我国当代语法研究方法的多侧面考察"，对语法研究的一些理论和方法问题进行了较多的思考和研究。与一般的事实研究和理论研究不同，本课题是对汉语语法研究的再研究，本节是这个研究成果的一部分。

通常学者们把研究二分为归纳研究和演绎研究两种模式，那么具体讲，在语法研究中这两种研究的性质、特点和内容如何？这是我们应该思考和研究的理论方法问题。20世纪90年代初期，邢福义先生提出两个术语：上向研究和下向研究。我们认为，用上向研究和下向研究来讨论和概括语法研究的理论类型，似比归纳研究与演绎研究更直观、更概括，也更容易掌握。下面我们从这两个角度，讨论汉语语法研究的这理论模式及有关内容，以就教于各位同人和专家。

一　上向研究

上向研究，是语法的归纳性研究。具体地讲，主要包括事实归纳、理论概括和系统建构。

（一）事实归纳。从语言实体看，任何语言的"例"（token），都体现着某种语言语法系统的"类"（type）。以实例为起点的归纳研究，一个是缘"例"求"类"的内涵定性抽象，另一个是按"类"索"例"的外延分类刻画。譬如"坐起来"是一个语言的例，在进行研究的时候，可以从语形上把它抽象为一个"类":"动词+起来"。① 当然,我们还可以把另一个成分也给予词性的定性,得到该形式类的上位形式类:"动词+复合趋向动词"。同样,我们也可以从结构关系上把"坐起来"归类定性为:述补结构。②

我们应当看到,任何一个静态的孤立的语法实体,都是对其若干可能出现的动态类型的抽象和归纳,即静态实体与动态实体具有一般与个别、抽象与被抽象的关系。因此,语法事实的归纳研究,另一个重要任务就是揭示一个静态实体所涵盖的动态"表现"类型,即要进行按"类"索"例"的外延分类。如看起来是一个语形的"坐起来",其实按语形与语义的对应关系是三个"坐起来"。即:(1)"动—结"类的"坐起来$_1$",(语义上)其"起来"是"坐"的结果(如:坐起来,别躺着);(2)(倒装)连动类的"坐起来$_2$","起来"是"坐"的先行动作(坐起来→起来坐,例如:坐起来,别坐在台下③);(3)动态类的"坐起来$_3$","起来"是表示一种进入态(坐起来≈坐,表进入"坐"这种状况。例如:这种椅子看起来挺柔软,其实坐起来不舒服)。④ "坐起来"也可以从传息方面把它分为三类(1)前焦(点)类,即前一成分"坐"是焦点,意思是通过坐而使身体起来,即"坐起来$_1$";(2)后焦类,即焦点是后一成分"起来",这时,起来=上来,即"坐起来$_2$";(3)合焦类,

---

① 这种抽象是一种结构材料的定性归类,并且在方式上是通过其中一个结构成分"坐"的词性定性实现的。
② 这种抽象,是由结构成分的类型来显示组合的结构类型。
③ 这个意义上的"坐起来"(武汉方言),普通话常说成:坐上来。
④ 在句法分布上"坐起来$_{1,2,3}$"也不同。从内部构成看,"坐起来$_{1,2}$"可解释为内部结构关系的不同,"坐起来$_{1,2}$"与"坐起来$_3$"的不同,可解释为"起来"的不同。

这时，坐起来≈坐，即"坐起来₃"，焦点为"坐"和"起来"两者。

语言实体，是一个例类系统。如果把"坐起来"记作 A，把"坐起来₁,₂,₃"分别记作 A₁、A₂、A₃，那么由 A₁、A₂、A₃ 到 A，是内涵归纳，是"统"；反之是外延归纳，是"分"。统、分是一个互逆的过程，即：

【分：类→例】A →A₁、A₂、A₃…
【统：例→类】A₁、A₂、A₃…→A。

可能就是在这个意义上，或者是同时侧重于操作过程的性质，人们说：语法研究的全部任务就是分类和归类。不过，准确地讲，应该是：语法归纳研究的基本操作过程，就是分类和归类。不仅语法研究是这样，其实，人们交际也是一个例类分统的过程：讲话（表达）是用类制造例——分，听话（理解）是将例归类——统。①

类和例是相对的。"坐起来"、"动词+起来"、"动词+复合趋向动词"和"述补结构"，后一个依次是前一个和前几个的"类"，反之，前一个依次是后一个和后几个的"例"。例类是具有层级性的理论范畴。层级高的类，概括的例多；层级低的类，概括的例少。比如，以"动词+起来"为类，其例就包括把"坐起来"的"坐"替换为其他动词的"动词+起来"短语。

---

① 由于语言首先是一个用语形抽象归纳语形的系统，所以语言的研究是通过"类"来统"例"，是通过语言来抽象归纳语言。并且应该说，在这个意义上，索绪尔把语言分为语言和言语，是通过这两个概念建立了语言研究的方法论模式。即语言研究是通过"例"（言语）求取"类"（语言），进而建立语言的整个系统。

如：站起来、跳起来、爬起来｜躲起来、吃起来、写起来｜想起来、说起来，等等。如果以"动词+复合趋向动词"为类，那么就包括所有的"动词+所有的复合趋向动词"构成的动趋短语。其余类推。①

从一个方面看，类是有限的，例是无穷的。语言是一个用有限"类"控制无限"例"的系统。语法研究就是在揭示这种有限与无限。并且是由于类的有限性，我们对于语言的全面揭示和透彻描写才具有可能性。但从另一方面即研究的角度看，其"例"却是有限的，因为：（1）某一语法的例是另一层次的类；（2）例搜集的范围总是有限的。因此，语法实体的类型归纳和描写的全面、彻底，总是相对的，尽管我们的追求是无限的。

在语法研究中，以语法实体为研究对象的归纳研究，一般来说，往往是用内涵定性作论题的封闭手段来进行其外延的分类刻画的，并且其归纳的对象也一般会包含几个层级的类与例。

（二）理论概括。语言是一个规则系统和规律系统。从语言的理解与使用，对其规则和规律的归纳，实质上是一种理论概括。并且，100年来的"汉语语法研究，始终指向一个目标，这就是：汉语语法事实的客观规律性"②。

规律的归纳可看"里"与"中"的换用。比如许多时候，"X里"和"X中"所表意义相同，可以互相替换。比如：

心里（+）→心中（+）

---

① 邢福义先生说："汉语语法事实的客观规律性，在抽象程度上，有不同的级。抽象到最高的程度，是对汉语语法特点的本质面貌的认识；抽象到一定程度，是对某类现象或某种事实的本质属性的反映。"（邢福义：《汉语语法学·汉语语法研究的展望》，东北师范大学出版社1999年版，第89页）

② 邢福义：《汉语语法学》，东北师范大学出版社1996年版，导言。

庄子里（+）→庄子中（+）

但是，它们又各有其特殊性，许多时候不能或不大能自由地互相替换。比如：

夜里（+）→夜中（-）　空中（+）→空里（-）
科里（+）→科中（-）　途中（+）→途里（-）

规律性何在？邢福义《方位结构"X里"和"X中"》一文，就是对这个问题的归纳：

X后边的方位词"里"和"中"，指方所、时间或事物的"内里""内中"（即里头），"里"跟"中"相通。但是，当"X里"在等同、指代和划界义三种意义上使用时，只能用"里"，不用"中"。比如："夜里"＝夜，二者是等同关系，不能说成"夜中"。"县里、乡里、村里"，指代县、乡、村政府或领导，不能说成"县中、乡中、村中"。"窗（墙、门、门槛、竹帘）里"，是以"窗"等物为界线，划定跟"外"相对的"里"，其"里"也不能换成"中"。当"X中"的X表活动义（如：谈判中｜行进中）、状态义［如：模糊中（她看见……）｜朦胧中（我发现……）］、无限义（表范围无限的事物，如：空中、途中）时，用"中"，不用"里"。

规则归纳可看萧国政（1998，1999）"形容词+点"（A点）附加义的语义取值。在句子中，A点取"尽量"和"稍微"两种附加义中的一种。通过观察，我们归纳出如下规则：当A点表意愿（记作［+意愿］），并是一种较难实现（记作［+积极］）的未然行为和努力（记作［+未然］）时，A点＝尽量A点；否则，A点＝稍微A点。例如：

(1) 你明天早点来＝你明天尽量来早点
(2) 你明天晚点来＝你明天稍微来晚点
(3) 说得粗浅一点，就是一种句子，里头的词结一个套住一个（吕叔湘《中国文法要略》，商务印书馆1982年版，第89页）＝稍微粗浅一点

例（1）是祈使句（［＋意愿］），是谈明天的事（［＋未然］），早来比晚来要难（［＋积极］），故例（1）的A点取值"尽量"；例（2）只满足［＋意愿］［＋未然］两个条件，A点取值"稍微"。例（3）"（说得）粗浅一点"虽然是未然的、积极的，但不是表意愿（而是结果的比较），因而也只符合两个条件，意向附加义也不取值"尽量"。需说明的是，"意愿"在这里是指汉语里的一种语法范畴，内容上并不限于祈使，还包括打算（含理想）。例如：

(4) 官人总是变着法把官做大一点，商人总是变着法把钱挣得多一点，文人也总是变着法把文章写得好一点。（张继《化作一片云彩》，《中篇小说选刊》1996年第3期，第55页）

例中的"大一点"、"多一点"、"好一点"都是说的一种理想或打算，它们都符合［＋意愿］［＋积极］［＋未然］的条件，因此，在该句中三个A点都是"尽量A点"的意思。

理论概括，还包括语法意义、语法性质和研究方法的归纳等。

（三）系统建构。语言是一个系统，语法也是一个系统。语法实体有一个系统，语法规则与语法理论也构成一个系统。语言和语法研究中的系统追求与建构，是语法研究的灵魂。或者说，

系统建构是语法研究的终极目标,甚至可以说,语法归纳研究的一切努力最终是归纳出语言一个方面或整个语言的语法系统。就像工人制造齿轮和螺丝钉是为了组装机器一样。并且,不同的齿轮和螺丝钉等零件制造,是为了组装不同的机器或部件的。

事实归纳和理论归纳是系统归纳,是齿轮和螺丝钉的制造和组构,但系统归纳是机器的整装。邢福义《汉语语法学》在谈到语法系统时指出:

一般地说,各个汉语语法学系统都具有"三层结构"。即:

顶层——目标　●
中层——理论　↑
底层——事实　↑

底层是"事实",系统的建构以客观事实为基础;顶层是"目标",任何系统的建构都以揭示规律为目标;中层是"理论",任何系统的建构都由所据理论决定其基本面目。对于一个语法系统来说,三者不可或缺,它们处在相互作用、相互制约的辩证关系之中。各家语法系统的不同,主要是由于中层理论的不同。中层理论,主要包括观点、方法等等对待事实、驾驭事实的主张。

就是说,事实、理论和规律又不在一个层面上,而系统是对事实归纳和理论归纳的一种再归纳。

这里需要强调的是:做语法研究,我们要做最棒的车工和浇铸工,但是我们还应是具有整机意识的技工,甚至于总装师和机器设计师。做到心里时时有整机,最终手下出整机。

（四）归纳的语法学内涵。"归纳"一词，《现代汉语词典》列有两个义项：(1) 归拢并使有条理；(2) 一种推理方法，由一系列的具体事实概括出一般原理（跟演绎相对）。对于学过形式逻辑学的人来说，第二个义项用的或想得比较多，是一种强势语义。但是，作为语法研究的"归纳"，是在这两个义项上同时使用的。在事实或实体归纳中，我们主要是用的第一个义项；在理论概括中主要是用的第二个义项；在系统建构中，我们同时并用两个义项。这样使用"归纳"的义项，主要不是决定于研究者的主观意志，而是决定于研究对象和研究目标的性质。

但是，不管怎样使用"归纳"一词的义项，而语言归纳研究的要求是共同的，即被归纳的对象在逻辑上要尽量周延。由于语言是一个层级系统，其整体理想的归纳，是通过部分的理想归纳来实现的；且上层的可靠归纳，有赖于其下层的可靠归纳。可靠性是归纳研究的生命线，对象的周延性是可靠性的生命力。一项归纳研究成果的学术信誉度，相当大程度上是建立在归纳对象的层级可靠性和归纳对象的逻辑周延性上的。因此，对于一个覆盖面小的规律，可以用一篇文章的工程完成，如果是一个覆盖面大的规律的归纳，往往是要通过逐层归纳来实现的。比如邢福义（1991）对于复句句式与内容的制约与反制约规律的归纳，是经过了若干年的各种复句句式归纳之后，或者说是在前面若干归纳的基础上，再作整个复句的整体归纳的。这个归纳工程是一个巨大的工程，其劳动量是可以想象的。在这种意义上似可以说，一个归纳研究做得特好的学者，就是一个重量级的劳动模范。在我国，归纳做得好的学者的学风，一般是比较受人肯定的。

语法归纳研究，在本质是上向研究。是从事实的大地，向理论、系统和语法的"天空"上向，是从一个个的、一步步的相对真理的大地、山峰、半空，向"绝对真理"的天空、高空升华。

所以上向研究又被邢福义先生形象地称为"立地—顶天"的研究。

归纳研究是务实研究,但它又是上向研究,因此,严格意义上的归纳研究,一方面要踩实起点的"地",另一方面要瞄准拟"顶"的"天"。或者说,上向归纳研究,脚下要有"地",心里要有"天"。

二 下向研究

下向研究,一般又称下向演绎研究。语法学中涉及的演绎,可分为三种:学派性演绎、过程性演绎和表述性演绎。

(一)学派性演绎。国外一些理论研究学派,大多是演绎学派。他们的研究,通常是先提出一个假设或建立一个理论模型作为研究的起点,然后进行推演和求证。[1] 这种演绎,可称为学派性演绎。这方面最有代表性的学者和学派,似可首推乔姆斯基及其形式学派。

首先,乔氏把语法(语言的规则)假定为一套语言的生成机制,[2] 是人类先天的心理遗传,其求证根据是:一个会说某种语言的大脑健康的人(包括儿童),不但会说他已经学会的句子,还会说他从来没有学过的句子。但是大脑语言分区受伤的失语症者,却丧失了部分或全部的语言表达能力。因此,其语法研究,又是揭示大脑秘密(打开人脑这个黑箱 black box)的非手

---

[1] 关于乔姆斯基学派的理论模型及其基本内容,可参见桂诗春、宁春岩《语言学方法论》,外语教学与研究出版社1997年版,第8—16页。

[2] 其与语音、词汇相对的语法被称为句法(syntax),并且其理论基点是立足短语结构模型。

术性途径。① 可能就是在这个意义上，乔姆斯基的理论被称为心理模式，其学派被称为心理学派。

其次，乔氏的语法定位为人类的共同语法［即所谓的普遍语法 Uiversal Grammar（UG）］。该理论认为每个人先天的语言遗传是相同的，其不同是后天在不同自然语言环境中语言习得的差异，或者说是后天开发的差异。其语法研究，既包括一般人的语言机理的研究，也包括失语症研究。换句话说，其研究之所以包括这两方面，是其理论假设求证的需要。

再次，每一阶段的研究重点不同，被称为不同理论（如扩展的标准理论、管约论、模组语法和最简方案等等），但是总目标始终不变，被不断修改的只是其派生理论或支理论。可能正因为如此，其骨干或弟子中的高手，好些只能是其阶段性或支理论的同盟军。② 这种现象不应看作个别偶然的情况，而应看作演绎研究的通例。

其研究成果，主要集中在句法（syntax）。其研究特点是：无论做哪个分支方面的研究，一般都是先做一个能在这方面容纳整个人类语言的理论模式——演绎前提，再将其对某个或某些语言进行研究的具体成果拿来做填充式的印证。比如乔氏高足黄正德（1988）《汉语正反问句的模组语法》一文，照理说，是在用汉语的正反问句"不听话的语言表现"，对其"模组语法"理论（Modular Theory of Grammar）的证明，对省略的方向性限制（Directionality Constraint，DC）的补正。③ DC 规定：如果同指的

---

① 因为我们不能把一个个人脑切开观察其思维与机理。

② 当然不排除其中有的是对阶段性理论的观点不同，有的是起始目标（元假设）不一样。

③ DC 是 Ross（1967）提出并已获得证实的普遍语法规则。Ross, John R., *Constraints on Variables in Syntax*, *PHD dissertation*, MIT, 1967.

词组在结构树里左向分枝,省略是顺向的省略;如果同指词组右向分枝,省略则应是逆向的省略。例如英语:

(1) a. John song and John dangced.
    b. John song and dangced.
    c. *Song and John dangced.

(1a)可经过顺向省略得到(1b),不能经过逆向省略得到(1c),就是因为(1a)里的同指名词 John 在下面的树状图里是左向分枝。

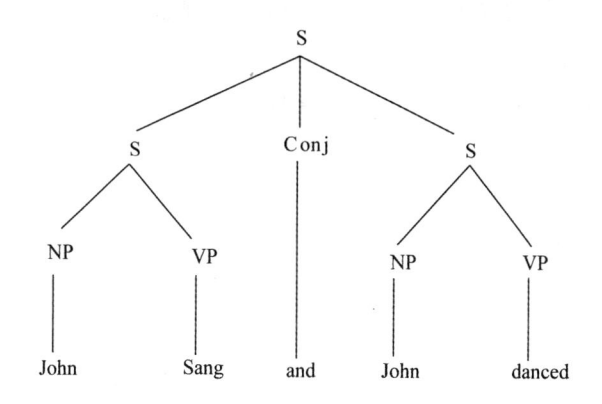

```
              S
          ┌───┼───┐
          S  Conj  S
        ┌─┴─┐   ┌─┴─┐
        NP  VP  NP  VP
        │   │   │   │
       John Sang and John danced
```

反之,(2a)只能逆向省略得到(2b),不能顺向省略成(2c)。(2)的树形图可把(1)的树形图中第二个 John 换成 Mary 得到,此从略。

(2) a. John dangced and Mary dangced.
    b. John and Mary dangced.
    c. *John dangced and Mary.

DC 同样也适用于汉语的并列删除。例如：

(3) a. 张三唱歌，张三跳舞。
    b. 张三唱歌、跳舞。
    c. *唱歌，张三跳舞。
(4) a. 张三唱歌，李四（也）唱歌。
    b. 张三、李四（都）唱歌。
    c. *张三唱歌，李四（也）。

但是，汉语有些问句却"不听话"。例如：

(5) a. 他喜欢这本书（还是）他不喜欢这本书？①
    b. 他喜欢这本书不喜欢这本书？
    c. 他喜欢不喜欢这本书？
    d. 他喜欢这本书不喜欢？
    e. 他喜不喜欢这本书？

(5a) 的树状结构图见下页。按照 DC 的规定，(5a) 经过顺向省略第二个"他"得到 (5b)，可进一步逆向省略第一个"这本书"与第一个"欢"字，分别得到 (5c) 和 (5e)。DC 也能解释下面各句的不成立：

---

① 王士元认为，b、c、d、e，是 a 分别经过"顺向省略"和"逆向省略"得来的。(见 William S. Y, *Conjoining and Deletion in Mandarin Syntax*, *Monumenta Serica*, 1967, 26, pp. 224 – 236。)

(6) *喜欢这本书,他不喜欢这本书?
(7) *他喜欢这本书不喜?
(8) *他喜欢不喜这本书?

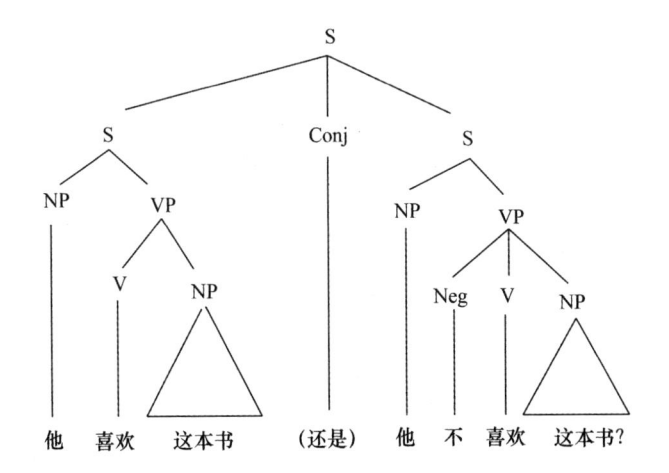

```
                        S
            ┌───────────┼───────────┐
            S          Conj          S
          ┌─┴─┐                    ┌─┴─┐
         NP   VP                  NP   VP
              ┌─┴─┐                  ┌──┼──┐
              V   NP                Neg  V  NP
         
         他  喜欢  这本书          (还是) 他  不 喜欢 这本书?
```

但是(5d)却是不受 DC 管辖的。句中的"这本书"在树形图中向右分枝,依照 DC 的规定应该执行逆向省略,但是,(5d)(他喜欢这本书不喜?)却执行了顺向省略。为了说明这种现象,文章引进戴浩一(1972)提出的汉语"并列删除"除了须遵守 DC 外还受一条"直接支配条件"(Immediate Dominance Condition, ID)限制的规定:凡是要经过"并列删除"而省掉的词组,都必须受到并列成分(Conjunct)的直接支配。[①]戴浩一用 ID 解释的事实是:

---

① Gerald A. Sanders and James H. ‐Y. Tai, Page, Immediate Dominance and Identity Deletion, *Foundations of Language*, Vol. 8, No. 2 (Mar., 1972), pp. 161‐198, Springer.

(9) a. 张三吃饭，李四吃面。
　　b. ＊张三吃饭，李四面。
(10) a. 张三煮饭，李四吃饭。
　　 b. ＊张三煮，李四吃饭。

(9b) 不成立是因为省略的述语"吃"不受并列成分"李四吃面"的直接支配（即"吃"不是"李四吃面"的直接成分），(10b) 不成立是省略的宾语"饭"不受"张三煮饭"的直接支配。但是下面两例却是 ID 的反例：

(11) 张三煮饭，李四吃。
(12) 你劝他买书不劝他买？

省略的宾语"饭"、"书"都不是"李四吃饭"或"不劝他买书"的直接成分。这是因为有些由"并列删除"得来的句子实际上是因为"A 不 AB 型"和"AB 不 A 型"都不是由并列删除产生的，各自另有来源。引进戴浩一的论述主要是要说明 (5d) 的不听话，也是"另有来源"。这种另有来源的思想，可以说，实质上是要把选择问和正反问一并解释的做法改为分别处理的方式，这样做的学派性目的是在证明：并不是"DC 不是普遍规则"，更不是普遍规则（普遍语法）不存在，只是因为"反例"来源不同，所接受的制约规则不同，普遍规则是存在的。为了说明不同的语言现象，为了建立普遍语法，一个重要的选择是"模组语法"思路：控制主体原则，增加具体规则。形象地说就是"顶层理论"不变（即起始假设不变），中下层理论增加。

不管怎样，其学派的大小理论模式之间，有局外人一般不易察觉的内在演绎联系。总之，其研究是"从上往下罩"①，即下向的。

最后，乔姆斯基学派的成功，主要不是因为在研究的总体指向是采用演绎，而是乔氏的起始假设理论和研究特色使之占据了四个制高点，即：其指向人脑的目标，占据着人类研究的制高点；其研究模式的理论亮度和成果的形式化表达，占据着数学理论性和美学快感的制高点；其儿童语言习得研究、病理语言研究等，占据着应用研究的制高点；其起始目标的心理属性、其理论模式和成果表达的数学特性、其语法对象的普遍性（universal），占据着多学科综合的制高点。因此，它吸引了大量优秀人才为之奋斗，引起了众多学科为之倾心。现在且不论其研究成果能解决语言的多少问题或有多少实用性，但就是其门人及其倾心的学科的相互炒作，就可使之火热相当长一个时期。但是，若起始理论和终极目标失控，这个学派的盛世可能就开始结束了。即使真这样，这也不是某个学派的偶发性遭遇，而应是演绎学派发展的共同历史规律。

（二）过程性演绎。下向演绎研究并不是演绎学派的专利，很多归纳学派的研究中是包含着演绎研究的。就是说，在非演绎学派的研究中，演绎是其研究中的一个过程。这里可以（萧国政，1994）"把"字句的足句为例。

"把"字句成句，一般认为必须有两个条件：（Ⅰ）谓语动词不能是一个光杆形式，（Ⅱ）宾语名词是有定的（话前听说双方已知的，或是上文/句提到的）。② 就是说，只要并且只有满足这

---

① "从上往下罩"为邢福义先生讲课时所言。
② 关于"把"字句自足的两个条件可参见朱德熙《语法讲义》，商务印书馆1982年版，第185—187页。

两个条件，句子才会自足。可比较下面的句子：

(1) A. 你把门关。(-)　　你把手伸。(-)
　　B. 你把一扇门关上。(?)　你把一只手伸伸。(-)
　　C. 你把门关上。(+)　　你把手伸伸。(+)

很显然，(1)A 不成立是不符合条件 I，(1)B 不成立是不符合条件 II。但是，观察语言事实，可以看到，有些成活的"把"字句，不受上述语法条件 II 的制约。例如：

(2) 把(一)个小偷给跑了。
　　把(一)个师傅给死了。
　　一不小心，把个钱包给丢了。
　　他真狠心，把个孩子打成这样。

从语言的形式"(一)个"看，这几句中"把"的宾语都不是有定的。用演绎推理的标准来讲，就是语言事实不受条件大前提管束。按照演绎研究的做法，这些不受管束的事实不是简单地处理为一种"例外"，而是去寻找新的制约因素（或隐性范畴）及其规则，即建立新的管束前提。研究发现，汉语的句子有意向句与意外句的对立：意向句［包括意愿句（祈使句、打算句）以及施事能控制的自主行为句］的宾语一定是有定的，意外句的"把"字句，其宾语可以是非有定的。试比较：

(3) 你把只左手给伸伸。(-)
　　我把张桌子给擦了。(-)
　　他把件衣服给买了。(-)

我让你请警察，你怎么把个小偷给请来了！（+）

例（3）的前三句不成立，就是因为它们是意愿句和自主行为句；例（3）的第四句和例（2）的句子成立，是因为它所表达的事情对说话人来说是非意向的（即意外的）。

事实上，上述条件 I 所管辖的语言事实也是很有限的。可比较下面的句子：

(4) A. 他把门关。（-）　　我把门关。（-）
    你把门关。（-）
 B. 他把门关上。（-）　　我把门关上。（?）
    你把门关上。（+）
 C. 他把门关上了。（+）　我把门关上了。（+）
    你把门关上了。（?）

比较 A、B、C，不难看出，只有主语是第二人称的祈使句，谓语动词不是光杆形式，句子才成立。而陈述句和第三人称祈使句的"把"字句自足，有更多的条件要求，或者说有其他的隐性语法范畴在制约。① 这种不断发现句子自足条件、规则和范畴的过程，都是用的演绎。但是，这种演绎是为归纳"把"字句自足的条件和规则服务的，是整个归纳研究中的一些个过程。因而，在这个意义上，演绎与归纳是互补的，但不是互逆的。

（三）表述性演绎。演绎和归纳的另一使用领域，是文章的

---

① 汉语句子自足是受多方面因素制约的语法问题，"把"字自足的有关制约因素，可参见萧国政《汉语"把"字句自足的内在机制》，载萧国政《现代汉语语法问题研究》，华中师范大学出版社 1994 年版，第 85—103 页。

表述。有的论文是用归纳的方法写的，有的论文是用演绎的方法写的。在这个意义上使用的演绎，是表述性演绎。

（四）"顶天—立地"与"立地—顶天"。下向研究，是指学派性演绎和过程性演绎。语法的下向研究，是从理论的高空、低空、半空，向事实的地面发展。这种研究又被形象地称为"顶天—立地"的研究。做下向研究，要擦亮一片"天"，要瞄准一方"地"。"天"，要罩得住"地"；"地"，要能隶属于"天"。

三　结语

下向研究和上向研究，一个"顶天—立地"，一个"立地—顶天"，表面上它们是对立的，本质上却是互补的。不仅在方向上是互补的，在特点上也是互补的。在讲到语法解释时，邢福义先生曾把下向研究和上向研究的解释，分别称为"归总性解释"和"先导性解释"。邢先生对这两种解释的有关论述，可以说从一个方面代表着对两种方向研究优缺点的评价："归总性解释，是在充分观察和充分描写的基础之上作出理论上的解释。这种解释，注重理论的步步提升。先导性解释，是先作出一种理论解释，然后加以求证，这种解释，重在设立理论框架或模式，并据此进行推导和阐述。两种解释的走向有所不同，但不管哪种解释，其目的都是揭示语法事实的本质属性和本质面貌。""归总性解释和先导性解释各有优缺点。归总性解释偏重于'立地'，它以充分观察事实和充分描写事实为先行条件，显得实在、牢靠，不过，有可能存在理论高度不够的欠缺；先导性解释偏重于'顶天'，它以假设为前提进行推导，居高临下，理论色彩很浓，理论意义很强，但很容易存在顾此失彼甚至挂一漏万的毛病。要弥补两种解释可能存在的不足之处，都必须在'充分'上下功夫。从事实出发研究问题时，应尽可能对事实作足够的理论解释；从假设出发研究问题时，应注意充分观察和充分描写语言事实。只有这样，才能'顶天+立地'。"①

在研究过程中，我们提倡："归演结合"，层层推进；在学术发展上，我们提倡：共同发展，"上""下"促进。只有这样，归纳和演绎，上向和下向，顶天和立地，才能真正体现出学科的"对立统一"，促进学术的发展。

参考文献

桂诗春、宁春岩：《语言学方法论》，外语教学与研究出版社1997年版。

黄正德：《汉语正反问句的模组语法》，《中国语文》1988年第4期。

萧国政：《汉语"把"字句自足的内在机制》，载萧国政《现代汉语语法问题研究》，华中师范大学出版社1994年版。

萧国政：《状位"形容词+'点'"的入位条件与语义取值》，《中国语文》1998年第1期。

萧国政：《"形容词+'点'"的信息功能与语义取值》，《世界汉语教学》1999年第4期。

邢福义：《汉语语法学》，东北师范大学出版社1996年版。

邢福义：《汉语语法结构的兼容性和趋简性》，《世界汉语教学》1997年第3期。

邢福义：《汉语语法研究的展望》，马庆株编：《语法研究入门》，商务印书馆1999年版。

---

① 邢福义：《汉语语法研究的展望》，载马庆株《语法研究入门》，商务印书馆1999年版，第94—95页。

朱德熙:《语法讲义》,商务印书馆1982年版。

Gerald A. Sanders and James H. -Y. Tai, Page, Immediate Dominance and Identity Deletion, *Foundations of Language*, Vol. 8, No. 2 (Mar., 1972), Springer.

Ross, John R., *Constraints on Variables in Syntax*, *PHD dissertation*, MIT, 1967.

Wang, William S. Y, Conjoining and Deletion in Mandarin Syntax, *Monumenta Serica*, 1967, 26.

Yuan Ren, Chao, 1968, A Grammar of Spoken Chinese, University of California Press.

(本节原载《长江学术》第2集,长江文艺出版社2002年版)

汉语成分共用现象的语法性质与相关理论[*]

　　成分共用是很多语言都有的现象，现代汉语成分共用如："继承和发扬光荣传统"，"应该而且也可能解决好这个问题"。前一例两个动词共一个宾语"光荣传统"，后一例两个状语共一个中心语"解决好这个问题"。

　　成分共用现象很早就引起学者们的重视，但是不同历史时期、不同的学者，对于成分共用现象有不同的理解与认定。20世纪，我国语言学界对这类语言现象的认识和理论主要有三种观点：（一）成分共用，（二）成分省—合，（三）成分扣合。三种理论，观察视角不同、摄实层面不一、背景理论各异。本节的一、二、三节分别讨论这三种理论及其性质，指出异同。第四小节从共用类型、发生部位、结构性质等方面，进一步讨论成分共用的语法性质、扣合理论的语言解释及该类研究的性质、意义和任务。

---

　　[*] 本研究得到教育部九五规划项目"汉语成分扣合句法问题之研究"以及华中师范大学语言与语言教学研究基地重点项目的资助，特此致谢。

一 "成分共用":现象形成的 "方法—原因"论

20世纪50年代,北京师范学院中文系汉语教研组编著的《五四以来汉语书面语言的变迁和发展》一书(以下简称《汉语发展》),从历史发展和表达功能的角度描述了成分共用现象,认为这种现象是用成分共用法所造出的新兴句式。

(一)《汉语发展》是较早对成分共用现象作比较系统研究和表述的著作,其基本观点为当时和后来的很多学者所接受。该书认为:语言作为交际工具首先要求精密,但是只求精密而不简练也不好,必须在求精密的同时,又求简练。五四运动四十年来,汉语语法正是循着既精密又简练的进程发展的,"成分共用"是五四以来的新兴句式,是语言中的一种经济表达法。如"你可以去,而且也应该去"说成"你可以而且应该去",因为共用着一个成分,就显得经济和紧凑了。该书认为这种句式的兴起是同翻译外语分不开的,是汉语句子欧化的结果。《汉语发展》关于成分共用的论述可用"共用论"来概括。

(二)《汉语发展》将成分共用的类型总结为四种,现摘引如下:

(A) 多动共管一宾。例如:
中苏两国最高领导人的会谈充分地反映和满足了两国人民的迫切要求

（B）多动共管一足，① 这里的动是指"是"。例如：
有人说，语言从来就是并且现在还是阶级性的
（C）多助动共管一中心动词。例如：
她不能，不肯，也不愿看别人的苦处
（D）其他，包括多状共一谓，状助交共一谓等等。例如：
美国过去一贯而且今天仍然不把别国的独立和主权放在眼里（多状共一谓）
他没法，也不会，把自己的话有头有尾地说给大家听（一状一助共一谓）

从摘引内容可以看到，《汉语发展》的成分共用研究与表述有五个方面值得注意：（一）立足"主共"成分（用例在相关词语下面加有圆点），观察成分共用（与主共成分相对的是"被共"成分）；（二）事例说明的标题，都是采用主共成分在前、被共成分在后的"多共一"的表述："……共（/共管/交共）一……"；（三）所论语言结构都是句子的谓语部分出现的共用现象，并且都是与动词有关的结构：其中（A）（B）的主共是动词，（C）（D）的被共是动词（或谓语）；（四）几个主共成分之间是并列关系（联合或递进），其中有的有关联词语连接（并标志这种语法语义关系），有的有停顿隔开；②（五）该书的语法分析是汉语暂拟教学语法系统代表的"中心词分析法"，其成分共用的"成分"都是"词"成分，不是现在通用的（《系

---

① 《汉语发展》使用的是"暂拟汉语语法教学系统"的语法体系及其概念，这里的"足"即补足语，指"是"后的宾语。本节引用的有关内容，一般都沿用了其原有的表述，请读者留心分别。

② 上面的摘引虽然不是《汉语发展》成分共用例句的全部，但是基本代表了该书这方面有关事实和类型的面貌。

统提要》所代表的）层次分析前提下的句子直接成分。

（三）《汉语发展》所列的成分共用式（或称"简式"）一般都有相应的非共用式（"繁式"），但是该书除了说明成分共用及其用法"经济"的时候同时用到简式和繁式外，（可参见1.1）其余都是就简式讨论成分共用的。

该书侧重格式的形成法，把该语言现象的语法性质定性为"成分共用"的"新兴句法"，至于所谓"新"肯定是指以前没有或罕见。该书把这种句法的作用和特点表述为"简练"、"经济"，将其成因归结为"翻译影响"、"欧化所致"。但是，简练、经济是各种语言的使用者对语言的共同要求，外语翻译和印欧语的巨大影响也只是这种用法迅速发展和普遍使用的外部条件，这些都是语言结构和规则以外的问题，只有形成这种用法（或句式）的方法——"成分共用"才是结构内的规则或方式。不过，总的来讲，《汉语发展》从结构内和结构外两方面讨论了汉语的成分共用。

二 "成分省—合"：现象形成的"方式—过程"论

1984年1月，人民教育出版社中学语文室《中学教学语法系统提要（试用）》（以下简称《系统提要》）公布。《系统提要》的观点认为所论语言现象是一种"成分省—合"，该观点是所论现象形成的方式—过程理论。该理论认可成分省略，就意味着排斥成分共用。《系统提要》的成分是结构的直接成分。

（一）《系统提要》在第六节"句法上的几个问题"的第二部分"省略和并合"中，分别阐述了"单纯省略"和"有所省、有所合"两类语言现象。有省有合的一类,就是论述的所谓成分共用的语言现象及其结构。

由于《系统提要》文体性质及特殊要求,其对成分共用现象及其结构的论述文字不多,以下所引就是其具体论述和用例的全部:

> 动、动+宾(省宾合动)
> 讨论[大会决议]并通过了大会决议
> 动+宾、宾(省动合宾)
> 无论学习自然科学还是[学习]社会科学……
> 主+谓、谓(省主合谓)
> 谁家有[谁家]没有,瞒不过他

尽管《系统提要》有关论述文字不多,但它却代表了一种理论。并且从其有限的论述中我们可以看到,"简式"是其"繁式"通过省略方括号中的部分,合并其余部分所致。简式的形成及其与繁式的联系可直观地展示如下,其过程是从(1)到(3)。

> 动、动+宾(省宾合动)
> 讨论[大会决议]并通过了大会决议　　……(1)
> →讨论[　]并通过了大会决议　　……(2)
> →讨论并通过了大会决议　　……(3)
> 动+宾、宾(省动合宾)
> 无论学习自然科学还是[学习]社会科学
> 　　……(1)

→无论学习自然科学还是 [ ] 社会科学

…… (2)

→无论学习自然科学还是社会科学 …… (3)

主 + 谓、谓（省主合谓）

谁家有 [谁家] 没有，瞒不过他 …… (1)

→谁家有 [ ] 没有，瞒不过他 …… (2)

→谁家有没有，瞒不过他 …… (3)

通过这个展示可进一步看到，《系统提要》对于所论现象的论述与观点，侧重的是简、繁两式的动态联系及其简式的形成方式。从繁式到简式是一种语法格式的衍生过程，它由两步构成：第一步是将相同词语（或成分）中的一个省略，第二步是将剩下的部分合并。而"省"、"合"就分别是完成一二两步的方法或方式。因此，在这个意义上我们说《系统提要》所显示的"成分省—合"是成分共用现象形成的"方式—过程"论。

（二）"成分共用"论和"成分省—合"在观察角度上是互补的，但是在对同一现象认定上却是相互排斥的，省略不等于成分共用。

要说明这个问题，可先把成分共用现象的繁、简两式分别记作：

[1] AC_1BC_2 （繁式，$C_1 = C_2$）

[2] ABC_2 （简式，成分共用式)[①]

---

① 繁式和简式还分别有这种模式：[1] C_1AC_2B，[2] C_1AB。为了说明简便，正文只讲一种模式，但不影响本节的结论。

首先,"共用"论的立足点是着眼于C_2,认为简式的形成是由于$C_1=C_2$,A、B两者在结构配对上,共用了一个形式C_2;而"省一合"论立足点则是着眼于C_1,认为简式的形成是该成分省略(不用)所致。

其次,省略和共用是不同性质的概念。省略是应该用或可以用而不用,就像某个学生本应该请一个老师,但是由于某种原因他没有请老师,因而该生是没有老师的;而共用是几个成分共用一个与之匹配的成分,就像几个学生共请了一个老师,而这几个学生却都是有老师的。所以省略和共用是某个匹配成分的有无对立,有和无是互相排斥的。

严格地讲,"省—合"论的简式应记作:

[2a] A $Ø_{C_1}$ BC_2　　($Ø_{C_1}$表C_1省略,取零形式)

"共用"论的简式应记作:

[2b] AB$C_{2/1}$　　("$C_{2/1}$"的意思是该成分为A、B所共,可能是C_1,也可能是C_2)

(三)根据吕叔湘《汉语语法分析问题》的观点,如果是省略,其省略的内容是可以补出的,并且只有一种确定的补法。《系统提要》的简式由于是从繁式省略某些词语形成的,因此就都有符合省略要求的省略词语补充法。但是如果用1.2《汉语发展》中的例句来检视省略说,其(A)的例句就不能在原文的基础上进行合乎省略要求的补充。如:

中苏两国最高领导人的会谈充分地反映和满足了两国人

民的迫切要求

→中苏两国最高领导人的会谈充分地反映[了两国人民的迫切要求]和满足了两国人民的迫切要求

通过以上补充之后，不仅读起来不顺，而且现在也没有人这么去说。① 若把连词"和"换成一个逗号，倒似更顺一些。但是如果考虑到"更顺的补法"，那么比较顺和更顺的补法合起来，就不止一种补法了，即不符合吕叔湘先生提出的省略条件，因而就不是严格的省略。不过《系统提要》所举的几例是完全符合省略的要求的。但反过来，《系统提要》的省略语例倒是都符合"成分共用"论的条件的。

三 "成分扣合"：现象形成的"方式—原因"论

20世纪末，邢福义《汉语语法学》一书出版。该书从另一种角度认为所论现象是成分共用，共用的形成是由于相同词语的套叠——扣合所致。扣合论可谓是新时期的成分共用论。但是，扣合论又不是早期成分共用论的另一种表达，因为其成分是结构的直接成分，充当成分的单位包含词和短语。

（一）要读懂扣合论，必须首先弄清两个学术前提：一是该理论在整个理论中的位置，二是该理论产生的学术基础和学科背景。

《汉语语法学》的作者是十分重视语言事实发掘并同时进行

---

① 进一步参见第四小节。

理论系统思考的顶尖级学者,"扣合"在其著作中属于"句子成分配置"的四个特性之一,其他三个是:句子成分的配对性、句子成分的层次性和句子成分的互易性。①

扣合论产生的学术基础和前提是句子成分的配对性,扣合论是直接成分的成分共用论。《汉语语法学》认为句子成分具有配对性,一般的句子成分有五个对子:1. 主语—谓语;2. 宾语—带宾动语;3. 定语—带定心语;4. 状语—带状心语;5. 补语—带补心语。其中主谓是一对最重要的成分。而由于汉语句子的意旨表述的重点由谓语部分来承担,因此谓语部分或者性质相当于谓语部分的构件,往往包含不止一个层次。这时有两种可能的情况,其一,谓语部分出现第二个层次(如"火车晚点一个小时"中"一个小时"这一定心结构就属第二层);其二,甲配对成分和乙配对成分同时出现,他们的某个部分可以互相扣合。其列举的第一个类型就是汉语的兼语式,并认为扣合性是对层次性的简化,② 层次性和扣合性并存,是汉语小句格局的重要特点之一。

关于什么是扣合,邢福义先生在其后的论文《汉语语法结构的兼容性和趋简性》中进一步指出:把相同的成分扣合在一起,使之为另外两个或几个成分所共用。比如:

(1) 贺兄,我<u>找得你好苦</u>哇。(古龙《金刀亭》第1207页中国友谊公司1990年版)
(2) 你<u>害得我不够</u>吗?(陈浩泉《选美前后》,《花城》

---

① 可参见邢福义《汉语语法学》,东北师范大学出版社1998年版,第44—48页。
② 关于"扣合性是对层次性的简化"及扣合论产生的学科背景,进一步看第56页"(二)"。

1985年第2期,第215页)

"找得你好苦"由"找你,找得好苦"扣合而成。其中"找"同宾语性成分"你"和补语性成分"好苦"相对待,为二者所共用。"你好苦"并非整个充当补语。"害得我不够(吗)"由"害我,害得不够(吗)"扣合而成。其中,"害"同宾语性成分"我"和补语性成分"不够"相对待,为二者所共有。"我不够"并非整个充当补语。一部电视连续剧中,一位男士对一位女士说:"小姐,我也忍得你很久了!"这是同样的结构。

由上可见,1)扣合是形成汉语小句格局的重要手段之一;2)扣合是形成共用成分的方式和产生成分共用现象的途径;3)扣合是重叠或扣叠的别名词,即扣合是句子成分的一种组合方式——扣叠。

(二)《汉语语法学》列举的常见扣合有以下五种:

1. 动宾+主谓=兼语式。——"宾·主"扣合。如:
催促张理
张理上任
催促张理上任
2. 状心+动宾=状动宾。——"心·动"扣合。如:
刻苦学习
学习外语
刻苦学习外语
3. 状心+心补=状心补。——"心·心"扣合。如:
周密调查
调查一下

周密调查一下

4. 动宾₁ + 动宾₂ = 动带双宾。——"动·动"扣合。如：

给我

给枪

给我枪

5. 动宾 + 心补 = 动宾补/心补宾。——"动·心"扣合。如：

按了门铃

按了好几次

按了门铃好几次

按了好几次门铃

这五种例子代表了五种扣合类型。除了例4扣合前的两结构相同，是"动宾+动宾"外，其余四例都是不同的两种句法结构：其中例1的扣前结构是"动宾"和"主谓"，例2的扣前结构是"状心"和"动宾"，例3的扣前结构是"状心"和"心补"，例5的扣前结构是"动宾"和"心补"。若从扣合的角度看，"共用"论的四类语例，其前两类的前结构都是"动宾"和"动宾"，后两类都是"状心"和"状心"；"省—合"论的三例，其前两例是"动宾"和"动宾"，后一例是"主谓"和"主谓"。它们都是同类结构的扣合。并且从扣合论的角度看，"省—合"论和"共用"论的语例都是扣合的具体实例。虽然"省—合"论和"共用"论的语言事实不能涵盖扣合论，但是扣合论的事实是涵盖了"省—合"论和"共用"论的语言事实的。

不过，从共用的性质看，"扣合"论共用的是词语和成分"槽"，是"词语—成分槽"共用论，或称新"共用论"。"扣合"论不仅是区分词语与成分，而且是区分成分和成分槽的。

《汉语语法学》所用语例的第一例兼语式就突出说明了这一点。"催促张理上任"中的"张理",不仅是两个"张理"叠合共一个词语段(相同的语音和文字形式),而且它们共用一个语法结构槽,即这个槽里装了两个句法结构成分(兼语:宾语和主语)。并且不仅所谓兼语式的兼语成分是两个句法成分共一个语法槽,而且是所有扣合结构的扣合部分都是两个句法成分共一个语法槽,其成分都是"兼语"。不同的是扣合结构不同,"兼语"类型不同。按照扣合论的思路,例1是"主·宾"兼语,例2是"心·动"兼语,例3是"心·心"兼语,例4是"动·动"兼语,例5是"动·心"兼语。

简言之,扣合论的共用现象是相同的词语和不同成分扣叠(套叠)起来共占一个语法槽的现象和方式。如果比照"省—合"论和"共用"论,扣合论的"简式"应记作:

[2c] A BC$_{2+1}$

[2c]的C_{2+1}就像棉被和纸张等物质,两物扣合在一起,其结果是只增加厚度(厚度是:1+1=2),但不增加长度(长度是:1+1=1),即:两个厚度共一个长度。

如果仍用老师和学生作比,那么"扣合"论是学生不变,各自所请的老师(两个不同结构的另一成分)共一个职位(词语)。

从学科背景看,"省—合"论主要是立足句子的使用,侧重词语或成分的隐现。如果就其学科性质或作用而言,它是揭示和描述意义相同的繁式派生简式的规则和类型。而扣合论的学科作用则在于它通过与其他几种特性(配对性、易位性和应对性)形成的理论合力,以资用来揭示和建构汉语句法结构的模式系统，即：配对型模式、扣合型模式及它们同时借助易位性和应对性形成的派生式。不过，对于这一点《汉语语法学》及以后的论文未及作进一步的探索及阐述。[①]

配对型模式结构（主谓结构、动宾结构，等等）是汉语的基础结构，扣合型结构则是由配对型结构通过扣合方式派生的复合型结构（如动宾补结构、心补宾结构、状心补结构、兼语式结构等等）。配对型结构可直接切分出两个配对成分（主语—谓语、动词—宾语、定语—定语中心语，等等），而扣合结构的分析必须先解析"兼语"及其类型，再进一步解析出参与构成的配对成分。并且兼语及兼语类型是研究汉语扣合的重要入口。

但是，至于扣合性"是对层次性的简化"，却是一个需要讨论的问题。假若扣合论的"层次"是指直接成分分析所显现的句法结构的层级的话，那么"对层次性的简化"一般就是减少了层次的意思，该论断所揭示的语言特性并不具有普遍意义。试比较下面三例的简式和繁式的结构层次：

（1） <u>继承和发扬</u>　<u>光荣传统</u>　……层1[②]
　　　———　　　———　……层2
（1'） <u>继承光荣传统和发扬光荣传统</u>　……层1

---

① 如果翻阅《中学教学语法系统提要（试用）》还会发现该提要的3.2动词短语，在3.2.1、3.2.2、3.2.3、3.2.4小节分别讲了"动＋宾""动＋补"、"动＋得＋补""状＋动"，在3.2.5小节讲了"状＋动＋补＋宾"并列出了动词只带两个连带成分的格式："状＋动＋补"、"状＋动＋宾"、"动＋补＋宾"。3.2.1—3.2.4是配对成分结构，3.2.5是扣合结构，或者说，扣合论就是在回答为什么有3.2.5的结构或这些结构是怎么形成的问题。

② 为了能标出一个成分嵌在另一成分中间的现象，本文的层次分析：同一行的实线表示一个成分，虚线表示与之相对的直接成分。

　　　　　　　　　　　　　　……层2
　　　　　　　　　　　　　　……层3
（2）借了他　两次　钱　……层1
　　　——（——）——　……层2
　　　—　　　　——　　……层3
（2'）借　他钱　借了　两次　……层1
　　　——————　　　　……层2
　　　　　　　——　　　……层3
（3）周密调查一下　……层1
　　　——————　　……层2
（3'）周密调查，调查一下　……层1
　　　——————　　　　……层2

　　比较看到，除了（1）比（1'）层次少，（2）和（2'），（3）和（3'）的层次是相同的。
　　（三）"共用"论其共用是中心词分析法的成分共用论，大致说来其成分和词几乎是相同的概念，该共用论是"词语—成分"共用论。但是从直接成分分析的角度看，共用论所举的语言结构不仅在简式中不是直接成分共用，就是在繁式的分支结构中也不是。而成分共用只是形成了简式的策略和手段。如"继承光荣传统"和"发展光荣传统"，由于它们结构相同，其相同的成分——宾语的词语也相同，为了使语言简洁，我们可采用成分共用的方式，让"光荣传统"只出现一次，为两个动词所共用，从而形成"继承（和）发扬光荣传统"的表达式。而用直接成分分析法（IC分析）来分析"继承（和）发扬光荣传统"，其中述语或动作语是一个成分，"光荣传统"是一个成分，即一个成分与一个成分匹配,根本不存在几个成分共用一个成分的问题。而真正典型的成分共用形式是汉语兼语式代表的模式,如"请他吃饭"中"他"这个词为"请"的宾语和"吃饭"的主语所共用。所以老的成分"共用"论,是形成所谓经济结构的策略方式论,而新成分共用论——扣合论,是名副其实的"成分共用"论。不仅该论的第一个共用成分的类型是兼语式(宾语兼主语),而且其后的若干例都含有成分共用的词语——兼语。

现在再看"省—合"论(《系统提要》)中的三例。第一例:

动、动+宾(省宾合动)
讨论[大会决议]并通过了大会决议

其实这一例就是《汉语发展》所举语言类型的另一表现形式,一个是用两个独立的动宾结构来讨论,一个是用连词连接的两个动宾结构来讨论,最后是殊途同归,构成一个并列结构与另一个词或短语组成配对成分的结构。

《系统提要》的第二、三两例:

动+宾、宾(省动合宾)
无论学习自然科学还是[学习]社会科学
主+谓、谓(省主合谓)
谁家有[谁家]没有,瞒不过他

这两例其实就是省略,相同成分承前省。但是若要归进共用也不难,我们用相同词语移位扣合的理论来说明就行了。承前省就是相同词语或成分前移扣合,形成成分共用现象;蒙后省就是相同词语或成分后移扣合,形成成分共用现象。但这种共用也是共用论的策略和手段共用而不是成分共用。

但不管怎样,第二、三两例经过省合之后,也是一个并列结构与另一个词或短语构成配对成分。第二例是并列结构充当宾语,第三例是并列结构充当谓语。都不符合新成分共用论的特点。

四 成分共用的共性与研究目标

本小节对上面三类共用论的共性和语言事实的类型及研究意义作进一步的探讨,以加深我们对有关讨论及现象的认识。

(一)三种理论的共性。上面讨论的三类成分共用理论(不论是自称还是别人强加的),就涉及的语言现象而言,它们有一个共同点,就是把一个复杂的结构还原为其相应的简单结构,用几个简单结构的意义去阐释一个相对复杂结构的意思(所谓复杂是比几个简单中的一个复杂)。即用 AC_1BC_2 或 AC_1+BC_2 去说明 ABC_2 的意义。其实这就是在探讨语形与语义之间的对应关系,这种角度的研究本人称"释义语法"研究。比如"无论学习自然科学还是社会科学",就是"无论学习自然科学,还是学习社会科学"的意思,"按了好几次门铃"就是"按了门铃"+"按了好几次"的意思。

如果从组形(结构组合)的角度讲,不论是成分"共用"还是策略"共用",它们都是有所并有所合的现象。如"无论学习自然科学还是社会科学"中"自然科学还是社会科学"是并,"学习"是两个"学习"的合;"按了好几次门铃"中"好几次门铃"是并,"按"是两个"按"的合。不同的是策略共用论的语言,合的成分是同一词语和成分(或两个都是宾语、两个都是状语等等),而并的内容不仅成分相同而且合并后形成的结构是并列结构。而真成分共用论(扣合论),合的词语虽然也是相同的,但是其充当的成分有的相同有的不同。如双宾式"给他书"的"给"合的就都是动宾结构的动语,但是"认真学习文化"合的就分别是状语中心语的"学习"和动宾短语的动语"学习"。

(二)三种理论的摄实共性。上述所有并合涉及的语言事实,其类型如下:

[3] $ABC_{2/1}$ (共用成分 C 在后)
[4] $AC_{2/1}B$ (共用成分 C 在中)
[5] $C_{2/1}AB$ (共用成分 C 在前)

具体事实是无限的,但模式类型是有限的。[3][4][5]代表了三种理论所讨论的所有语言事实的模式类型。除了 C 为兼语的结构,其他都是使用共用成分的手段形成格式或简式,并且这些简式也都不存在成分共用的问题。

(三)三种理论都在关注形式的派生。三种理论的共用思维模式中,有个共同的运作方式,可图示为:

[6] $\underline{AC_1,BC_2 或 AC_1BC_2} \rightarrow \underline{A[C_1,]BC_2 或 A[C_1]BC_2} \rightarrow$
  1) 2)
$\underline{ABC_{2|1/2|1+2}}$
3)

"省—合"论是截取了2)、3)两段,最后把 ABC 中的 C 看作 C_2。"共用"论和扣合论是截取了1)、3)两段,分别把 ABC 中的 C 看作 C_1 或 C_2($C_{1/2}$)和看作 C_1 加 C_2(C_{1+2})。主要差异仅此而已。

现在我们用扣合论的思路研究成分共用现象,不只是研究简式的结构性质,而且还研究几个单纯一些的结构 AC、BC、CA、CB 等怎么形成 ABC、ACB、CAB,以及其中 A、B、C 各自的性质、形式以及它们之间的关系,同时也关注有没有非相同成分的增加和减少,比如关联词语(不但、而且、和等)的省略和增加及其规律。扣合是成分共用的方式或性质,有扣合成分的结构是兼语结构。讨论成分共用现象,必须区分成分共用手段与成分共用结构。

参考文献

北京师范学院中文系汉语教研组:《五四以来汉语书面语言的变迁和发展》,商务印书馆1959年版。

邢福义:《汉语语法学》,东北师范大学出版社1998年版。

邢福义:《汉语语法结构的兼容性和趋简性》,《世界汉语教学》1997年第3期。

邢福义、萧国政:《同一语义指向的"动/趋来"》,《研究生学报》1984年第4期;又见《汉语补语研究资料》,北京语言学院出版社1993年版。

萧国政:《右向传递句的延展和凝缩》,《现代汉语语法问题研究》,华中师范大学出版社1997年版。

萧国政:《汉语语法研究论》,华中师范大学出版社2001年版。

人民教育出版社中学语文室:《中学教学语法系统提要》(试用),《中学教学语法讲话》,河南教育出版社1985年版。

徐通锵、叶蜚声:《"五四"以来汉语语法研究评述》,《现代汉语语法研究的现状和回顾》,语文出版社 1987 年版。

贾红霞:《多项定语共心扣合的定语语义类型》,《华中师范大学学报》2001 年增刊。

(本节原载《长江学术》2006 年第 2 期,中国人民大学《语言文字学》复印资料第 7 期)

现代汉语动词重叠的几个理论问题[*]

动词重叠是现代汉语中很受重视的句法现象，讨论文章数以百计，取得了很多重要成果。但是联系语言事实和对外汉语教学的有关实际，发现现有研究，特别是有关构成条件、重叠意义和表意功能的，有些模式、概念需要区分，有些问题需要进一步讨论。本文不揣浅陋，就有关问题分三部分简述如下，以就教于对外汉语教学的同行和有关专家。

动词重叠不同学者有不同的界定，为了问题讨论的集中，本节的重叠类型范围限于 VV 式和 VVO 式，VVO 式包括动词重叠和动宾短语重叠。为表述方便，动词重叠和动宾短语重叠本节统称动词重叠。

一　重叠的两种模式：VV 式与 VVO 式

动词重叠问题的讨论，以往比较注意单音节与双音节的对立

---

[*] 本节在大会作过报告，会后从题目到内容都作了较大改动。文章在修改过程中武汉大学语言学方面的博士生和硕士生与我们讨论了一些问题，宫海彤、刘姝同学还协助我们做了一些资料工作，谨在此一并致谢。

和差异,常常是以音节为纲,以重叠方式(AA、ABAB、AAB)为目建立对动词重叠及有关规律的认识。但是,讨论动词重叠成立(或存活)的条件和功能,我们认为应首先区分不同的重叠模式,以模式为纲建立起关于动词重叠语义条件的认识,并且语义条件的讨论以具备其他有关条件为前提。

(一)汉语重叠有下列两种与存活条件有关的对立模式:全(重)叠式——VV式和半(重)叠式——VVO式。例如:

(1) 全叠式(VV式):看→看看∣学习→学习学习∣讨论→讨论讨论
(2) 半叠式(VVO式):理发→理理发∣跳舞→跳跳舞∣看电视→看看电视∣学习文件→学习学习文件

全叠式包括单音节AA重叠(如看看)与双音节ABAB重叠(如学习学习、讨论讨论)。半叠式(即AAB重叠),A、B可以是两个单音节的词或语素(如理发、跳舞),也可以是单音节或双音节的词(如看电视、学习文件)。

全叠式只是动词的重叠模式,如例(1);半叠式既是动词的重叠模式,也是动宾短语的重叠模式,如例(2)的"跳跳舞"是动词的重叠,"看看电视"、"学习学习文件"是动宾短语的重叠。[①]

关于VVO重叠,这里不拟过多展开。但我们必须看到,有些动词的用法,我们可能只好说是VVO半叠式,不好说是VV重叠带宾语,因为离开宾语,VV重叠不存活。例如:

[①] "理理发",从一个角度看是词的重叠,从另一个角度看是短语的重叠。"理发"是词也是短语,不影响重叠的模式论证。

(3) 严家师母鄙夷地撇撇嘴道：这才是不讲理呢！（《长恨歌》）

(4) 那就让你挨挨饿吧？（《绿化树》）

(5) 家珍走后，我娘时常坐在一边偷偷抹眼泪，我本想找几句话去宽慰宽慰她，但一看到她那副样子，就什么话也说不出来了。（《活着》）

VVO 半叠式是构成 VO 的语用变体（或变式）。

半叠式与全叠式的对立，不仅表现在结构模式上，而且还表现在表意性质和对重叠动词的语义要求上。

（二）在表意上，全叠式 VV 倾向于表述动作行为，半叠式 VVO 倾向于表述事件。可比较两例中的 a、b：

(6) a. 你们每天不就是跳跳舞、打打球吗？
　　b. 你以为跳舞很轻松啊？要不你明天也去跳跳？

(7) a. 每天坐坐班、看看报纸、接接电话，神仙的日子喔！
　　b. 那明天你去坐坐就知道了。

倾向于表事件和动作行为，或者说是侧重于表事件或行为动作。如例（6）半叠式 a 是侧重于说事情，言下之意是没什么很累或很难的事；全叠式 b 是侧重于说动作，言说跳舞这活动不轻松。例（7）类推。半叠式和全叠式在这个意义上讲，是同一内容不同侧重点的表达变式。

（三）语义构成上，重叠模式不同，对重叠动词的语义要求不同。研究发现，表动作行为、自主性（或主动性）、可重复性（或曰"可反复性"），分别与不同性质的句子相联系构成全叠式

VV 和半叠式 VVO 的充要语义条件。具体讲就是：V［+表动作行为］［+主动性］是全叠式的语义充足条件，V［表动作行为+可重复性］是半叠式的语义充足条件。这种条件也可图式为：

a. V［表动作行为+主动性］→VV。例如：我考虑考虑｜他再看看｜别嚷嚷
b. V［表动作行为+可重复性］→VVO。例如：逛逛街｜游游泳｜看看小说

充要条件是充足且必要的条件，这种条件是不要不行，有了就够。再看两个例子：

(8) 你说死不可怕，那你去死死？
(9) 偶尔挨挨批评、遭遭白眼，半年了，没事，真的！

例（8）重叠动词"死"，只具备 a 条件，V［表动作行为+主动性］，不具备 b 的可重复性，其全叠式成立；例（9）的重叠动词"挨"只具备 b 条件，V［表动作行为+可重复性］，不具备 a 的主动性，其半叠式成立。并且两例的动词也都不需要再具备其他什么持续性、短时性等语义条件。但是，不具备其要求的语义条件，重叠式不成立：

(10)*那鞭子很重的，今天你去挨挨。
(11)*你留留言吧。

例（10）不存活是动词缺乏主动性的语义特征，例（11）

不存活是动词缺乏可反复性的语义特征。

二 重叠句存活与重叠式存活

讨论动词重叠，还须把重叠式、重叠句（重叠式充当谓语的句子）和动词能不能重叠三个概念区分开来。

（一）动词重叠式，是音段复现、再现音段改读轻声或轻读构成的动词（或动宾短语）充当谓语的形式，① 是采用了语音变化手段的语法现象。如果把重叠看作广义形态，并按传统形态学构词形态和构形形态二分，那么汉语的动词重叠当属于构形形态。因为不论其全叠VV式还是半叠式VVO式，都不是构成一个新词，而是构成一个词（或短语）充当谓语的"语

---

① 动词重叠语音发生变化的问题，不少论文和著作（含教材）都有涉及。对单音节重叠式的语音变化看法比较一致，即第二个音节念轻声，如果原式动词是上声字，那么第一个音节为阳平。但是对于双音节重叠式的语音变化，人们的看法就有分歧。如朱德熙认为 $A_1B_1A_2B_2$ 重叠式前两个音节念重音，后两个音节念轻声，黄伯荣、廖序东主编的《现代汉语》也持这一观点；刘月华等则认为重叠式第一个音节念重音，第三个音节念次重，第二、四音节念轻声，张先亮倾向于认同这一观点（见张先亮，1997）。如果用"轻""重"来描述动词重叠式的发音模式，那么朱德熙等理解的双音节动词重叠式的读音模式是"重重—轻轻"型，刘月华等的读音模式是"重轻—中（次重）轻"型，而前两年北京大学沈炯等用语音实验的手段得出双音节动词 $A_1B_1A_2B_2$ 重叠式的读音模式则是"重中—轻轻"型（见曾常年，2001）。当然，"轻"有轻读和轻音的不同，并且轻音和重音不是一个平面上对立的概念，轻声是现代汉语的一种特定调类，其调值十分复杂，动词重叠式中的 A_2B_2 的轻读是相对于 AB 或 A_1B_1 的，这种轻读是不是轻声，可能还要进一步研究。为了既指出这种语法现象又不仓促定性，本节用"改读轻声或轻读"来表述其发生的音变。

法形式"。① 重叠式是依附于句子的。一般来说，句子存活，其中的重叠式一定存活。如例(3)(4)(5)(6)(7)(8)(9)句子是存活的，其重叠式也是存活的。重叠式存活，其动词也是能重叠的。因此例(3)至例(9)重叠式中的动词都是能重叠的动词。

不过，我们不能说，某某动词不能重叠其构成的重叠式成立或存活。重叠句、重叠式和动词能重叠三者之间的蕴涵关系可用下面的形式表达：

(12) 重叠句存活→重叠式存活→动词能重叠

(二) 但是，我们不能反过来说，重叠句不存活，其重叠式一定不存活。因此下面的蕴涵式是不成立的：

(13)*重叠句不存活→重叠式不存活

这里先比较例(14)和例(15)：

(14)*下周你们全周讨论讨论这个问题
(15) 下周你们抽时间讨论讨论这个问题

例(14)句子不存活，但是其重叠式"讨论讨论这个问题"

---

① 重叠式动词或动宾短语的谓语形态从其充当句子成分的比率也可见一斑。李珊对《老舍剧作全集》4卷、《中国新文学大系》18集和《曹禺文集》4卷进行了统计，得到含双音节动词重叠式的句子312句，作谓语的296句，占95%，在谓语之外的位置上出现的只有16句（作主语的6句，作宾语的10句），占5%，而作其他成分是有条件限制的。见李珊《双音动词重叠式ABAB功能初探》，《语文研究》1993年第3期；李宇明：《重叠式的若干句法问题》，《中国语文》1998年第2期。

是存活的，因为例（15）句子及其重叠式"讨论讨论这个问题"都是存活的。例（14）句子不存活是因为句中有与动词重叠相冲突的时间因素。

（三）同样，**重叠式不存活，其动词一定不能重叠**。因此下面的蕴涵式是不成立的：

(16)* 重叠式<u>不</u>存活→动词<u>不</u>能重叠

例如，例（10）（11）重叠式"挨挨"、"留留言"不存活，导致句子不存活。但是我们不能说是其动词"挨"和"留言"不能重叠。因为在下面的句子中，其句子和动词重叠式都是存活的，根据例（12），其动词是可以重叠的。例如：

(17) 你认为挨打不疼，那明天你去<u>挨挨</u>！
(18) 他在那儿事情不多，就是帮人<u>留留言</u>。

同样，一本比较有影响的对外汉语教学的参考书上有这样一个病句：①

(19) *我到这儿已经两个月了，生活上还不习惯，我想想我的爸爸妈妈。

例（19）不存活，是由于第三小句不存活。要改得能说，信息不变，又比较简单，可把"想想"改为"想"就行了。但是如果我们因此就说表想念的"想"是心理活动动词，不能重

---

① 程美珍：《汉语病句分析九百例》，华语教学出版社1998年版，第46页。

叠（即重叠式不存活）而导致句子是病句，那就有问题了。因为相同意义"想"在下面句子中的重叠式（包括括号内外的说法）都是成立的。

(20) 我到这儿已经两个月了，生活上还不习惯，特别是夜深人静，时光最难打发。后来我按朋友告诉我的方法，<u>想想爸爸妈妈（/想想我的爸爸妈妈）</u>，每个夜晚就变得欢乐而且甜蜜了。

提供例（19）病句的参考书并没有说"想"不能重叠，而是说"重叠以后的'想想'表示短时，而思念父母之情是一段时期内不能变更的情感，用重叠形式不妥"，显然该书的说明是不理想的，因为例（20）就证明了这一点。[①] 比较接近客观事实的解释是这个意义上的"想"是及物动词，一般要求带宾语使用。动词带宾语构成的"想想我的爸爸妈妈"是 VVO 半叠式，根据第 68 页"（三）"我们知道，半叠式的成立条件，其动词要具有 [+可重复性] 的语义特征，而例（19）的动词不具备这种语义的条件，故（19）的 VVO 不成立，句子也不存活。与之相反，例（20）的动词具备了重叠的语义特征，其重叠式及重叠句都成立。

动词重叠的语义条件的实现，有的在动词内、动宾短语或小

[①] 这里我们丝毫没有批评和指正编者的意思，相反，我们认为，大多数情况下编者是应用当时的可据理论进行工作的，一般受到参考成果的影响和限制。但这个实例启示我们，要使我们的教材和教参最大限度接近客观事实，不仅要求编者要不断更新知识和进行研究，而且还需要更多的学者和同行们进行面向第二语言教学的语言本体研究，而且这方面的研究任重道远。关于"想想"重叠表短时，也是受当时研究成果的影响，可进一步参见第 75 页"（二）"和 77 页"（三）"。

句内，有的则是在小句外。在小句内的如例（1）（2）（3）等，又如表比较义的"想"。例如：

(21) 想想爸爸妈妈，这条件不怎么苦？

而例（19）在"想念"意义上使用的"想"，所需的语义条件通常在小句外，甚至在更大的语境［如例（20）］。其他语义条件在句外实现的如例（10）（11）的"挨"、"留言"［参见并比较例（17）（18）］。

三 重叠的意义及其提取

意义是动词重叠的重要内容，但是讨论意义，我们必须区分和弄清"意义"一词的不同义项、重叠的格式义与附加义、语用义与言语义。

（一）"意义"一词，词典一般都列有以下两个义项：1. 语言文字或其他信号所表示的内容意义（sense，meaning）；2. 价值、作用（importance，function）。

动词重叠问题的讨论常涉及这两个义项。比如说动词重叠的意义是构成某种形式、"强化能动性"、"减少动量"等等，[①] 就是在"作用"或"功能"义项上使用该词的；如果说重叠的意义是表尝试、反复等等，即是在"内容"或"意思"义项上使用该词的。但是，有论文和著作不加说明地使用这两个义项，有

---

① 参见朱景松《动词重叠式的语法意义》，《中国语文》1998年第5期；杨平：《动词重叠式的基本意义》，《语言教学与研究》2003年第5期。

的甚至混用这两个义项。这种不明确地使用词语,不利于问题的深入讨论。

讨论重叠的意义,就好像大多数学者所做的那样,只在第二个义项上使用"意义"一词。本节区分"意义"的不同义项,并在"内容"义项上使用"意义"一词。

(二) 格式义与附加义

从理论上讲,动词重叠式的格式义(或曰重叠式整体语言意义的抽象形式)是从所有动词重叠式用法和表现中概括和抽象出来的,对外可能没有封闭性(即别的形式表达的意义可能与之交叉),但对内一定应具有普遍性(即讨论范围内的所有重叠模式及其用例的意义与之相符)。求取重叠式的格式义在某种程度上讲就是求取动词重叠的整体语言义(M)。

重叠式整体语言意义的求取,有两种途径:一是当 V 的意义和重叠式的附加意义都确定时,"做加法"。即:V 的意义 (a) + 附加意义 (b) = 整体意义 (M)。二是有一项意义不确定,做代数——同义替换。即通过一个与重叠式(A)有相同动词且相同整体意义的短语(B)来进行代数运算,求出重叠式的格式意义(X_g)和重叠的附加意义(X_f)。即:

设重叠式动词的意义为 a,重叠式的附加意义为 x,则 A = a + x;

设非重叠式的同义动词的意义也为 a,其余词语的意义为 b,则 B = a + b,

由于 A = B, 故 a + x = a + b, x = b。

由于截至目前对动词重叠式的附加意义的认识与语言实际还有一段距离,故我们只能采取第二条途径——"做代数"。

观察发现"V 一下"是所论动词重叠式公共的同义替换式,通过"V 一下",我们可求出动词重叠式的整体语言意义(M)

和附加意义（b）。其求取过程、举例和结论可演示如下：

(22) ……VV≈……V一下，　　例如：这本书你们看看≈
VV 的意义（M）≈V　　　　　这本书你们看一下
一下，　　　　　　　　　　看看≈看一下
两边减去 V 的意义，得：
VV 的附加意义（b）≈　　　"看看"的附加意
一下　　　　　　　　　　　义（b）≈一下

(23) ……VVO≈……V一　　例如：没事打打球≈没事
下 O，　　　　　　　　　　打（一）下球
VVO 的意义（M）≈V　　　打打球≈打（一）
（一）下 O，　　　　　　　下球
两边减去 VO 的意
义，得：　　　　　　　　　"打打球"的附加
VVO 的附加意义（b）　　　意义（b）≈一下
≈一下

再看几个实例：

(24) 这西瓜熟不熟你可敲敲，甜不甜你可尝尝，至于有多重，你掂掂。
(25) 轻轻地敲敲门，听听里面的反应，调整调整你的姿势，再学学小王的笑声，行不？

例（24）（25）的 VV 重叠可替换为"V 一下"，VVO 可替换为"V（一）下 O"，意义基本不变。这种换算进一步表明，

"V一下"和"V一下O"是全叠式和半叠式的同义替换式，①全叠式与半叠式有共同的重叠附加义（"一下"）。

看到动词重叠式意义与"V一下"相通并不始于我们。查阅文献得知，早在20世纪60年代，丁声树等（1961）《现代汉语语法讲话》（第227页）就指出："动词重叠后，表示'稍微……一下'。"这个论断可进一步帮助我们利用"V一下"来揭示动词重叠的格式义。比如把"稍微V一下"的意义可大致表述为：V，但只稍微V一下；因此，重叠式格式意义可表述为"V（O），但只稍微V一下"。

"V一下"中的"一下"是表不多的约量（不是三下减二下的"差"），因而重叠的附加意义可大致用"轻量"或"轻度"表述，动词重叠式因而可表述为动词（或动宾短语）的轻松体或轻量式，重叠是构成这种变体或变式的语言手段或语法手段。

（三）附加意义的具体取值

根据动词意义和表述内容的不同，"轻量"的具体表现可能是难度不很大（i）、着力不很多（j）、费时不很长（k）……某个句子有时涉及其中一个方面或几个方面，但究竟是哪一个或究竟是哪几个，一般是含混的。可看例子：

(26) 这个问题你看看｜你看看他们在怎么开飞机｜你看看这些数学难题能解出来吗？
(27) 昨天的事你们研究研究｜你们研究研究发展计划的制订问题

例（26）的第一个"看看"的轻量义好像是侧重 j，第二个

---

① "V一下"和"V一下O"在格式上可进一步合并为"V一下（O）"。

"看看"好像是侧重 k，第三个"看看"好像是侧重 i 等，但一仔细追究好像又均不尽然。这可能是由于动词重叠表达轻量义是含混的，并且这种轻量或轻度主要是说话人的主观看法或表达取向。例（27）类推。所以，与基式比，不论全重叠式和半重叠式，都是在从不同角度含混地把重叠式表达的动作行为和事件往轻里说。

这里需要指出，不论附加意义或整体意义，都是一定形式附载的意义，只要是意义一般都能用其他形式的语法实体去进行同义替换和变换，否则你说的那个意义就不是重叠式意义的组成部分。比如说，如果动词重叠是表达持续、反复或短时的附加意义，那么这种意义就能用某一形式来进行同义替换，否则该意义就不是动词重叠式的附加意义。如例（26）和（27）的"这个问题你看看"就能构成下列表义等式：

(28) ？这个问题你看看＝这个问题你<u>反复</u>看＝这个问题你<u>持续</u>看
(29) ？昨天的事你们研究研究＝昨天的事你们<u>反复</u>研究＝昨天的事你们<u>持续</u>研究

实际上，等号两边的语义都是不等的，"反复"就不是重叠式的附加意义。

（四）语用意义与言语意义

进入具体句子后，某个重叠式与具体的句子意思相结合，或者说不同的动词、重叠的附加意义与特定句子内容（及语气）相结合产生一种特定的语用意义或语言意味（c）。[1] 这种意义通

---

[1] 关于语用意义可参见萧国政、李汛《试论 V—V 和 VV 的差异》，《华中师范大学学报》1988 年第 6 期；邢福义：《说 V—V》，《中国语文》2000 年第 5 期；徐连祥《动词重叠 VV 与 V—V 的语用差异》，《中国语文》2002 年第 2 期。

常弥漫在句子的字里行间，或紧或松地缠绕在动词的重叠式上。这种意义大多属于心理感受范畴，做语言翻译时，好多翻不出来，但不翻译出来一般也不影响基本意思的表达。当然，对于母语使用者来说，有时可能是很讲究这种语用意义的。

重叠式的言语意义可记作：M+c，其构成可表述为：言语意义（M+c）＝语言意义（M）＋语用意义（c）。如果要从某个句子的全部意义出发求取语言意义，那么通常应是做减法，即：重叠式的语言意义（M）＝言语意义（M+c）—语用意义（c）＝a+b。

动词重叠式的语言意义（M），只是其整体意义的近似值，就像数学计算只保留了一位小数。要想取得整体意义的全部语义值，还要把整体意义的求取延伸到言语意义，即把动词（基式）以外的意义精确到c。这不仅是重叠式语义研究精细化的要求，可能更是语言使用的要求。因为语言使用虽然首先是启用语言意义，但同时也启用了言语意义，并且在某种意义上讲，同义式的选取，除了其他的考虑之外，就是对c义的启用和选择。

参考文献

储泽祥：《交融中的VVA叠动动结式》，陈恩泉主编：《双语双方言（三）》，汉学出版社1994年版。

李临定：《"判断"双谓句》，《语法研究和探索》，北京大学出版社1983年版。

李珊：《双音动词重叠式ABAB功能初探》，《语文研究》1983年第3期。

李宇明：《论词语重叠的意义》，《世界汉语教学》1983年第1期。

李宇明：《重叠式的若干句法问题》，《中国语文》1998年第2期。

刘月华：《动词重叠的表达功能及可重叠动词的范围》，《中国语文》1983年第1期。

王还:《动词重叠》,《中国语文》1963年第1期。

萧国政、李汛:《试论V—V和VV的差异》,《华中师范大学学报》1988年第6期。

萧国政:《汉语信息结构与语法实体成活》,《世界汉语教学》2001年第4期。

萧国政:《论21世纪现代汉语语法研究的内涵构成与发展选择》,《华东师范大学学报》2004年第3期,又见《21世纪的中国语言学》(一),商务印书馆2004年版。

邢福义:《汉语语法学》,东北师范大学出版社1998年版。

邢福义:《说V—V》,《中国语文》2000年第5期。

徐连祥:《动词重叠VV与V—V的语用差异》,《中国语文》2002年第2期。

杨平:《动词重叠式的基本意义》,《语言教学与研究》2003年第5期。

曾常年:《动词重叠式中动词的语义虚化与发音轻化》,《北京大学学报》(国内访问学者、进修教师论文专刊),2001年。

张先亮:《动词重叠研究中的几个问题》,《浙江师范大学学报》1997年第6期。

朱德熙:《语法讲义》,商务印书馆1982年版。

朱景松:《动词重叠式的语法意义》,《中国语文》1998年第5期。

(本节与何重先合写,原载翟讯主编《汉语·汉字·汉文化》,新世界出版社2004年版)

量词"把"的分类及使用

——面向第二语言教学的再研究

汉语量词的使用具有极大的约定性，但是又有一定的规律性。不同的量词，其使用规律不怎么相同，可能需要一个个地研究和描写。尤其对于第二语言教学和人工智能。

量词"把"，就笔者所见，截至目前，《现代汉语八百词》所做的研究和描述最为详尽。该书共列了五个分项，扼要摘录如下：

1. 用于有柄或类似把手的器物，例如：一把刀｜一把伞｜三把锁；2. 可用一只手抓起来的数量（包括用绳子捆起来的东西），例如：一把炒面｜一把儿菠菜｜两把柴火；3. 用于某些抽象的事物（数词限于"一"），例如：他有一把力气｜这么大一把年纪；4. 用于能手等（数词限于"一"），例如：他是养花的一把好手；5. 次，用于同手有关的动作（数词多用"一"），例如：帮我一把｜擦了两把汗｜一把拉住他。

虽然《现代汉语八百词》是为第二语言教学和方言区学习

普通话编写的，但是，由于受词典体例、篇幅和时间的限制，其关于量词"把"的研究和描写，如果直接拿来进行第二语言教学又是不够的，不仅语法知识不够充分，而且其分类、定性也有待进一步考虑。如当外国学生学了量词"把"后，把"一个茶杯"、"一根教鞭"和"一个锅盖"说成"一把茶杯"、"一把教鞭"和"一把锅盖"，就是明证。

"把"是量词，根据其计量的对象是事物还是行为，首先分为名量和动量两类。上述1—4项用法的"把"是物量词，第5项用法的"把"是动量词。① 在名量内部，根据数量结构的计量性质是个量还是合量，名量词又分为个体量词和集合量词。因而，量词"把"从使用的角度看，就可划分成两类三个：（1）个体名量词把$_1$（上述1、4两项的"把"）；（2）集合名量词把$_2$（上述2、3两项的"把"）；（3）动量词把$_3$（第5项的"把"）。不同的量词"把"，表义性质不同，使用条件不同，需要分别研究和描述。

一 个体量词把$_1$及其使用

（一）把$_1$是个体量词，计量的对象都是可数的个体事物，表示的量也是个体量。例如：

(1) 三把梳子｜两把勺子｜四把椅子｜十把钳子

好些个"数+把+名"，在儿语（小孩儿的话）里常说成：

---

① 对"把"的这种分类，是量词的使用分类。

数+个+名。如：

(1') 三个梳子｜两个勺子｜四个椅子｜十个钳子

在这个意义上可以说，把$_1$＝个。使用个体量词是汉语不同于印欧语的一个显著特点。汉语用个体量词的地方，英语一般是什么都不用。如汉语说：一把刀｜两把梳子｜三把牙刷，英语是说：one knife｜two combs｜three toothbrushes。

个体量词的使用，是现代汉语语法的强制性要求。但是，个体量词的使用，尤其是不同个体量词的使用，对于母语没有个体量词的学生来讲，又是学习汉语的难点。

（二）如果从汉英对译看，似乎汉语个体量词是纯粹的语法形式词，在造句中仅起完形的作用，并不表什么语言意义。而事实上，个体量词"把"是负载意义的，这可从能使用把$_1$的器物看出。

《现代汉语八百词》对量词"把"的第一个义项的描述是："用于有柄或类似把手的器物"。[①] 从能用"把$_1$"计量的"刀、锄头、伞、钥匙、茶壶"看，它们确实是有"柄"或类似"把手"的器物，但是"三把锁"的"锁"，"一把算盘"的"算盘"就很难说它们是"有柄或类似把手的器物"。反过来，也并不是所有有柄或类似把手的器物都可以用把$_1$。比如杯子和暖瓶都是有"柄"的，并且柄的形状和茶壶相似，但是我们却不说"三把杯子"或"两把暖瓶"。

研究发现，凡是用把$_1$的器物，人们移动和使用该物的方式

[①] 现有的有关研究文献和词典的阐述也大致如此，如中国社科院语言所《现代汉语词典》，郭先珍《现代汉语量词手册》等。

是一把抓住即"握"。如用把₁的器物不论是有柄的刀、锄头、伞、钥匙、茶壶，还是没柄的锁和算盘，我们搬运或使用它们的方式都是用整个一只手或两只手握着。又如有把的茶杯，不论是小姐还是大汉，端茶杯都是只用几个指头，而不是用整个一只手，故"茶杯"的量词用"个"、"只"而不能用把₁。梳子、尺子和钢笔，从外形看都是条状的，但是，使用梳子和拿动尺子是用一只手整个抓着，即使再秀气的小姐梳头时通常也是用一只手一把抓住梳子，而不是用几个指头捏着，故梳子可用量词把₁；相反，即使再莽撞的大汉使用或移动钢笔也不是一只手一把抓着，而只是用几个指头，故钢笔和其他笔则不能用把₁计量。

量词"把"来源于古代汉语的动词"把"。在古代汉语里"把"者握也，"把"的这个基本义至今保留在现代汉语复合词"把握"之中。如果说，来源于名词的名量词如"根、本、枝、条、面、头、眼"等，在汉民族的认知过程中是提取了被计量对象的形象特征的话，那么来源于动词的把₁则是提取了计量对象移动和使用的方式。在这个意义上，把₁负载的意义，是和汉民族特定的认知角度和语言视点联系在一起的文化认知义。并且主要是这种意义，决定着把₁的使用。

（三）用把₁的名词除以上所举又如：镰刀、铁锹、镐头、铁锤、锅铲、锯、凿子、螺丝刀、叉子、扳手、扫帚、扇子、掸子等等。这些名词，除了它们的使用或移动是用一只手抓着以外，它们还有一个特点，即独体使用。如果某个有柄的器物是和其他器物一起使用，即使搬动的方式也是一把抓着，也不能用把₁。比如锅盖、茶桶盖都是有柄的，单独移动也是一把抓着，但是它们一般总是与锅和桶一起使用，不具"器物使用独体性"，所以也不能用把₁计量，说成"一把锅盖｜*两把桶盖。

用把₁的名词绝大多数表人以外的器物,但是把₁也可用来计量人。例如:

(2) 金花和银花,她们种棉花可是两把好手。
(3) 养花刘晓勤可是一把手啊。

不过这样用的表人名词只能是"好手"或"手",并且"好手"和"手"都是"能手"的意思。

从隐性语法关系看,把₁从计量物到用来计量人,是从计量"把"的对象——受事(被把)转到施事(把者),并且这个"把者"只限于指称能手和负责人两类。表负责人的形式是"数词+把+手",其数词表序号。例如:

(4) 李军是他们单位的二把手,王明利是一把手。
    = 李军是他们单位的第二号负责人,王明利是第一号负责人。

"把"的这种用法与用于能手相比,是把"把"(握)的对象——受事(被把)划定为权利,"把者"(施事)特定为掌权人:"一把手"即第一把握权力者,"二把手"即第二把握权力者。①

(四) 把₁用于计量人和计量物,与之搭配使用的数词有所不同。

用于人,表负责人及其排位时,比"三"少一个的数只能用"二",不能用"两"。如"他们是单位的二把手"不能说成

---

① 从这个角度上看,这样用的"把"有点像动词。

"他们是单位的两把手",更不能说成"他们是单位的俩手"。表能手时,一般用"两"不用"二"。如"她们是种棉花的两把好手"一般不说成"她们是种棉花的二把好手","两把好手"还能说成"俩好手"。

用于物时,一般用"两"不用"二",而且"两把"可说成"俩"。如"买两把梳子"可说成"买俩梳子","带两把刀"可说"带俩刀"。

"俩+名词"是数词与量词的融合形式修饰名词,不是数词直接修饰名词。给他俩刀 = 给他两把刀 ≠ 给他两刀。参与"俩"合成的数词是"两",而量词不只是把$_1$,从理论上讲,这个量词应该是一个"万能个体量词"。因为"两个人"也可以说成"俩人","两本书"可以说成"俩书","这两个字"可说成"这俩字"。

二 集合量词把$_2$及其使用

(一)把$_2$是集合量词,由它构成的数量短语所修饰的名词,表示的对象可以是个体,但是把$_2$表示的量却是群体量。例如:

(5)一把米 | 三把白菜 | 四把筷子

如"米"是一粒一粒的个体,"白菜"是一棵棵的个体,"筷子"是一支支的个体,但是把$_2$所表示的量不是"米"、"白菜""筷子"的个量而是群量。一把米>一粒米,三把白菜>三棵白菜,四把筷子>四支筷子。如果说:把$_1$=个,那么,把$_2$>

个,并且还常常是若干个"个"的集合。①

(二)把₂的用法其他语言也应是都有的,它的计量性质和度量衡量词一样。比如有人卖菜论"斤",有人卖菜论"把"。

但是,把₂与一般的度量衡量词又不同,它所表示的量具有不稳定性和人为性。不同的人,手的大小不同,手大的"一把"就多,反之就少。就是同一个人,手抓紧一点,"一把"就小,反之就大。正因如此,把₂的前面可用形容词"大、小、满"。例如:

(6) 一大把银元｜两小把金豆｜满满一把珍珠

形容词是帮助数量结构表分量,"大"、"满"一般是表达分量很足甚至有超出,"小"一般是表不足。比如鲁迅《一件小事》中的"我",当他看到车夫的崇高精神而"露出皮袍下面的'小'来"时,为了求得心理的平衡付给黄包车夫的钱是"一大把银元"。若是把"一大把"改为"两把"、"三把",尽管两把和三把都比一大把多,但是却不如原来好,就是因为这里用的不是数体现的多少,而是用量"大"所体现的慷慨和补衡。在有的方言中,为了进一步说明分量大,大到了手不能再抓握的程度时,常在"大"和"把"中间再加"肥"、"卡"、"海"("卡""海"变读为阴平)。如:

(7) 那个小伢抓了两大肥把花生,拿了一大海把钱,朝那边跑了。

---

① 《现代汉语八百词》的量词分类,和赵元任的《中国话的文法》(*A Grammar of Spoken Chinese*)一样,把量词把₂列入部分量词,从教学实践看,表述为"部分量词"好像不妥。

例中的"大"也可不用,"把"前只用"肥"、"卡"、"海"形容分量。

有时大把、小把和"把"一起也形成"把"内部的不同等级。比如:

(8) 一把两元五角钱,一大把三元钱,一小把两元钱(抓硬币)。

把$_2$的用法有一个特例,即用于筷子时,有时"一把"是指一手抓起来的数量,有时"一把"是十双。因此,"X把筷子"的"把"究竟在哪个意义上使用,要联系具体环境。

(三)把$_2$来源于动词的义项"握",但其使用依据所选取的语义视点不是"握"的动作,而是"握"的工具手所形成的包围圈。

手对其所抓握对象形成的包围有两种:一是"全围",如:一把米、两把花生、三把银元。这样用的"把"是用手圈成的一个全封闭的"容器",把被计量的对象完全包在里面。二是"圈围",它计量的对象就是《现代汉语八百词》中所说的能用绳子捆起来的东西。或者说,这些用把$_2$计量的东西两端常超出手掌,它们集合在一起的整体,其横截面的周长有一握之大,即用一只手可握住。例如:一把白菜、两把面条、三把稻草。这样用的把$_2$是在用手形成一个圈,去"圈"那些东西的横截面。

但是,不管是哪种用法的把$_2$,它们都是在以手为器具,在一把一把地度量被它计量的对象,并且其数词可以是任何自然数。数词的使用,与把$_1$有两点不同:(1)虽然比"三"少一个的数通常用"两",但是"两把"不能替换为"俩",如"两把花生"就不能说成"俩花生";(2)数词可以是"半"、分数和小数,如:半把花生丨大半把花生丨他得到的只有1/3把丨我们每人分了0.3把。

(四)把$_2$有表度量意义的引申用法,这样用的把$_2$不是真的在用手度量,而是言其多或言其少。例如:

(9) 她哭得真伤心,一把鼻涕一把泪的丨他的小毛病很多,简直是一抓一把丨一把屎一把尿地把你拉扯大,容易吗?
(10) 他瘦得只剩一把骨头了丨我这把老骨头还能为大家做点儿事丨不论怎么说,他还有一把力气

例(9)是言其多,例(10)是言其少。这样用的把$_2$一般限于描述与人有关的行为和特征,"把"前数词只能是"一"。表多的用法,"一把"可说成"成把",如:他毛病多,一抓肯定成把丨她哭得很伤心,哭得鼻涕成把抓,眼泪也可成把抓;表少的用法,数词"一"可省略。

(五)把$_1$、把$_2$都有"一把X一把Y"的用法。例如:

(11) 一把锄头一把锹丨一把勺子一把叉丨一把二胡一把口琴
(12) 一把鼻涕一把泪丨一把屎一把尿丨一把炒面一把雪

例(11)"把"是把$_1$,"一把X一把Y"表搭配或交替的意思,如"一把锄头一把锹"在一种环境下的意思是"拿一把锄头就拿一把锹",在另一种环境下是"放一把锄头就放一把锹";例(12)的"把"是把$_2$,"一把X一把Y"有轮番交替出现的

意思,"一把 X 一把 Y"可交替反复说成:"一把 X 一把 Y,一把 Y 一把 X",后者的语势有所加强,意思与只说一遍差不多。如:她哭得真伤心,一把鼻涕一把泪,一把泪一把鼻涕的。

三 动量词把$_3$及其使用

(一)把$_3$是动量词,词义大致相当于"下"。例如:

(13) 推了他一把 | 拉了他一把 | 他一把抱住小张

例中的"把$_3$"换成"下",基本意思不变,但行为的量度略有减弱。

(二)动量词把$_3$标志动作是手发出的,或是手的动作。常见是一只手,也可以是两只手。如:一把抓住他(可以是单手)| 一把抱住他(一定是双手)。

把$_3$的量词用法源于动词"把"的动作义,用把$_3$的动词通常是由手发出的动作或行为,如例(13)的"推"、"拉"、"抱",又如"擦"、"抹"、"赌"、"捞",例如:

(14) 擦了一把脸 | 抹了两把汗 | 赶紧赌一把 | 他这次好像捞了一把

有的动词,与手关系不明显,但却是施动者能够"把控"的自主性动词。① 这样用的动词不多。如"帮"、"努力"、"加

---

① "把控"是动词"把"的意义引申。

油"等，例如：

(15) 快帮我一把｜你再努（一）把力｜加（一）把油赶上去

动词"帮"跟手的联系还比较紧，"你帮他一把"可以进一步说成：你伸手帮他一把。

此外，把_3还有经过扣合压缩后的用法，这样用的句子中用手的动词可以意会，有时还可补出来。例如：

(16) 如果神龙公司马上生产的不是标致307，显得有点浪费这个平台。那么，标致307会不会学一把赛欧，两厢车先改头换面变成三厢车？（yahoo网2002年2月28日汽车新闻）

例中"学一把赛欧，两厢车先改头换面变成三厢车？"＝赌一把，学赛欧把两厢车先改头换面变成三厢车？

（三）把_3前的数词常见是"一"，但不限于"一"，还可以是"两"和"几"。例如：

(17) 拉我一把｜还努一把力｜再鼓几把劲｜赌两把

把_3前的数词，"一"是表比"二"少一个的数，但是"两"却不是表比"一"多一个的数，而是表约数，相当于"几"。

（四）"数词＋把_3"（X把）的句法分布有些讲究。《现代汉语八百词》指出：宾语如果指物，"X把_3"用在宾语前（如：擦了两把汗｜再加几把劲）；宾语如果指人，"X把_3"用在宾语后（如：帮我一把｜拉他一把）。"一把₃"作状语，表示动作快而短暂。例如：

(18) 一把把他抓住｜一把抱住我说｜一把没拉住，掉下去了

这里应补充一点，宾语指人，"一把₃"用在宾语后，有耗时不长、用力不多的意思。如：

(19) 现在帮我一把｜到时拉你一把｜赶紧推他一把

四 结语

（一）量词"把"来源于古代汉语的动词"把"，它所计量的对象跟手或"把"的动词义有关，"把"的量词来源及其与动词义的联系，是把握"把"量词用法的总体语义基础。

（二）量词计量对象的性质，是量词"把"使用类型划分的依据。个体量词把₁，用于用一只手移动和一把抓住使用的器物，提示着移动和使用计量对象的方式，引申用于人时表能手或负责人；集合量词把₂，表用一把能抓住的数量，主要用于度量能够用手抓住或抓起来的实物，引申用于表多或表少；动量词把₃，表行为动作的量，其意义相当于"下"，被其计量的动词，所表动作行为或以手做工具，或有能把控之义，能用把₃计量的动词不多。

（三）用"X把"的词语，有些又能把"把"换成其他性质相同的量词。如：

(20) 一把梳子｜一只梳子，一把笛子｜一支笛子，一把椅子｜一个椅子

(21) 帮他一把｜帮他一下，他一把抱住我｜他一下抱住我，努把力｜努点力

例（20）用的"把"是"把$_1$"，用"把"比用其他量词多含一种方式提示和动态联想；例（21）的"把"是把$_3$，用"把"比用其他动量词，行为力度显得要大一些。

（四）有些词语前可用两类量词"把"，因而会造成歧义。例如：

(22) 一把梳子｜几把尺子｜他赌了一把钱

前两例的"把"可以是把$_1$、把$_2$，后一例的"把"可以是把$_2$、把$_3$。如果是在把$_2$意义上使用，人们往往选择在前加形容词或换成另外的表达以示区别，如：一大把梳子｜几大把尺子｜他拿一把钱下注了，其"把"就只能是把$_2$。

（五）面向第二语言教学的再研究是语言的使用研究。对于量词"把"来说，其使用研究有两个方面：一是它有哪些用法，这是侧重于语言理解的描写；二是怎么用或使用的条件，这是侧重于语言生成的解释。面向第二语言教学的再研究，应区分这两个方面，同时也要兼及这两个方面。本节侧重于语法事实的描写，并且想以此说明：语法事实的揭示和描写是语法研究的传统和基础，对于第二语言教学和语言信息处理来讲，是"语言本钱"的集资和融资。

（六）语法研究及其描述，可以选择各种不同的角度和目标

指向，但是面向第二语言教学，其首先考虑的角度和目标指向是语言意义的准确理解和词语的正确运用。因此，如果现有成果研究角度和目标与之不同，或者所给的语法知识不够充分，为了满足第二语言教学的需要，我们必须在原有基础上进行指向第二语言教学的再研究。从理论上讲，研究成果对于情况各异的教学对象来讲，往往总是不够充分的。因此，理想的从事对外汉语教学的教师，不仅要有教学的技巧和经验，还要能根据教学实际，随时进行满足教学需要的补足性研究，并且这种研究的主要任务是揭示语言的使用规则和规律，是把自己的语言知识（语感）条理化、理性化、系统化，并简明地表述出来。

参考文献

陆俭明：《数量词中间插入形容词情况考察》，《语言教学与研究》1987年第4期。

吕叔湘等：《现代汉语八百词》增订本，商务印书馆1999年版。

郭先珍：《现代汉语量词手册》，中国和平出版社1987年版。

马庆株：《数词、量词的语义成分和数量结构的语法功能》，《中国语文》1990年第3期。

邵敬敏：《动量词的语义分析及其与动词的选择关系》，《中国语文》1996年第2期。

萧国政、李英哲：《汉语确数词的系统构成、使用特点和历时演进》，《武汉教育学院学报》1996年第1期，中国人民大学《语言文字学》1996年第11期。

萧国政：《汉语语法研究论》，华中师范大学出版社2001年版。

邢福义：《汉语语法学》，东北师范大学出版社1996年版。

朱德熙：《语法讲义》，商务印书馆1982年版。

中国社科院语言所：《现代汉语词典》修订本，商务印书馆1996年版。

Yuan Ren, Chao, *A Grammar of Spoken Chinese*, University of California Press, 1970.

(本节原载《中国语文》编辑部编《庆祝〈中国语文〉创刊50周年学术论文集》,商务印书馆2004年版)

汉语偏正名词短语的切分原则与结构层次

本节讨论汉语名词性短语（NP）的层次结构类型及切分原则。分析短语的层次结构，是我们认识语言结构和进行语言理解的一个不可或缺的途径。层次结构分析，就其性质看，就是揭示短语及成分的直接成分（Immediate Constituent，IC）以及其呈现出的构造模型。名词性偏正短语，其"偏"的部分是定语，"正"的部分是"中心语"。定语有的带"的"，有的不带。除少数（如：韩国朋友≠韩国的朋友｜一斤鱼≠一斤的鱼）外，其带"的"定语是构成不带"的"的同义语用变体，其短语的结构类型和所表语义相同，如"电视屏幕"和"电视的屏幕"，"桌子脚"和"桌子的脚"。因此，本节定心结构的分析用例，一般选择不带"的"的语例为代表。

能进行层次分析的名词性偏正短语，起码由三个词语或三个成分（ABC）组成，其四个及以上部分组成的短语，可看作是三个成分中一个或几个词语（或成分）为短语的 ABC。短语的长度在理论上可以是无限的，但是层次结构的类型是有限的，并且三成分 ABC 所反映的层次结构类型，基本反映了汉语所有定心短语的层次构造。为了便于延伸以至穷尽性地说明问题，本节讨论的定心结构可切分出两个及以上层次，其直接成分（IC）

间都是定心关系，或第二层是两个定心结构。

层次切分有两个基本原则：第一，形式合法原则。即形式上所切出的语言片断是本语言所具有的词语或语言片断，如短语"北京郊区青年"若切成"北京郊/区青年"，其直接成分"区青年"就不是现代汉语的一个语言片断，则其切分就不成立。第二，意义保值原则。即所切分出的两个成分所表的意义，与原来短语中所表达的意义一致。如果把"北京野生动物园"切分为"北京野生"和"动物园"，虽然两个切出的语言片断都是现代汉语中具有的语言形式，但是其各自的意义不再与其原来所在短语中的意义相同，因而其切分也是不合理的。如果把这两点结合起来，IC分析的切分原则可以表述为：层次分析必须要和原短语的成分构成与意义表达保持一致性。

定心短语的层次切分及类型有动态与静态之分，需要分节予以描写说明。

一 定心短语的静态切分类型

对孤立短语进行的层次分析，是短语的一种静态切分。根据上面的切分原则，三成分名词短语（ABC）构成的二重定心结构，有以下五种层次结构类型。

（Ⅰ）左向分枝式：AB/C 式；
（Ⅱ）右向分枝式：A/BC 式；
（Ⅲ）定语中嵌式：B/A/C 式；
（Ⅳ）心语共用式：AC＋BC 式；
（Ⅴ）定语共用式：AB＋AC 式。

多重复杂的定心结构，是由这五种类型递归形成的。语形相同，层次构造类型不同，一般所表达的意义不同。

所列五种类型式中,"/"分开或"+"连接的两部分,是短语的直接成分,直接成分间是定心关系和并列关系,没加符号连接的两间接成分间全是定心关系。

(一) 左向分枝式:AB/C

左向分枝式,是前两个词语(A、B)先组合,再与第三个词语(C)组合的定心式。例如"生命科学学院"是"生命"和"科学"先组合成"生命科学",再与"学院"组合成"生命科学学院"。[①] 其结构层次是:生命科学/学院。这类短语又如:

北京郊区/青年 干部群众/关系 技术工人/工资 眼睛角膜/保护 长江生态/普查 软件捆绑/技术 术语搜索/引擎

有的短语有简省式,如"干部群众关系"可简缩成"干群关系",但是简缩之后结构性质相同,仍是 AB/C 式。

(二) 右向分枝式:A/BC

右向分枝式,是后两个词语先组合,再与左边一个词语组合的定心式。例如"简明英汉词典"是"英汉""词典"先组合成"英汉词典",再与"简明"组合,因而"简明英汉词典"

---

① 结构切分是结构组合的逆运算,一个三成分的序列(ABC)的切分,其中一种,可表示为 AB/C,也可表示为 AB+C。举例中直接成分之间方便地用"/"表示,否则用"+"表示。

的组合层次是"简明/英汉词典"。又如：

中国/中央电视台　一群/高三学生　太平洋/海底世界
10辆/进口汽车　西门子/彩屏手机　武汉/长江大桥

（三）定语中嵌式：B/A/C（ABC）

定语中嵌式，是定语（B）嵌入定语中心语（AC）中间的定心式。例如：

江汉北路　中山南路　高空偏北气流　大会待审文件

"江汉北路"是定语"北"嵌在中心语"江汉路"中间，"江汉北路"就是"北江汉路"的意思。并且不是左分枝式（AB/C）"江汉北的路"，也不是右分枝式（A/BC）"江汉的北路"。在所指对象上，"江汉北路"可以是两条江汉路中靠北的一条，也可以是同一条路的北段。同样，"中山南路"就是"南中山路"的意思，即定语嵌在中心语"中山路"中间。其所指是南边的一条中山路或中山路的南段。

又如"高空偏北气流"是定语"偏北"嵌在"高空气流"中间，"高空偏北气流"就是"偏北方向的高空气流"的意思，因为"高空偏北气流"不仅是说的"高空气流"，而且是站在地球的角度对高空气流的划分。众所周知，"偏北"的"北"是地球的方向定位，而离开地球的"高空"是无所谓东南西北的。

定语中嵌式的BAC与其定语居前的ABC意思相同，如：

江汉北路＝北/江汉路　　　　　中山南路＝南/中山路

高空偏北气流＝偏北/高空气流　大会待审文件＝待审/大会文件①

等号两边的 BAC 和 ABC，一个是另一个的同义语用变体。②

（四）心语共用式：ABC ＝ AC ＋ BC

心语共用式，这类定心结构表面看来好像是左分枝式 AB/C（即伪左分枝式）。根据切分的语义原则，其实是两套定心结构心语扣叠形成的定心结构。即 AC 和 BC 两套定心结构，在组合中，相同的中心语语形扣叠在一起，形成了两个定语共用一个心语词 C 的现象。例如：

红白喜事　政治经济实力　九五十五规划　工农业生产
中外记者　明后天
港澳特首　香港澳门特区首领　男女学生　原被告
（为我国）经济社会发展

"红白喜事"不是红白的喜事，"九五十五规划"不是九五十五的规划，"明后天"也不是明后的天。"红白喜事"是"红喜事"和"白喜事"，并且是这两个短语在组合中其相同的中心语"喜事"扣叠在一起，形成的成分共用式。同样，"明后天"是"明天"和"后天"两个心语"天"扣叠在一起形成的成分

---

① "高空偏北气流"、"大会待审文件"也能作左右分枝的切分。
② 一个成分嵌入另一个成分中间的情况，在汉语里并不少见，又比如"扔出一个球来"就是"一个球"嵌在"出来"中间。

共用式。"工农业生产"是两套心语扣合的语例，先是"工业""农业"的"业"扣叠，再是"工业生产"和"农业生产"的"生产"扣叠。[1]

共用式的 ABC，有些还不只是 C 扣叠，即同时还省略了连词"和"、"或"、"乃至"等等。如在句子中"红白喜事"、"明后天"和"经济社会发展"常常隐含或带有一个连词。例如：

红白喜事老乡都请他＝红喜事和白喜事老乡都请他
估计他们明后天走＝估计他们明天或后天走
（为我国）经济社会发展＝（为我国）经济乃至社会发展

（五）定语共用式：AB＋AC

定语共用式，与心语共用式刚好相反，好像是右分枝式 A/BC（即伪右分枝式），但根据切分的语义原则，其实是两个中心语共用一个定语的定心式。例如：

（要去得选）头一两天　　　第三四年（可分班）
（听说他们是小王的）亲爸妈　（她们才是）表姐妹（关系）
老干部职工（将分别得到 300 元和 200 元的补贴）

---

[1] 当然，如果区别词和语素，则"业"是语素的扣叠，"生产"是词的扣叠。心语扣合常用于汉语紧缩造词和造语（短语），如"工农业"（通行词）"原被告"（临时词）是紧缩词，"港澳特首"、"红白喜事"是紧缩短语。

一种情况下,"头一两天" =头一天或头两天,① 亲爸妈=亲爸和亲妈。总之,这些短语都可分离出两个定心结构,其余类推。

从语言理解看,汉语有直合结构和省合结构,如同汉字的结构也有直合与省合类似。汉字绝大多数是直合的,少数字是省合的。比如"尖"是"小"+"大"、"尘"是"小"+"土"直合的会意字,但是"酵"则是一个省合结构的形声字:"酉"是形旁,"教"是声旁,"酵"的声旁"孝"是"教"的省写,即省合字。②

(六)歧义定心结构

一般来说,一个定心短语,其第一、二层结构所形成的层次结构关系,通常是以上五种类型中的一种。但是有些 ABC 是多可共用式,或者说是歧义定心结构,或其层次结构不止一种分析。例如:创新文化建设(初见成效)、某郊区青年、大自然实木地板。

1. "创新文化建设(初见成效)"有以下两种切分式:
(1)(右分枝式 A/BC):创新/文化建设(初见成效)
(2)(左分枝式 AB/C):创新文化/建设(初见成效)

其中(1)是说创新的对象是文化建设,(2)是说"创新文化"(某方面文化)的建设。

---

① 从"头"看是共定语,从"天"看是共中心语,并且两个数字 BC 连用还表从 A 到 B 的意思。因此"头一两天"还是头一天到两天的意思。"第三四年"类推。

② 曹先擢、苏培成:《汉字形义分析字典》,北京大学出版社 1999 年版,第 258 页。

2. "某郊区青年"有下面三种切分式:

(1) (右分枝式 A/BC): 某/郊区青年 (＝一个人)

(2) (左分枝式 AB/C): 某郊区/青年 (≥一个人)

(3) 定语中嵌式 (B/AC): 某郊区青年 (＝郊区某青年)[①]

(1) 和 (3) 的意思相同,是一种意义的两种结构变体。

3. "大自然实木地板"可切分为:

(1) (右分枝式 A/BC): 大自然/实木地板 (一种品牌为"大自然"的实木地板)

(2) (左分枝式 AB/C): 大自然实木/地板 (地板的木头是"大自然实木")

层次是语言结构表达意义的一种手段,如果短语的多义是层次不同造成的,那么不同的层次构造一般与不同的意义相对应。不仅上面的定心歧义短语如此,其他短语也是如此。如我们常说的"咬死猎人的狗"有两个意思,就是说该语言片段首先与两个不同的层次结构相对应:第一个意思是"猎人的狗死"(a),短语的层次构造是"咬死/猎人的狗"(动宾短语);第二个意思是"猎人死"(b),短语的层次构造是"咬死猎人的/狗"(定心短语)。

二 同义多可切分结构

一般来说,一个短语的层次切分结构不同,其短语的意义一般也不同,其多可切分是其歧义形成的一种表现(如1.6)。但是我们看到,有些看似只有一种切分模式的短语,在不同的上下

---

① 此例的进一步分析见3.2。

文中有不止一种的切分模式，而不同的切分模式并不影响短语的整体意义，因而这类短语在本节被称为同义多可切分结构。这种切分与前一小节的静态切分相对，是短语的动态切分。本小节的讨论也主要以三成分短语为例。

多可切分短语中，其成分一般由名词和动词构成，这里看看名动构成的三种三成分类型：NVN 式、NNV 式和 NNN 式，以建立对同义多可切分结构的认识。并且这些短语的同义多层次构造是在言语篇章中实现或表现出来的。

（一）NVN 式多可切分结构

NVN 短语有 NV/N 和 N/VN 两种切分，不论是哪种切分，短语的意义不变，且切开的地方都可加"的"以证明其直接成分之间是定心关系。例如"导弹防御系统"可分别切成：a. 导弹/防御系统（导弹的防御系统）；b. 导弹防御/系统（导弹防御的系统）。导弹的防御系统 = 导弹防御的系统。

这类同义多可切分结构又如：

名词分类标准：名词分类/标准 = 名词/分类标准
水泥浇灌方法：水泥浇灌/方法 = 水泥/浇灌方法
学校管理机制：学校管理/机制 = 学校/管理机制
水稻杂交技术：水稻杂交/技术 = 水稻/杂交技术
项目研究计划：项目研究/计划 = 项目/研究计划
课本装订程序：课本装订/程序 = 课本/装订程序
思想形成过程：思想形成/过程 = 思想/形成过程
道路刷黑资金：道路刷黑/资金 = 道路/刷黑资金
信息研究中心：信息研究/中心 = 信息/研究中心

以上同一短语的不同切分，都是静态切分中的左向分枝和右向分枝切分。其用例有两个特点：1）第一个名词 N 与动词 V 具有逻辑上的动宾关系，2）二、三两个成分均为双音节。如果音节发生变化，多切分就发生困难。试比较：

水冷却系统：水冷却/系统　　水/冷却系统
水冷系统：水冷/系统　　　　水/冷系统

也有少数短语有三种切分的可能，例如：

高空偏北气流[①]：高空偏北/气流（左分枝）＝　高空/偏北气流（右分枝）＝高空偏北气流（定语中嵌，＝偏北高空气流）
大会待审文件：大会待审/文件（左分枝）＝大会/待审文件（右分枝）
　　　　　　　大会待审文件（定语中嵌，＝待审大会文件）

同一短语的两种和三种不同切分，切分不同，意义不变。

(二) NNV 式多可切分结构

NNV 短语有 NN/V 和 N/NV 两种切分，不论是哪种切

[①] 此短语和短语"大会待审文件"，在第 99 页中为了简要说明，我们只是揭示了其一种层次构造，其实它们有多种层次构造。

分，短语的意义不变，且切开的地方都可加"的"以证明其直接成分之间是定心关系。例如"国家工程建设"可分别切成：a. 国家工程/建设（国家工程的建设）；b. 国家/工程建设（国家的工程建设）。国家工程的建设＝国家的工程建设。

这类同义多可切分结构又如：

语言信息研究：语言信息/研究＝语言/信息研究
国际项目合作：国际项目/合作＝国际/项目合作
同声外语翻译：同声外语/翻译＝同声/外语翻译
科技创新能力建设：科技创新能力/建设＝科技/创新能力建设
创新能力建设：创新能力/建设＝创新/能力建设

NNV 短语的后一个 N 与 V 之间的语义关系，与第 104 页中 NVN 的前两个成分大致相同。

（三）NNN 式多可切分结构

NNN 短语有 NN/N 和 N/NN 两种切分，不论是哪种切分，短语的意义不变，且切开的地方都可加"的"以证明其直接成分之间是定心关系。例如"北京郊区某青年"可分别切成：a. 北京郊区/某青年（北京郊区的某青年）；b. 北京/郊区某青年（北京的郊区某青年）。北京郊区的某青年＝北京的郊区某青年。

这类同义多可切分结构又如：

桌子左角下面：桌子左角/下面＝桌子/左角下面
中国长江上游：中国长江/上游＝中国/长江上游
中国教育部部长：中国教育部/部长＝中国/教育部部长
国际项目经费：国际项目/经费＝国际/项目经费

总的来讲，三种构成的多可切分短语（NVN、NNV、NNN），虽切分不同，但作为名词性短语的所指不变，其差异，只是表达强调侧重点的不同。不同的切分形式，分别适合于不同的论述语段（言谈篇章）。

三　IC 分析的还原性原则与语言的组形方式

偏正名词性短语的层次构造类型，有静态分析与动态分析之分，但是我们面向自然语言理解的短语层次分析，必须认清它们分析或所处侧面的差异性和坚持指向语言理解和操作原则的一致性。

（一）短语的静态层次分析，侧重于把短语看作语言材料，其层次结构类型的描述，能使我们看到语法层次结构具有表义功能，通过层次结构能使我们在寻找语形与语义之间的对应关系时多一条途径。

名词性偏正短语的层次结构分析（或 IC 分析），除了前文提出的两条原则外，还有一条十分重要的原则——还原性原则。因为从本质上讲，结构切分是成分组合的逆运算，或者说结构切分是对成分组合的还原。

还原有三个方面，即：（1）成分形式还原，（2）成分意义还原,(3)语形组合方式还原,所以对于一个符号系列(无论短语还是句子)的合理切分,必须坚持语言还原性三原则。成分形式还原和成分意义还原即本节综述中已经阐述,一和二在不同程度上给予了补证。

(二)在进行结构层次分析(或 IC 分析)时,千万不能按照数学符号的组合模式或频率,简单地把汉语定心结构归为其中一种模式或几种模式。怎样才能比较容易地穷尽多成分定心短语的组合类型呢?这里比较简便的途径是汉语组形方式的穷尽观察。

根据萧国政(2001),汉语结构成分的组形有三种基本方式:(1)拼合,(2)嵌合,(3)扣合。① 所谓拼合,是形成新的语言板块的两个或几个成分的组合方式是先后相接(即 a 跟 b 前后相接成 ab,ab 再跟 c 先后相接成 abc 或 cab)。所谓嵌合,是一个成分部分或全部嵌在另一个成分中间(即先有一个片段 ab,后来的 c 不是接在其前后,而是插在其中间,形成:acb,例如"江汉北路")。所谓扣合,是一组成分的一部分与另一组成分的一部分叠合在一起形成的组形方式[即先有 ab 和 ac,这两组成分组合不是几个成分分别拼接或中嵌,而是让其中一个重叠,从而形成成分共用结构:abc 或 acb(心扣叠共用)。成分共用现象的组形方式如:心语共用式的"明后天"、定语共用式的"头一两天"]。组合模式与定心结构层次类型的对应关系可列成下表:

---

① 萧国政:《汉语语法研究论——汉语语法研究之研究》,华中师范大学出版社 2001 年版,第 46—50 页。

层次类型 组合模式	左分枝式 AB/C	右分枝式 A/BC	定语中嵌式 A BC（BAC）	定语共用式 AB + AC	心语共用式 AC + BC
拼合	+	+			
嵌合			+		
扣合				+	+

（三）短语的动态分析，为了节省篇幅，虽然没有把不同切分的语境（所载语段）引出来，但是其分析是考虑了语境的。比如"中国教育部部长"有 a. "中国教育部/部长"和 b. "中国/教育部部长"两种切分，a 切分通常是突出"中国教育部"或以"中国教育部"为话题或对比焦点；b 切分通常是突出"中国"或以"中国"为话题或对比焦点。动态切分对文章内容摘要和篇章分析应是不能缺少的。同样，我们也不能因为动态切分中有些短语有 a 和 b 两种切分而去用 a 切分代替 b 切分或相反，而只能是有几种切分，就要将那几种切分分析如实不打折扣地标注出来，并且不论这些不同切分结构所表的意义是相同还是不同。

但是不论静态的分析还是动态分析，都不违反形式和意义的还原性原则，也没有超出汉语语形组合的三种方式。

参考文献

吕叔湘：《汉语语法分析问题》，商务印书馆 1979 年版。

萧国政：《汉语语法研究论——汉语语法研究之研究》，华中师范大学出版社 2001、2003 年版。

邢福义：《汉语语法学》，东北师范大学出版社 1996 年版。

Yuan Ren, Chao, 1970, *A Grammar of Spoken Chinese*, University of California Press.

朱德熙:《语法讲义》,商务印书馆1982年版。

(本节有改动,原与胡悍、郭婷婷合写,载《2005中文电脑国际会议论文集》,Published by COLIPS Publication)

从"句本位"、"词组本位"到"小句中枢"[*]

——汉语语法表述理论更迭的内在动力与历史趋向

"句本位"、"词组本位"和"小句中枢",是我国20世纪20年代、80年代和90年代分别产生的三个关于现代汉语语法体系的理论,说得通俗一点,就是关于汉语语法的三个"表述架构"。

一种语言的语法体系或语法系统只有一个,但这种语言的语法表述系统或表述体系,不仅先后而且可以同时有好些个。语法表述系统有理论语法系统和教学语法系统之分,这里的三个表述系统都属于前者。理论语法系统一般侧重于语法及其系统的理论阐述,其主要内容一般包括:a. 什么是语法;b. 语法的基本内容及其系统联系;c. 语法体系建构的理论基点或系统原点(始起点)。a 是语法的内涵,它反映着理论提出者具有普遍语法(universal)属性的语法观,体现着该理论的"系统包容力";b 是语法的外延,反映着理论者对语法内容的最新理解和真知灼

---

[*] 本节的研究得到国家教委八五社科基金的资助,谨此致谢。

见，体现出该理论的"系统解释力"；c 是理论提出者对一种语言语法特点的集中认识和（与之相连的）对 b 的表达控制能力，即集中体现着该理论的"系统表述力"。因此，对"句本位"、"词组本位"和"小句中枢"，从"系统包容力"、"系统表述力"和"系统解释力"三方面作一些审视，对于较全面地认识这些理论，促进汉语语法理论的发展和汉语语法研究的深入，是一种比较可取的观察角度。词组本位、小句中枢都是在前一个或前几个理论的基础上产生和发展的，并且其理论价值、学科发展、历史地位在相当程度上是和前面的理论相比较而显现的，为了显示三个理论之间的发展联系和突出其各自的特点，探索汉语语法表达理论更迭的内在动力和历史趋向，下面把一个理论的观察和另一个理论的比较结合起来，这种结合不仅对于认识这些理论有帮助，而且可以说都是不无裨益的。

  三个理论的内容主要以提出者的专论或他人对有关理论的重要表述为依据，同时辅以他们或他人的相关著作和论述的有关内容。我们以为，一个理论的提出、发展和对它的研究，都不是一种孤立的个人行为，而往往是包含很多人共同努力的社会现象，① 并且一个理论最后的状况往往比其初出完满或有变化。因此审视一个理论体系的科学尺度似应从 a、b、c 三方面，因此从这三方面对小句中枢说进行审视将是我们观察该理论的一个重要角度。除此之外，应还有分析方法（含析句方法）(d)。d 是语法内容的揭示手段和步骤，同时也是语法系统彻底性和科学性的检测手段，比较集中地体现出该理论的可操作性和可接受性，形

---

① 如作为词组本位基本理论或基础之一的"汉语词法和句法基本一致"的认识，在郭绍虞 1979 年出版的《汉语语法修辞新探》中就有了（参见陆俭明《八十年代中国语法研究》，第 80 页）。

象地体现着该理论的"系统驾驭能力"和应用前景。不过从词组本位理论看，d是后来补出的，从本质上讲d似应是一种理论的"形象化"形式。小句中枢说刚刚产生不久，其分析方法我们知之不多，因而本讨论不涉及。

产生多个表述体系的原因是多方面的，但就这里的三个表述系统的命名和主要内容来看，它们的差异主要体现在对汉语语法、汉语语法特点的认识，表述系统基点的确立，以及语法分析方法的选择上。其中表述系统基点的确立和语法分析方法的选择，又是受制于对汉语语法及语法特点的认识的。因此，对汉语语法和语法特点的认识，是这三个表述理论产生的根本原因。

一 从"句本位"到"词组本位"

（一）"句本位"

"句本位"与"词组本位"相对，指以句子为基点的语法体系。它是黎锦熙1924年在《新著国语文法》中提出的。

关于"句本位"体系，朱德熙认为由三部分组成：一是它的词类观，就是根据句子成分定词类的观点；二是中心词分析；三是以句子为基点进行句法分析的观点。[①]

句本位语法把一切句法分析都附在句子的模型上进行。其分析是先把一个句子分析为若干句子成分，然后再来分析充当各个成分的词属于什么词类，而一个词属于什么词类是决定于该词在

---

① 参见朱德熙《语法答问》，商务印书馆1985年版，第68页。

句中充当什么成分。①

句本位是制定我国第一个教学语法系统《暂拟汉语教学语法系统》的重要理论基础之一，主导我国语法教学和研究将近60年。句本位及其提出句本位的《新著国语文法》对推广普通话，普及汉语语法知识，促进汉语语法研究，提高中小学语文知识的教育水平，其功绩都是不可否认的。②

(二)"词组本位"

"词组本位"理论是朱德熙1981年在哈尔滨召开的语法和语法教学讨论会上提出，1982年在《语法分析和语法体系》中系统论证的。词组本位理论是我国第二个中学语法教学体系《中学语法教学系统提要》的重要理论基础之一，在目前的语法教学和研究中还占主导地位。

关于词组本位，朱德熙说："由于汉语的句子的构造原则跟词组的构造原则基本一致，我们就有可能在词组的基础上来描述句法，这就是说，我们可以把各类词组（主谓、动宾、动补、偏正、连动等等）作为抽象的句型来研究而不急于把它们跟具

---

① 参见王维贤主编《语法学词典》，第189页。陆俭明对句本位的内容作了进一步的阐述，认为句本位的基本要点有以下四点：（1）"从句子的研究入手"，以句子为基点进行句法分析，具体说就是把一切句法分析都附在句子的模式上进行。（2）句子以"主语—谓语"为模式，把主语、谓语看作句子的主要成分，把宾语、补语、状语看成是附属在谓语上的东西，把定语看成是附属在主语、宾语上的东西。（3）根据意义定词类，将词类与句子成分对应起来——作主语、宾语的是名词，作谓语的是动词，作定语的是形容词，作状语的是副词。（4）采用句子成分分析，即中心词分析（《八十年代中国语法研究》，第84页）。

② 其评价可参见邵敬敏《汉语语法学史稿》，商务印书馆2006年版，第69—70页。

体的句子联系起来，特别是不把它们钉死在句子的某个成分上。如果我们把各类词组的结构都足够详细地描写清楚了，那么句子的结构实际上也就描写清楚了，因为句子不过是独立的词组而已。""在以词组为基础的语法体系里（图二），只有词和词组之间是组成关系（词组成词组），词组和句子之间是实现关系。"①1983 年，在《语法答问》中朱德熙对词组本位又作了进一步的阐述。

词组本位发展到今天，它的基本内容可以陆俭明的如下描述为代表：

（1）以词组为基点进行句法分析。

（2）把词和词组之间的关系看作一种组成关系（composition），即部分和整体的关系——词是部分，是组成成分；词组是整体，是由词组合成的句法结构。

（3）把词组和句子之间的关系看作一种实现关系（realization），即抽象的句法结构和具体的"话"之间的关系——词组是抽象的不带有超语段成分（即句调）的句法结构；句子是具体的附带有超语段成分的"话"（一种表述单位）。

（4）把所有的句子都看成是由词组带上超语段成分形成的（独词句是一种特例，可以解释为是由项数为 1 的词组，即"词 + Φ"或"Φ + 词"形成的）。

---

① 见《语法分析和语法体系》，《中国语文》1982 年第 1 期，"图二"即：

组｜词
成｜↓
　｜词组 ──→ 句子
关｜　　──────
系　实现关系

(5）根据词在词组里的分布定词类——不是根据词的某一项功能定类，而是根据分布的总和定类。

(6）承认层次性是句法构造的基本特性，因此采取层次分析。①

（三）从"句本位"到"词组本位"

从词组本位的理论和构成可以看出，词组本位的提出，主要是因为认识到以下两点：（1）"划分词类的根据只能是词的语法功能"，"形态不过功能的标志"，汉语的词类和句子成分之间没有简单的一一对应的关系，汉语词词性的确定必须根据词的语法功能（词所占据的语法位置 distribution）的总和；②（2）词组是汉语里的重要语法单位，词组的构造原则和句子的构造原则基本一致，复杂词组不过是简单词组的扩展或成分的替换。因而，以词组为基点，不仅能简单地说明绝大多数单句的主要结构层次和结构关系，而且能比较简便地说明汉语的词类。

从句本位到词组本位的发展，是汉语语法学从模仿走向独立的过程，这期间经过了无数学者几十年的研究和探索积累。词组本位语法的诞生，是汉语语法学进入创新时期的一个重要标志。③从词组本位这个表述系统本身看，它所体现的汉语语法学划时代的认识，现在看来主要有三：（1）汉语的词类就主体而言是词、词组合的类，即是和短语结构成分发生直接联系的类

---

① 陆俭明：《八十年代中国语法研究》，商务印书馆2004年版，第86—87页。
② 参见朱德熙《语法答问》，商务印书馆1985年版，第11—14页。
③ 关于汉语语法学的分期参见邵敬敏《汉语语法学史稿》，商务印书馆2006年版，第69—70页。

(而印欧语的词类是与句子成分相联系的类)，这一特点的揭示使汉语的词类从《马氏文通》"词本位"、《新著国语文法》的"句本位"以来，本质上的偏重比附走向了基本自立；（2）汉语的词组（包括主谓词组）结构上和句子基本一致，功能上和词相当，充当成分和充当句子一样，无须作任何形式的改变，因而汉语句子的结构类型也不限于主谓句；（3）汉语的句法构造不能用词类和层次而必须用结构关系和层次显示，因而汉语句子的结构分析只能是成分、层次的同时分析。

词组本位论作为20世纪80年代及以前的汉语词类研究成果和汉语引进层次观的句法分析成果构成的"汉语语法"尤其是句法学的集中表达和反映，是有贡献的，但对于这两者以外以及20世纪90年代以来的语法研究的表达则是无能为力的。[①] 不仅如此，就是作为词组本位基础之一的，从词组到句子和句子成分是一种"实现关系"的理论，句子结构和词组结构基本一致，也是需要讨论的。胡裕树指出："过分强调汉语的句子结构同词组（短语）结构基本一致，认为句子不过是独立的词组，把句法分析等同于句子的分析，这在理论上、逻辑上都是有问题的。因为句子与词组不属于同一层面，毕竟不是所有的句子都可以看作由词组直接实现的；在实际分析上也会遇到困难，有些由于动态的语用因素造成的句法差异无法得到合理的解释。"

应该指出，词组本位的这类不足是学科的发展带来的不足，一般来说任何学科都难以超越其发展阶段和研究积累建立自己的理论和学说。现在看词组本位之不足就像站在词组本位时期看句本位之不足一样，这也正应了朱德熙的一句名言："后之视今，亦犹今之视昔。"（《语法答问·日译本序》）还应当指出，"句

[①] 参见龚千炎《中国语法学史稿》，语文出版社1987年版，第311页。

本位"被"词组本位"取代，也并不是由于句本位的"句"不能作汉语语法的表述基点，而主要是由于它用以说明的主要语法内容——汉语的词类主要不是直接和句子成分发生联系，其词类理论和汉语的实际情况不符，最后给人的印象是"毛"之不存，徒有其"皮"；其次是由于词组本位采用的结构主义句法成分，是结构的直接成分，不再是词在句中的对应物，这种理论说明汉语句子的构造（尤其是词组能直接充当成分）的句子的解释力，大大优于句本位的传统语法。因而在某种意义上说，词组本位对句本位的取代，是结构主义语法观对传统语法观的取代，是比较符合汉语实际的词类理论对早期印欧词类理论套用于汉语的取代。而事实上，句子在汉语中的地位是十分重要的，词组语法不仅不能包容句子的语法内容，即使加上单句句子语法也不是汉语语法的全部，因而一个新的能比较全面表述汉语语法体系的产生是必然的（参见二 从"词组本位"到"小句中枢"）。

二 从"词组本位"到"小句中枢"

（一）"小句中枢"的基本内容

"小句中枢"是邢福义提出的新的关于汉语语法学的表述理论。[①] 这个理论是以小句为基点表述汉语语法的体系，其基本内容主要有以下几点：

（1）汉语语法是各级各类语法实体的构成规则和组合规则的总和。

---

① 邢福义：《小句中枢说》，《中国语文·结语》1995年第6期。

（2）各级各类语法实体有七类：六类是音节语法单位，其中语素、词、短语是构件语法单位，小句、复句、句群是表述语法单位；一类是跟特定语调相联系的非音节的语气。

（3）小句是最小的具有表述性和独立性的语法单位。小句指单句和与之相当或基本相当的分句。在七种实体构成的系统中，小句处于中心地位。

（4）小句有三律：

成活律　1）句子语气＋可成句构件语法单位＝小句成型

　　　　2）句子语气＋可成句构件语法单位＋意旨的有效表述＝小句生效

包容律　1）小句—句子特有因素＝短语

　　　　2）小句—句子特有因素—短语常备因素＝合成词

联结律　1）小句联结＋小句分句化＝复句

　　　　2）小句直接间接联结＋句子集群化＝句群

小句三律是各种语法实体以小句为核心形成的。①

（二）"小句中枢"的理论基础

小句中枢的理论基础是"事实客观"论，该理论可表述为：一种语言语法系统的客观实际状况，制约主观表述系统（语法学体系）的选择。因为《小句中枢说》在论述汉语的语法系统是小句中枢语法系统时，关于小句是中枢就强调了以下几点：

（1）在汉语的各种语法实体中，小句具备的语法因素最齐全。

（2）在汉语的各种语法实体中，只有小句跟其他实体都具

---

① 邢福义：《小句中枢说》，《中国语文·结语》1995年第6期。

有直接联系，处于"联络中心"的位置。

（3）在汉语的各种语法实体中，只有小句能控制和约束其他所有语法实体，成为其他所有语法实体所从属所依托的核心实体：句子语气，黏附于小句；复句和句群，依赖于小句；语法系统中的词，受控于小句；短语，从属于小句。①

这就是说：一、小句能成为汉语语法系统的"中枢"，是小句在汉语语法中的客观地位决定的，即：语法因素的包容性、跟其他实体联系的全方位性、语法构成地位上的被从属和被依托性；二、汉语的语法学系统选择"小句中枢"语法系统，是汉语语法的内容和特点的实际状况决定的。

（三）从"词组本位"到"小句中枢"

从体系所包含的语法内容看，小句中枢所包容的实体有七个，规则内容更是远远超过词组本位。词组本位所涉及的实体只有词、短语和单句三个，比较实在的内容只有词类、构造和层次。在这个意义上，从词组本位到小句中枢，是汉语"小语法"走向汉语"大语法"。这种走向是和体系追求的目标相联系的，从两个体系的基本内容比较中不难看出，词组本位是着眼于体现汉语语法结构的简明一致，小句中枢则是着眼于对汉语语法内容反映的完备圆满。

从体系的基点选择看，词组本位选择的基点是所谓"备用单位"的词组，即采用了吕叔湘在《汉语语法分析问题》中阐述过的汉语词的入句大多经过了词组这个中间站的想法。按照这个思路，汉语句子的生成是从词到词组再到句子，词组和词一样

---

① 邢福义：《小句中枢说》，《中国语文·结语》1995年第6期。

是先于句子而独立存在的，而实际上词组（尤其是绝大多数自由词组）是在组句过程中临时组构并依附句子而存在的。除了少数固定词组，绝大多数词组都是对句子进行切分中得到的组合。根据结构主义层次切分的原则，每次切分下来的直接成分，应该是有意义并且不违反其在句中的原意又能在其他句中反复出现的成分，否则就不能单独切开。① 可是词组本位用层次分析给有些句子切分得到的词组是不符合这个原则的。如在表述该理论的著作里（"一次头也没洗"的）"一次头"和（"三天旅馆住下来，胃口就没有了"的）"三天旅馆"就被看作词组，"一次"和"三天"被分析为定语。② 即使我们抛开结构主义的切分原则，用朴素语法分析的眼光看，一种语法分析得出没有意义的组合单位，总是不尽如人意的。但这却从反面说明词组在汉语里不是语言的自然单位，以这种单位为基点只是能方便地引进国外层次分析理论和方法于汉语，并不能透彻解释汉语句子的结构。在这个意义上，词组本位的表述基点是方便引进的所谓"理论科学"基点，小句中枢的基点是立足于驾驭语法全盘的"表述架构"基点，因而从词组本位到小句中枢，是从着眼于方法引进的选择走向着眼汉语实际的选择。

体系基点问题在某种意义上讲也就是怎么看待和突出汉语语法特点的问题。如果说词组本位是认为汉语语法是"词组"语法的话，那么小句中枢是在认为汉语语法是"句子"语法。因此在这个意义上，小句中枢也是一种新的"句本位"说。

不过新旧两种"句本位"理论以句为基点的理论基础不同，追求目标也不一样。老句本位以句为基点，是师法于"洋"的

---

① 参见赵元任《汉语口语语法》，商务印书馆1979年版，第6—7页。
② 参见朱德熙《语法答问》，商务印书馆1985年版，第52—53页。

语法分析的"分析对象"基点，追求目标是企图在句子上完成从词类到结构甚至篇章的全面解析。黎锦熙在《新著国语文法》引论中曾这样写道："诸君知道近来研习文法的新潮吗？简单说，就可叫'句本位'的文法。""'句本位'的文法，退而'分析'，便是词类的细目；进而'综合'，便成段落篇章的大观。"① 可实际上句本位受当时汉语语法研究水平和理论基础的局限，不仅未能"进而'综合'，便成段落篇章的大观"，"退而'分析'，便是词类"的分析也没能理想地实现。小句中枢的"句本位"以句为基点是植根于汉语语法事实和特点泥土的"语法"内容的"表述控制"基点，在这个意义上"小句中枢"是小句中心或中轴。因为从《小句中枢说》的语法实体"语素、词、短语、小句、复句、句群"的排列上，小句居中偏右，以它为轴向左递减语法要素（或同时递减语法实体）依次得到短语、词和语素；向右转增加语法要素（或同时增加语法实体），分别得到复句和句群。如果从两头往中间看，语法要素和语法实体的增减情况相反。若从表述基点及其所展示的语法内容看，似乎可以说，老句本位的追求目标在小句中枢论中得到了实现。（这种实现虽然体现于小句中枢，但它却应该说包含着几代人几个阶段的共同努力）不过从本质上讲，小句中枢句子基点的语法学价值，并不仅仅在于它作为一个表述体系能以"集中、系统"的方式反映了汉语语法学早期夙愿的实现，而更重要的还在于她在语法实体及其相互关系的本质认识方面有重要突破。在这个体系中，词作为语法单位是"受控于小句"的。汉语是形

---

① 见黎锦熙《新著国语文法》，商务印书馆1924年版，"引论"。可参见龚千炎《中国语法学史稿》，商务印书馆1987年版，第49—50页；邵敬敏：《汉语语法学史稿》，商务印书馆2006年版，第66页。

态不发达的语言，词离开了句子可以作为词汇、词注释、词义，而无法显示其词性；短语（除成语和专名）绝大多数是从小句中分割出来的，不仅在发生上后于小句，"依附于小句"，而且在结构类型上是包容于小句，"从属于小句"的；而复句和句群则是"依赖于小句"的：小句中枢认为，复句的成立依赖于小句的成立，只有构成复句的几个小句都构造好了，整个复句才没有问题；句群是由两个或两个以上的句子构成，其句子是单句或复句，单句是一种小句，复句是小句以分句形式构成的，没有小句没有复句，也不会有句群。在这个体系中，"句子"也不再是词组本位的"独立的词组"，也不是一般语法书所说的抽象的"表达相对完整意思的言语单位"，而是可成句的构件语法单位加上句子语气和"意旨（说话的意图）的有效表述"构成的言语形式。不过作为小句中枢的小句是"可成句单位＋语气"构成的"成型"句，不是又加上"意旨的有效表述"的"成活"句。

从三个体系所体现的思想方法看，词组本位对句本位的取代是两种单一语法理论的替代，而小句中枢说则是包容性思路对单一性思路的取代。因为在该体系中两种语法理论的合理部分都在其中各得其所、异域并存。如汉语语法的"内外"规则的阐述就体现了对词组本位理论合理部分的充分吸收，小句三律几个公式所示的加减"计算"的基点和小句三律相互关系等显示的内容，就能窥见其对句本位理论对中心词分析法（中心与非中心关系）思路的有效利用。

三　表述体系更迭的内在动力和发展趋向

（一）表述体系更迭的学科性质

表述体系有如文章的结构框架。从文章发生的角度看，结构框架的思考是后于文章所表述研究内容的，当进行结构框架思考的时候，是标志其研究内容的研究和思考已基本完成和成熟。对于文章来说，结构框架的研究是果实即将瓜熟蒂落的先兆，是婴儿出生前母亲的呻吟。因而在这个意义上讲，汉语语法表述体系的思考是汉语语法这篇文章阶段性成熟的标志，因为一个学科的内容从史的角度看，是一组以其研究的不同时期分篇的论文系列。句本位、词组本位和小句中枢作为这个系列中的三篇文章，其产生都是汉语语法学不同时期走向阶段性成熟的标志，在这个意义上，三个表述理论的更迭是汉语法学不同发展阶段的更替。

如果与学习写作作比较，从取材到结构先是模仿，继而开始自创，最后走向具有特色的话，那么句本位的模仿及其标志的汉语语法学的阶段是不言而喻的；词组本位似乎是只能算汉语语法学体系开始自创的标志，因为大家早就看到一个现象：用词组本位写的语法书，表述系统仍然管不住书的"语法"内容；小句中枢似乎是标志汉语语法学开始走向成熟，它作为表述框架不仅能包容它已有的语法内容，而且还具有包容从现在的研究趋势看来将可能有的汉语语法学内容的弹性。譬如小句中枢的语法定义是"汉语语法是各级各类语法实体的构成规则和组合规则的总和"，其中的"各级各类语法实体"包容内容的弹性就很大，可以指它现在表述的几种，也可以容纳将可能发现的若干种；又如定义中的概念"构成"，其含义就不同于词组本位只限于结构成分、结构关系和结构层次，而是还包括各种"语法因素"（小句中枢的用语）。该体系的语法因素似乎是相当开放的，如关于句子的特有因素，《小句中枢说》就其主要的列举了"句子语气"、"复句关系词语"、"语用成分"、"成分逆置现象"和"成分共用法所造成的特殊状况"五种。

（二）表述体系更迭的内在动力

每一个理论的产生都不是偶然的，都有其学科内的原因（内在动力）和学科外的原因（外在动力）。内在动力和外在动力对于一个理论的产生都是不可缺少的，但比较起来，内因是更为重要的决定因素。词组本位替代句本位，小句中枢的提出，一个最重要的内在动力，就是整个语法学界对于汉语语法本身研究的深入及其成果的积累，以及与此相关的对于汉语语法特点的认识的加深。词组本位不可能在句本位产生的时代产生，小句中枢理论也不可能在词组本位产生的时候同时出台。

句本位带有对它产生的时代及以前汉语语法研究的总结性质，词组本位体现了对20世纪80年代及以前析句方法、汉语特点及句法结构研究的比较集中概括。但是词组本位诞生以来，汉语语法的研究在深度和广度两方面都取得了长足的发展，产生了许多词组本位理论无法包容的成果，而日益增多的研究成果对新表述体系的要求近乎十分迫切的程度，这样就促成小句中枢说应时诞生。在这个意义上，可以说语法研究成果和表述体系之间的矛盾是语法表述体系产生和更迭的主要的学科内动力。

语法研究不仅是语法表述体系更迭的动力，而且也是表述体系发展成熟的动力。比如小句中枢说还刚刚诞生，用它写的语法书在1996年才能和读者见面，体系内对于汉语语法方方面面的反映究竟怎样还不得而知，并且它的完善同样需要我们共同对汉语进行深入的研究。不过有一点笔者可以告诉大家，用该理论写的语法书，是季羡林主编的一套丛书的一本，邢福义著，40万字左右，由东北师范大学出版社于1996年出版。该书不仅有很多极具启发性的东西，而且读后给人以耳目一新的感觉。

（三）表述体系更迭的发展趋向

三个体系的更替形成 A→B→C 三点两个动程，这可为我们观察汉语语法表述体系更迭的发展趋向提供一个虽然不十分充足但是比较可靠的观察材料。

三个表述系统更迭显示的历史性趋向，主要的可以概括为"三增强"和"三逼近"。"三增强"是：三个表述系统更迭过程，是汉语语法学系统对语法内容包容性（系统包容力）不断增强，系统内语法内容的驾驭性（系统表述力）不断增强，系统的语法解释力（系统解释力）不断增强的过程。"三逼近"是：三个表述系统的依次更迭的结果，是现代汉语语法研究在不断向汉语语法的特点逼近，不断向汉语语法的客观面貌逼近，不断向汉语语法的全量逼近。

从三种理论更迭的间隔时间看，词组本位的产生在句本位后约60年，而小句中枢说离词组本位的提出不过短短10几年的时间，这里可能蕴含着这种一种趋向：汉语语法表述体系的更迭速度在加快。这种趋向也是十分值得重视的，因为新理论、新方法、新体系快速迭出，是一个学科走向成熟的不可缺少的重要标志和客观尺度。这种现象是一种预示，它从一个角度预示着现代汉语语法学的内在动力会越来越大,汉语语法研究的发展会越来越快。吕叔湘说:"语法体系既是研究的总结,又是语法研究的工具。"① 在这个意义上,每一个汉语语法体系都是给汉语语法研究以一个新的工具,都是在给汉语语法研究以新的推动力或内在动力,因而也都是给新体系的产生提供催生婆和催化剂。可以相信,小句中枢体系也会和句本位、词组本位一样为推动汉语语法教学和语法研究作出它应有的贡献。

(本节原载《世界汉语教学》1995年第4期)

---

① 见吕叔湘《语法研究的对象》,《语文研究》1986年第4期。

第二章

语言的应用视野与理解研究

把语言放在人的交际中来观察和教学
——开设"语言交际艺术"课的一些认识

自1991年以来,因应社会发展的需要,华中师范大学中文系为高年级学生增开了语言交际艺术的选修课。在该校,选修课分为全校通选课和系内选修课。系内选修课一般分为三类:必选课、限选课(必选其中之一)和任选课(可选可不选)。语言交际艺术是任选课。可是从1991年毕业的学生来看,选修率达85%以上。学生毕业座谈,选修了该课的同学介绍这门课的学习收获时,很多系的学生代表都呼吁学校将该课列为全校通选课,学校也很支持。只是由于中文系人手不够,学生们关于语言交际艺术成为全校通选课的愿望未能实现。

语言交际涉及语言、交际和语言与交际的结合(怎么用语言交际,交际中怎么利用语言等)三个方面。本节只谈谈从交际的角度观察语言的几点初步认识,以就教于同人和方家。

一 句子的动态交际"值"

在交际中,句子具有动态交际"值"。

在静态的符号系统中，句子和词一样具有语表形式（语音，含语气）和语里内容（语义），语表和语里结合起来使句子成为符号（串），具有能指性。只具有能指性的句子，是静态符号系统中抽象的语言的句子。抽象的语言的句子进入交际领域后就具有了所指，成为具有具体内容的具体的言语的句子。言语句子的所指，从一个角度看是句子的交际赋值；从另一个角度看是句子的交际取值。无论从哪个角度看，交际中句子的实际意思是句子语里内容的动态赋值，或动态交际取值。

句子的动态交际值和静态语里意义不一一对应。① 如汉语中的"吃了没有？"这句话，有时是对你肚子是否需要补充食物的询问，这时语里和语值对应，句子取动静态对应值；可更多的时候，这句话是用于熟人短暂（半天、一天等）分别后的见面场合，其意思是相当于"您好"，这时语表和语值错位，句子取动静态错位值。由于交际中句子允许语里、语值错位，所以一个小孩和亲友逛商店时说的疑问句"阿姨，这个糖糖好不好吃啊？"同与他妈妈逛商店时说的祈使句"妈妈给我买这个糖糖！"是同一个意思。如果从交际的角度看，这个小孩的语言交际天资是很够水平的，可是从学习语言或者从和人说话的角度看，"里""值"错位给交际者带来的困难也是显而易见的。一个大家熟悉的例子就从一个角度说明了这一点。该例是说，一个外国留学生用汉语赞扬中国姑娘说："你很漂亮。"中国姑娘马上说："哪里哪里。"这一下留学生急了，连母语都急出来了："Everywhere〔到处（或说浑身）都很漂亮〕。"中国人听了都捧腹大笑。之所以好笑，原因之一可能就是因为留学生不了解"哪里哪里"此

---

① 在《现代汉语》里我们把这类现象解释为句子语气和用途的错综性。〔见邢福义主编《现代汉语》（全1册），高等教育出版社1993年版，第321页。〕

时使用的是句子的错位交际值,不是句子的动静态对应值。①

对于句子的错位交际值我们研究还很不够,这类交际值究竟有哪些类型还不清楚。不过,上面所举的三个句子启用的语值类型各不相同。"哪里哪里"使用的是一种应答值,"阿姨,这个糖糖好不好吃啊?"用的是一种隐含值,②"吃了没有?"用的是过程值。所谓过程值,指的是句子的取值是由它所属的交际过程决定的。语言交际是个信息传递和信息获取的过程,这个过程一般由导入、传息、反馈和终止四个阶段构成。③ 在这个过程的不同阶段,相同的句子,所表达的意思往往是不尽相同或很不相同的。如果"吃了没有?"是在所有交谈的开头,那么它一般就是导入句,这种句子的意思跟它的原始语义能指没有联系,其句值仅仅是一种寒暄;但是它若处于"传息—反馈"阶段,其句值就是句子的语里内容;而在一个较长一点的交谈中,某个内容谈完了,说这句时,这个句子可能又是终止的信号,其句值是"这次就谈到这里吧!"同样,对来访者说"喝点水吧?"在开谈的导入阶段是客气,建立感情场;在一个内容或几个内容谈完时说这句话则可能是"您可以(/该)走了"的意思,句子取终止值。

总的来说,句子在不同交际类型和不同交际阶段的实际意

---

① 同样在美国留学生也常闹这样的笑话。如美国人在结束交谈之前往往向对方发出一个"邀请":Let's get together sometimes / I hope I will see you soon. 可这不是真的约会,只是相当于说"再见"。可是外国留学生不知道,往往认为这美国人怎么老开空头支票。(见庄恩平《走出误区》,世界图书出版公司1993年版,第17页。)

② 隐含值是指这种句子使用的是句子的预设义或蕴涵义。参见二"句子的结构焦点及其应用"。

③ 有的交际只有一个过程,如匆匆相遇的寒暄只是属于导入,电报和文章只是属于传息或反馈,等等。

思，是句子进入使用后的语义交际赋值（交际值），成功的交际是对句子交际值的准确把握和恰当派用。从语言符号能指和所指的角度看，交际不仅给句子赋值，使符号或符号串具有了所指，使语言的句子转化为言语的句子，而且还能改变符号能指，产生语值错位句。由此，我们似可以说，语言有静态的符号组合平面和动态的交际（使用）平面，在不同的平面上它给句子以不同的赋值：在符号平面赋静态语义值，在交际平面赋动态交际值。我们以往讲得比较多的是静态语义值，它对人类知识的学习和传递是十分重要的；但在非知识或信息的交际中光有这类知识是不够的，因为语言中有很多语值错位句，交际中比较难的则是这类句子的理解和应用。这类句子不仅对于第二语言学习者是个难点，对于母语使用者也不例外。我们常常看到，一个惯于使用句子对应语值表达和思考的人，比如科学工作者、教师和学生，他们对于错位句的反应，一般来说也就迟钝一些，因而也往往被社会上的人们理解为比较"迂"的人。对这些成天或比较多地和语言文字打交道的人，反倒因语言问题被认为比较迂，这种现象是否表明：我们对于语言的研究和教学，应突破自索绪尔以来的符号组合的语言静态范围，而扩充到语言动态运用的规则等一些个方面？

二　句子的结构焦点及其应用

　　句子都有信息结构焦点（以下简称"结构焦点"）；在交际中，句子还有"交际焦点"。

　　交际焦点是说一句话的用意之所在。一个句子只有抓住了其交际焦点才算听懂了它。比如上面所举"阿姨，这个糖糖好不好吃啊？（A）"其结构焦点可能是"好不好吃"，而句子的交际焦点则是说话者还没有说，听话人可以推出的一句话："您给我买这种糖糖吧。（B）"如果"阿姨"只懂得A的字面意思，听不出B，那她实际上没有真正听懂这句话。

交际焦点和结构焦点一样，是我们交际应答时必须针对的语言部分。如"阿姨，这个糖糖好不好吃啊？"的应答句针对的就应该是上面的B，而不能是"好不好吃"。又如华中师范大学中文系87级的同学举办的一次文艺晚会上，有一个提问节目是："你考试偷看被抓住过吗？"这个句子的信息焦点是"抓住过没有"，如果按结构焦点的要求去回答"抓住过"或"没抓住过"都不行，因为用这两个中的哪一个回答，都意味着你承认预设前提的真实性：有多次的偷看行为。对于这个句子，必须针对交际焦点——预设前提"偷看多次"，回答"没有偷看过"，才不至于上当。在一般知识传授、消息报告的交际中，句子的结构焦点和交际焦点一般是一致的，比较易于把握。但在其他好些类型的交际中，这两种焦点常常不一致，并且其交际焦点往往具有极大的隐蔽性。如"阿姨，这个糖糖好不好吃啊？"的交际焦点B就是已说的句子A的蕴涵，B要从A推出；"偷看多次"是问句的预设，需要对问句进行语义分离才能得到。

在说话中，交际焦点的利用十分重要。这里举一个传说中的古代案例。据说在宋朝的时候，徽州的张三和李四是好朋友，他们经常合伙出外做生意。有一次约好次日五更李四去张三家叫张三，再一同上路。第二天天没亮，李四就收拾妥当，按时出门了。可是天亮时分，李妻听到急促的敲门声和"嫂夫人快开门"的喊叫声。开门后，见张三满头大汗，气喘吁吁地说："嫂夫人，你丈夫约好五更天到我家，怎么天都亮了还不见他来？"后来李妻和张三又等了半天还不见李四回家时，就一同四处寻找，最后在一丛竹林里找到了李的尸体，李所带银两不翼而飞。李妻号啕大哭，认为是张三谋害了她丈夫，把张拉到衙门治罪。可是由于没有证据，不论县官怎样拷问，张三都不承认。这时站在一旁的师爷发现了张三言语的漏洞，于是接替县官审问。他先用问话的方式，将上述经过，尤其是张三去李四家叫门说的是"嫂夫人快开门"，向张三和李妻进行了核实后问张三道："你到李四家找李四，为什么不叫李四偏要叫李四的妻子来问话？你是怎么知道李四不在家的呢？"这时张三支支吾吾，说不出话来。师爷接着喝道："大胆刁民，还敢狡辩。你一句话泄露了天机：你去叫门，知道李四不在了才不叫李四，叫嫂夫人，这杀死李四的除了你还有谁？还不从实招来？"最后，凶手就不得不如实供认了。师爷的顺利破案，就在于他先利用落实情节，巧妙地把说话人知道李四不在这个交际焦点暗藏在"嫂夫人快开门"这句话中，接着顺势抖开这个交际焦点，取得破案奇效。

总的来说，听话时要十分注意捕捉"交际焦"和理解"交际焦"，说话要注意藏"焦"和显"焦"，细心听、用心说，听说都不能掉以轻心似是语言交际艺术中一条不可忽视的原则。但这样一来，语言交际就很"累"了，似乎没有什么享受了。实质上，艺术是一种创造美和理解美的活动，任何达到艺术级别的活动比如球类、棋弈等中的享受，都是战斗后的欢乐，并且这种欢乐是人类智慧自我开发后的快感，不是彼处的劳累此处的放松。如果上述案件真的存在，也许张三当时不仅是屈服于事理，而且在很大程度上可能是折服于师爷的语言智慧——对句子交际值的巧妙运用。

三　从传息交际到"知人"交际

语言交际或者说话，不仅有传息问题，而且还有"知人"的问题。

讲话要看对象，知人（了解对方）是交际的前提，和不同的人谈话，要讨论不同的话题，同一话题，要采取不同的表达方式。这一点人们早有认识，毛泽东在《反对党八股》中对宣传不看对象无的放矢的批评和论证就可作为一个代表。他说："做宣传，就要看对象，就要想一想自己的文章、演说、谈话、写字是给什么人看、什么人听的，否则就等于下决心不要人看，不要人听。'对牛弹琴'这句话，含有讥笑对象的意思。如果我们除去这个意思，放进尊重对象的意思去，那就只剩下讥笑弹琴者这个意思了。为什么不看对象乱谈一通呢？"①

语言交际是人的交际，知人不仅是交际的前提，而且是理解语言的一把钥匙。比如适年男女在一起交往，开始，姑娘一般对小伙子说"你这个人不错"、"你真好，你是个好人"，这时可能是姑娘对小伙子有了那个意思；过了一段时间，姑娘却说"你真坏，是个坏蛋，大坏蛋"（或者是信上这样写）。这时没有经验或语言交际理解能力差的男士，就会误以为姑娘不喜欢他了，弄不好可能会使爱情的航船就此搁置在误解的浅滩而终生抱憾。而有经验的人，这时就会快马加鞭勇往直前，因为他知道爱情的发展往往有三部曲"好—坏—傻"，姑娘往往是把一个"好"小伙子变"坏"、变"傻"，而最后和他结婚的，因为姑娘和小伙

---

① 见《毛泽东选集》第 3 卷，第 836 页。

子拥在一起时往往说"你傻,你真傻"。但是如果换了交际角色,上面的句子就不能这样理解了。当然,爱情的发展并不一定就真是这三部曲,可能只是人们这么传,然而它却告诉我们,同样一句话,什么人说,说给谁,对把握其交际值往往是至关重要的。

人们交际有各种各样的目的,知人是交际的直接目的之一,如人事问题的谈话、各种面试等等。不过从我们的交际体会看,有些交际的直接目的并不是知人,但交际中人们总不乏一些知人的努力,因此许多人都有这样的体会:和人谈话,时间一长,所谈内容一般都早已淡忘,而留下的则往往主要是对某个人的印象或看法。

在交际中,"知人"有的是主动地让人了解自己的交际情绪,进行感情投资,建立交际共鸣的第一基础。如李燕杰给犯人演讲时称他们为朋友,给护士演讲时先朗诵一首饱含深情的赞扬诗,就是属于这种知人的努力。熟人间的寒暄也属这一类。1989年暑假,我到河南一个地区给我校中文专业的函授学员讲语言学概论课,尽管条件艰苦,但学生学习十分努力,对老师又热情又尊敬,不论在什么时候见到你都会打招呼,上厕所也不例外。先后有几个学生在厕所里和我打招呼都是说:"老师,你上厕所?"开始觉得有些好笑,后来想起来还有些感动,至今记忆犹新。因为后来通过进一步观察发现,我们与人打招呼,除了点头和笑笑,最质朴和常用的就是叫你一声,或同时用不带疑问语气的是非问对你当前行为发问,仿佛是让你"证实"似的。如"老师!""老师,您吃馍?""老师,看书啊?""老师,您散步啊?""老师,您站着?"等等。用这种"证实"问的方式打招呼时,人们一般是处于对对方没有什么戒备的心理状态,反映着说话人朴实无华的风格、坦诚率直的性格和真挚平实的热情。在讲语言交际艺术课中，我曾和我的学生们讨论过，假若被招呼的是你，试想想，这样的人用这样的方式和你打招呼，你能不感到信赖和友好的幸福和愉悦吗？如果联系他们敦厚的相貌、刻苦的学习和良好的成绩，你能忘记他们吗？我想是不是该这样理解他们：他们这样和你打招呼，是通过对你的尊重，来折射他们对你的教学和所传知识的一种"敬业"精神？[①]

在生活交际中，我们还常常看到，在交谈中适时得体地表达出自己对对方的良好看法（主要是所说内容的有分寸的肯定等等），也是成功交际所不可缺少的。

总的来说，一个成功的语言交际，往往需要十分注意坚持在知人中交际，在交际中知人，使知人和交际在动态中推进。不过，语言是知人的重要手段，但语言不是知人的自足手段。人们的衣着、表情、姿势、下意识的动作、交际中所站（坐）的位置、说话的场合及声调等等，也和语言一样是一些不可忽视的知人辅助工具，有时这些辅助性的工具可能比语言本身更具有知人的作用。因此，对有声语言以外的知人工具不仅不能忽视，而且还要看到它在一些场合提示句子交际值的功能。

四 交际类型和交际性质是交际语言安排的客观依据

交际语言的组织和安排（说什么和怎么说），除了受制于交

[①] 我本人打招呼也和他们差不多，要是我在厕所里突然碰到我的老师，我也不知道怎么招呼？问"老师，你上厕所？"总比此时此景问你"吃了没"好吧。我还曾想过，一个学生在进出厕所门时，碰到异性老师打招呼吗？怎么打？是否有时可不打招呼？

际目的和交际对象外，还受制于交际的类型和交际的性质。在交际目的和交际对象一定的情况下，交际类型和交际性质，是交际语言安排的重要客观依据。

从交际类型看，语言交际可从不同角度分类。比如从语言的形式分，可分为口头交际和书面交际；从"体裁"分，可分为电报体交际、文学体交际、漫谈式交际等等；从功用角度分，可分为传知性交际、联络性交际和聊天性交际等等。不同性质的交际，其交际内容的语言构成，不尽相同。

在所有的交际中，恐怕电报体交际是语言内容构成最为简洁的交际，因为它只有基本内容（骨干信息）。而其他的交际，除了骨干信息外，还可有一些辅助性的内容，比如寒暄、关心性的问候、对对方的一些友好的赞扬、给对方一些使之感兴趣的信息等，其骨干信息常常安排在中间或结尾。为什么语言交际要为非骨干信息付出时间？这是因为语言交际是心理社会行为，它不像商品流通，只要需要，它就被接受了。语言的交流还要通过人们的心理过滤，心理滤网通得过的，人们才接受。其过滤原则往往是"需要"以外的标准。这个标准包括交际的心理基础、价值尺度以及由此派生出来的策略原则，这些是交际语言组织和安排的又一个客观依据。一般来说，成功的语言交际的第一道工序，就是建立交际双方的心理同构。所谓的心理同构，是指交际双方共同的心理结构，一般包括认知上的共识、情感上的共鸣、精神上的共享和价值上的共利等一些方面。[1] 有时交际的不成功就是缺乏建立心理同构，或心理同构建立得不充分，或者侧重点选取

---

[1] 关于心理同构可参见龚斌《试论建立心理同构的方法》，载袁中华、王海东、龚斌、于红《中文系八七级语言交际艺术论文选》（油印本），华中师范大学，第25—27页。

得不对。据《战国策·触詟说赵太后》中所记，公元前266年，赵惠文王去世，年幼的孝成王继位，其母后威后摄政，此时秦国趁机大举入侵。威后向东方的齐国求援，齐国提出"必须以长安君为人质，否则不能出兵"。威后最疼爱的就是小儿子长安君，开始大臣们的劝谏都以失败而告终，不仅如此，太后还警告群臣不得再提此事。诸臣言说太后不成功，不是理不充分、情不真挚、话不得体，问题就在于他们所建的心理同构中缺乏一个情感方面的共鸣。触詟看到了这一点，在言说时不仅着力于建立情感方面的共鸣——特疼爱小儿子，而且连要小儿子到太后身边当差受苦，也是放到为小儿子作长远打算角度来说的。因此，当再提及以长安君为人质就能收到水到渠成之效。触詟的成功除了策略的成功之外，恐怕非常重要的一点就是，心理同构建立得充分和同构侧重点选取得恰当。

总的说来，交际中语言的使用不只有句式的组织，还有语言内容的安排。交际时讲什么、不讲什么以及怎么讲，有其自身的一些规则，我们的交际一般都是在运用这些规则。成功的交际是这些规则的合理运用，不成功或比较不成功可能是运用得差一些。但不论怎样，人们都在自觉不自觉地根据语言交际的客观要求组织和安排语言。

五　结语

语言交际艺术，是一门理论性和实践性都很强的学问，会理论不会运用的赵括将军可能不少，笔者就应列为其中之一；反过来，会交际而不会理论的更不乏其人。这里可能有个语言天资和实际训练等一些方面的差异。但从学科建设和人类文明的发展来看，好的实践，应该上升为理论，有了理论加上训练也许就可以培养出一批比较理想的具有交际能力的人才。正出于这种考虑，我们开设了语言交际艺术这门课。我们以为，师范生和一切以人为工作对象的大学生，比其他大学生应多一些语言交际方面的学习和训练，因为有没有这个学习和训练，不仅直接影响他们的工作效果，而且影响到民族的现实素质和下一代的语言素养。从我们语言交际艺术课的教学体会看，通过对这门课的选修，学生们的交际能力有较为明显的提高，毕业后他们有的当老师、有的当记者、有的当干部或从事其他以人为对象的工作，都感到在学校学习的语言交际艺术课的知识和训练，给他们带来一些好处。

从语言研究和教学的角度看，语言交际艺术是一门理论性和实践性都很强的课目，这门课程的开设，使我们比较强烈地感受到，语言要放在人的交际中来教和学，对于语言的认识和研究，必须注意人的交际这个十分重要的领域和角度。

从根本上讲，交际是语言存在的前提，离开了交际，语言就失去了存在的价值，即使是古书面语的存在，也是以古今人的间接交际（可阅读）为存在前提的。

在人的交际中来教学语言，不仅是把僵死的符号和抽象的规则还原为活生生的有血有肉的系统，而且是把若干年来一直看作平面符号系统的语言还原为立体的多平面交叉的网络。[①] 在静态的符号系统里，语言是一个音义对应的符号和规则构成的体系，在进入交际以后，它不仅有对应的一面，还有增"值"或减"值"的错位的一面。进入动态交际中的语言，有其不同于静态中的一些特点、要求和尺度，它们中有的是语言进入交际后具有

[①] 语言是一个交叉的立体网络的类似说法可参见于根元《你也能成为气功师》，中原农民出版社1993年版，第204—212页。

的语言要素，有的是交际对于语言使用的要求，在传统意义上讲是非语言要素。可是不管怎样区分和划界，只有认识和掌握了它们，才能比较自如地理解和使用语言，才能说拿到了语言运用技巧的钥匙。

语言交际艺术的教学，使我们坚定地认为，语言的研究和观察起码要涉及上述的语言要素和非语言要素两个方面，大学现时的语言教学，一般只是属于平面语言系统的教学，这种平面语言系统的教学，能教给学生语言使用方面的知识，而交叉网络系统的语言教学，主要是教给学生语言交际的能力。我们的语言教学要从前者扩充到后者，让学生既具有语言使用知识又具有语言交际能力。

（本节原载《语言文字应用》1994年第4期，中国人民大学语言复印资料复印，节内小标题为本次出版所补）

"他的老师当得好"的句位构成与句子理解[*]

对学术大家的纪念和追思，除了感念他的伟大的人格力量之外，最为重要的是对其学术道路、学术特色和学术精神的追思和发扬，把他们所从事的事业、代表的研究方向推向前进。笔者是1982年春入学的硕士，我们这些20世纪80年代初的研究生，大多是读胡裕树先生主编的《现代汉语》、林裕文的论文和胡附、文炼的《现代汉语语法探索》走上学术研究道路的。以胡先生为旗帜的中国"海派"语言研究，把国内外学术成果的有机部分和合理内核化作营养和肥料，结合解决汉语研究和教学中的若干具体问题，栽培出一棵棵中国语言学理论和方法的大树，令同侪和后学无限景仰，并不时萌动沿着他们开辟的学术道路继续探索的决心。胡先生及以胡先生为代表的学者最为突出的贡献之一是三个平面的语法理论和研究观，笔者也是此理论的诸多受

---

[*] 本节曾在纪念胡裕树先生诞辰90周年大会宣读，会后吸收了与会代表、福建师大谭学纯教授、巴黎七大齐冲教授和我学生的宝贵意见，做了若干修改和补充。本文得到武汉大学"985工程"二期建设拓展项目"语言科学技术与当代社会建设跨学科创新平台"项目基金、广东国笔科技有限公司"面向嵌入式系统应用的汉语词网"项目基金和武汉大学重点社科基地项目"三个世界的语法研究"基金的资助，谨此一并致谢。

益者之一。①

由于授课分工、业师指点、个人兴趣和承担国家课题等原因，笔者对汉语语法研究理论和方法进行了十多年的思考和探索，2001年曾从语法研究的理论系统及其作用的角度把"三个平面"的语法理论表述为"汉语语法研究对象的外延学说"，把本人关于语法研究"三个世界"的语法理论表述为语法研究的"内涵性思考和探索"，② 并认为后者是前者一个方向的延伸探索。今天在纪念胡裕树先生90周年诞辰的时候，本节以一个大家熟悉的事实为例，从句位和自然语言理解的角度讨论"他的老师当得好"的句位构成，以及三个世界研究与三个平面的联系和差异，以纪念我们尊敬的胡先生，就教于同行专家。③

40多年前，吕叔湘先生在《"他的老师教得好"和"他的老师当得好"》一文中讨论了一类很发人深思的语言事例。吕先生说，"他的老师教得好"和"他的老师当得好"构造一样，可意思不一样，"他的老师"在第一句中是一般意义上使用（称为A义），在第二句且只有在第二句中，"他的老师"是他当老师的意思（称为B义）。并认为：1）"他的老师"（本节记作N_1的N_2）的A、B义取值让人很容易想到跟谓语（VP）中动词的

---

① 不同的学者结合自己熟悉的领域和兴趣点，对三个平面做了许多很有启发意义的定位和评价，不同的定位和评价不仅角度不同，由此带来的相关研究也很不一样。

② 见萧国政《汉语语法研究论——汉语语法研究之研究》，华中师范大学出版社2001年版，第34—40页。

③ 本节主旨有三：说明语法三个世界的研究在应用方面的探索，从一个角度展示后学对先贤的继承与发展纪念胡先生，拙作在修辞讲坛刊出需论及修辞，重心较多。限于篇幅，关于与三个平面的联系与区别，与修辞学的关联，也只算有所涉及，有关深入讨论，容以后再专文阐述。文稿发于巴黎工作期间，题目最后采用谭学纯先生的建议，对谭先生的挚谊与帮助，借此致谢。

"式"有关,即第一句"教"是所谓主动式,"他的老师"取 A 义;第二句动词"当"是所谓被动式,"他的老师"取 B 义。2)有些句子"N_1 的 N_2"有 AB 两种意思,是所谓"歧义句"。其原例是:他的发理得好|他的笑话说不完。3)有时候 AB 两种讲法不矛盾,即两义合而为一。其原例是:他的小说写得好(他的小说=他写的小说)|他的普通话说得漂亮(他的普通话=他说的普通话)。①

三个世界的语法理论认为,任何言语的句子都有一个特定的句式(语形结构),每个句式都是特定句位系列中的一个变体。从语言理解和使用的角度看,目前乃至未来相当一个时期,我们应该努力建立句子整体语形和整体语义对应的观念,揭示句子形式与其意义之间的种种对应模式和对应关系,揭示同义句或同指句之间的变体关系及条件,以满足和推动日益发展的自然语言生成、理解、机器翻译和对外汉语教学中句子整体认读和整体理解的需要。

从面向语言信息处理的角度来看,三个世界语法的第一世界(组形世界)的研究,首先是遵循形式与意义相互印证的原则,给句子语形的语法模式(句式)系统以充分描写,给每个句式对应的语义内容(句位)以说明和标注,并进而确立特定句位的认知"原型"句,作为该句位的代表性句式(句形句位的"领头句"),建构起以领头句(或曰随机认知原型句)为标志的

---

① 吕先生观察的语言现象曾引起许多学者的兴趣,很多学者在不同时期从不同角度进行过研究。20 多年前笔者在导师邢福义先生指导下,做了吕先生所说 B 义为主要观察点的硕士毕业论文《现代汉语隐蔽性施事定语研究》,其中的部分内容发表在《语文研究》1986 年第 4 期,收入马庆株选编,商务印书馆 2005 年出版的《二十世纪现代汉语语法论文精选》。本研究是前面研究的新的延伸,并且本节的兴趣点不在讨论吕先生的论述是否精当,或其观察是否充分。

"句位—句式"系统。

　　"句位—句式"系统建构，是一项巨大的语言应用工程，其起点可从选某一歧义句式着手。因为相对而言，在一个有限自然语言的篇章语料中，单义句式是开放的，歧义句式是封闭的，从歧义句入手，是通过研究相对有限的句子，以驾驭相对无限的句子。"他的老师当得好"不论是其受关注的程度还是其语言学价值，都是一个比较值得作为起点对象研究的歧义句例。过去我们曾以为生成和理解是类似数学中乘法和除法一样的逆运算，研究发现生成和理解这两方面所使用和涉及的语言范畴、语法规律有同有异。三个世界的语法研究注意区分语言的生成研究与理解研究，本节是理解研究，并按组形、释义和传息三个世界的理解依次展开，并认为语言的理解研究是语言生成研究的基础。[①]

一　组形的理解研究：分离义位，建构形位，揭示标注形位变体

　　简言之，语言理解就是通过语言形式获取其表达的意义，句子的语言理解就是通过句子形式获取其表达的句子意义。在一些人眼里，似乎只要把句子中词语的意义及其论元关系弄清楚了，句子的意义也就清楚了。近一二十年兴起的所谓"构式语法"的研究，在一定程度上修改了人们对句子意义理解的这种简单看

[①]　关于语法研究的三个世界或语法三个世界，可参见萧国政《句子信息结构与汉语语法实体成活》，《世界汉语教学》2001年第4期。萧国政：《试论21世纪现代汉语语法研究的内涵构成与发展选择》，《华东师范大学学报》2004年第3期，又见《21世纪的中国语言学（一）》，商务印书馆2004年版。

法，推进了语言学与系统论关于"结构大于成分之和"或者"句子的意义大于构成句子的词语的意义"的认知。但是，不论是短语结构语法的一般式还是构式语法的特殊式研究，常见是进行孤立的、静态的语言形式及其系统研究，而联系的、动态的言语形式研究不足。实际上，自然语言理解面对的是一种或多种语言的语料和篇章，需要处理的是一种语言或多种语言的有联系的若干言语句子，并把有联系的句子做统一或同一处理。

相对于语言的句子，任何一种语言的言语句都是无限的。用研究语言句来实现对言语句的研究，是语言学研究的第一个用"有限控制无限"的原则和策略。但因其学术兴奋点不同，语言本体的成果一般集中在句子形式及其格式的研究，其基本方法或路子；一般是从语法的结构一端，向成分另一端推演，或者相反。并且其研究的起点和终点都是语言形式，成分和结构只是认识和说明形式的中介。这种研究的本质和模式可图示为：

[1] 句子言语形式→（结构、成分、……）→句子语言形式
（为语言而进行的语言本体研究）

而自然语言理解研究，其起点是形式，终点是意义，中间要通过若干中介（x_1、……、x_n）。这种研究的目标是语言理解及其原理，其研究可图示为：

[2] 句子的言语形式→（x_1、……、x_n）→句子的言语意义
（为自然语言理解而进行的应用研究）

言语形式是无限的，但某个言语形式对应的意义的总和是有

限的，因此，句子形式所对应的意义（句子义项），是我们切割和聚合句子形式的重要凭借。自然语言理解的一个重要任务是，以句子的某个"义项"把篇章中形式有同有异的若干句子围绕相同句义聚合起来，组成该义项的同义句形集合，给其以相同的句义标值。而这些相同句义标值的句子形成一个句子的形式句位（可简称"形位"），形位中的每一个句子，都是该"句位"的形式变体。通过歧义句和一定范围的语料，建立起汉语的句位形式系统，揭示其每个句位形式的言语变体，是面向自然语言理解的组形语法研究的第一个任务。[①] 在此基础上，通过有限的语形句位（"形位"），去认同相对无限的言语同义句子形式，从而实现对自然语言句子乃至篇章的意义理解。

歧义句是有两个及以上义项（"语义句位"）的句子形式，分离出语义句位（以下简称"义位"）是本研究的第一步。

研究得知，"他的老师当得好"通常包含四个义位，即：[3] a、b、c、d。

[3] a. 可能领属句（S_{A1}），即：他的老师当得好 a（=当……，他的老师能当好）

[3] b. 结果领属句（S_{A2}），即：他的老师当得好 b（=当……，他的老师当得不错）

[3] c. 可能施事句（S_{B1}），即：他的老师当得好 c（=他当老师能当好）

[3] d. 结果施事句（S_{B2}），即：他的老师当得好 d（=他当老师当得不错）

[①] 相对而言，面向自然语言生成的组形语法研究的一个重要任务是描写和解释同一意义的不同言语句子形式使用的特点和条件。

在不同句位上,"他的老师当得好"有不同的句位变体。为节省篇幅下面将"他的老师当得好"的四个句位变体举例性地排列如下。①

[4] S_{A1x}（可能领属句集合）
　　S_{A1x0} 当……,他的老师能当好
　　S_{A1x1} 他的老师当……能当好
　　S_{A1x2} 他的老师当得好
　　S_{A1x3} 他老师能当好
　　……
　　S_{A1xn} ……

[5] S_{A2x}（结果领属句集合）
　　S_{A2x0} 当……,他的老师当得不错
　　S_{A2x1} 他的老师当…当得不错
　　S_{A2x2} 他的老师当得好
　　S_{A2x3} 他老师当得不错
　　……
　　S_{A2xn} ……

[6] S_{B1x}（可能施事句集合）
　　S_{B1x0} 他当老师能当好
　　S_{B1x1} 他当老师当得好

---

① 为了信息处理的方便,我们用在每个句位代码脚标后加 X 的形式代表该句位的形式变体集合,用在 X 后再加阿拉伯数字的形式代表该句位的某个具体的形式变体,其领头的句子标做 X0,其他依次标做 X1、X2、Xn。比如"可能领属句"句位形式的变体集合标做 S_{A1x},其领头句"当……,他的老师能当好"标做"S_{A1x0}",其余类推。

S_{B1x2} 他的老师当得好

S_{B1x3} 他　老师当得好

S_{B1x4} 老师他当得好

S_{B1x5} 他当得好老师

……

S_{B1xn} ……

[7] S_{B2x}（结果施事句集合）

S_{B2x0} 他当老师当得不错

S_{B2x1} 他当老师当得好

S_{B2x2} 他的老师当得好

S_{B2x3} 他　老师当得好

S_{B2x4} 老师他当得好

S_{B2x5} 他当的老师当得不错

……

S_{B2xn} ……

上述每个集合中，虽然每个具体的句子形式不同，但它们却表达着共同的句子意义（即构成意义相同的一组同位句）。[①]

"他的老师当得好"是一个拥有四个句位（或句位指数为

[①] 并且以领头句为原型句的句位—句式系统，应该说，是母语习得者在语言习得过程中的积累，通常情况是以一种认知形式储存在该母语使用者共同的语言心理，并投射在该语言真实语料文本中的。为了语言信息处理的需要，以现在的形式对这个系统所做的描述，从本质上讲是一种面向应用的语言学梳理和重构。但这种重构跟心理原型相比，能让我们从另一方面更直观地看到，歧义句是一种多句位共形的句子，并且不同的句位都跟若干数量不同的句形变体发生着同义句子的语言关联。

"4")的四义位句。① 在每个句位上,"他的老师当得好"都与若干同位句式一起构成该句位形式的变体聚合,并彼此发生同位变式(句位变体)的系统相关联系。在这个层面上,面向语言理解的组形语法,一方面要解决识别对象(即言语形式)所具有的句位;另一方面要完成用于语义识别的形式变体的系统描写和系统构成的理论解释。

自然语言句子的识别有成分中介识别和整体直接识别之分,句子整体的识别是自然语言句子的智能型理解模式和相对更高一级的识别阶段。组形语法在这个层面的任务,就是为句子整体识别,提供"句位—句式"系统,以及系统中不同句子变体出现的语境、语体和息构变体的条件,使语言识别在语言知识和理论层面,具有对同一义位不同句子形式变体的识别能力和理解基础。②

二 释义研究:描述解释"句位意义",标注"句位分析"

在语音学里,音位既指代一种语言里能区别意义的音素,也指称音位变体的集合。与之相同,这里"句位"既指代句位形式的个体,也指称不同个体的变体集合(群体)。但在我们的研

---

① 为了语言理解的准确,讲话者虽然通常选择单一义位的句子——单义位句。但是为了满足不同表达和修辞的需要,同一句位的信息内容,人们又常常选用另一句位的某个句子,或使用与另一句位同形的句子,或根据省略原则截取原句子的一部分来表达,使用时间一长,就使很多句子成了具有两个以上句位的多义位句。

② 囿于篇幅,"他的老师当得好"及其变体的语境、语体内容此处从略,息构内容部分参见本节第三小节。

究中，句位还用来指称跟特定句子形式句位（形位）相联系的句子义项（义位）。如我们从［3］看到，本节的"句位"首先指代跟特定意义相联系的四个"他的老师当得好"形式的变体（即：他的老师当得好 a，他的老师当得好 b，他的老师当得好 c，他的老师当得好 d），又指称四个句位变体的形式集合［4］、［5］、［6］、［7］（即 S_{A1x}、S_{A2x}、S_{A3x} 和 S_{A4x}），同时还指代"他的老师当得好$_{a、b、c、d}$"所表达的意义，即句子的义位。并且义位的描述、解释和标注，是面向自然语言理解的释义语法研究的基本内容。

从［3］不难看出，"他的老师当得好"有四个语义句位，就是因为该句式对定语"他"和定心短语"他的老师"（"他"以外的人）从事某个职业或扮演某个角色，分别从可能和结果两个角度给予了"好"（即不错）的肯定评价。具体地讲，［3］"他的老师当得好"所代表的四个语义句位的成分构成和意义内容如［8］至［11］所示：

［8］$S_{A1(可能)}$："他的老师"（N_1 的 N_2）｜充当某个角色｜"能当好"

［9］$S_{A2(结果)}$："他的老师"（N_1 的 N_2）｜充当某个角色｜"当得不错"

［10］$S_{B1(可能)}$："他"（N_1）这个人｜充当老师（N_2）这个角色｜"能当好"

［11］$S_{B2(结果)}$："他"（N_1）这个人｜充当老师（N_2）这个角色｜"当得不错"

据上，"他的老师当得好"的义位及其内容（义位结构）可描述为：

[12]"谁"+充当某角色+能当好/当得不错

在义位构成上,句S_A和S_B的对立有二:1)句子的直接成分"定心短语"充当施事(短语施事)和句子的间接成分"定语"充当施事(即成分施事)的对立(即第一个义位成分"谁"的语法形式的对立);2)第二个义位成分"充当某个角色"多义位语法形式的对立。具体地讲是:S_A"充当某个角色"的语法形式出现在句外或隐含在语境中,而S_B"充当某个角色"的语法形式在句内,即N_2。简言之,第二个对立是语法形式显现于句内和句外的对立。如S_A可以是说"当主席(当经理、当主持、当老师)他的老师当得好",其充当的角色"当……"不在句内。但即使角色是"当老师",其"老师"虽然和N_2"老师"同形,但两个"老师"的所指不一样,N_2的"老师"是指人,而"当老师"的"老师"却是指一种角色。而S_B则不然,其"角色"在句内,是充当句子主语的定心短语的中心语N_2。[1]

S_A和S_B内部,S_{A1}和S_{A2},S_{B1}和S_{B2}的对立,是语法结构关系的对立,具体地讲是可能补语和结果补语的对立。

S_A和S_B的对立,在句子内部还表现为N_1之领属定语和施事定语的对立,S_A的N_1是领属定语,S_B的N_1是施事定语。并且这种对立不限于"他的老师当得好",像下列句子用于不同句位都可简单地描述为使用了领属定语(A)或施事定语(B)。

[13]他的球打得好(A定语:通过打气或使用,使球达到

---

[1] 关于施事定语及其中心语N_2的语法语义特点可进一步参见萧国政《隐蔽性施事定语》,《语文研究》1986年第4期,这里的施事是广义的。

完好｜B定语：球技好）

[14] 他的发理得好（A定语：头发能被修剪好｜B定语：理发技术高）①

面向语言信息处理的语言研究是一种工程性研究，面向语言理解的句子释义语法研究，一个重要任务是进行语义"句位分析"，即：描述句位成分的类型和范畴，揭示和解释句位成分与句式成分之间的对应关系（形义对应关系），并把句位的语法分析和解释通过"标注"落实到具体语例上（简称"语料的句位分析标注"）。② 如四个语义句位的"他的老师当得好"就可分别作如下标注：

[3a′] S_{A1}：∅_{[充当某角色]}［（他_{[领有定语]}的老师）_{[施事]}当得好_{[可能]}］③

[3b′] S_{A2}：∅_{[充当某角色]}［他_{[领有定语]}的老师）_{[施事]}当得好_{[结果]}］

[3c′] S_{B1}：他_{[施事]}的 老师_{[充当某角色]}当得好_{[可能]}

[3d′] S_{B2}：他_{[施事]}的 老师_{[充当某角色]}当得好_{[结果]}

---

① 有三点需要说明：1）可用定语类别解释的歧义，其定语的对立并不限于领属和施事，有的却是领属与关涉（C）的对立，如"他的笑话说不完"（A定语：他知道的笑话｜C定语：有关他的笑话）。2）领属跟定语中心语的所指能否转让没有关系，"他的爸爸"和"他的房子"都是领属定语，爸爸是不可转让（或让渡）的，房子是可让渡的，因为即使他想把"爸爸"转让给他人也不能得逞，父子的血缘关系是不能改变的。3）"他的球打得好""他的发理得好"的具体歧义类型和表现与"他的老师当得好"是不一样的，具体差异的揭示不是本节的任务。

② 此操作不标注派生特征，不仅因为需要简明，而且还因为派生特征可从已标注的特征中推出。

③ ∅_{[充当某角色]}也可放在句中的动词前，为什么标到句外，进一步参见第三小节。

标注是实现工程的重要环节，标什么和怎么标与特定的理论、目标和技术有关，上面的标注是语法三个世界研究关于自然语言理解识别的句位语义句位识别标注，其直接目标是通过以上努力，实现自然语言句子语义的整体理解。①

三 传息研究：揭示句子信息的内容结构及传递结构

我们面对的语言理解的言语作品，通常是一个个相对独立的话语篇章。不同的篇章可表达不同的内容，也可表达相同的内容。语言表达者是借助不同篇章表达自己所要传递的信息。人们在讲出一句或一串话之前，其所要传递的信息一般是以一种模糊的整体状态存在于言语者心理中（或脑子里）。讲话或写话是用句子对自己头脑中成块或成片状的信息进行条状的线性组构，并通过语音和文字呈现出来。语言理解就是通过分析条状的句子及其联系，还原讲话者头脑中的非线性信息。人脑语言理解的信息还原机理和策略我们现在还不十分清楚，但是语言信息处理的信息还原可通过内信息结构（信息内容）和外信息结构（信息分布）的分析、处理和应用来实现。因此，面向语言理解的传息语法的研究任务，主要是句子信息的内容结构和传递结构的揭示。

句子的内容信息可简单分为两类：一是语义信息，可在句位

---

① [15] 关于"他的老师当得好"的句位与其他句位的关系及其描述，涉及信息处理的比较专业的释义及体系问题，不在这里展开。

的基础上通过动态层次的新旧信息结构来刻画;二是功能信息,包括载体功能信息(陈述、疑问、感叹、强调等等)和性质功能信息(如评价、判断、确认等等),可用焦点和问答外信息结构来刻画。内信息结构是信息的内容结构,外信息结构是句子的传递结构,信息传递结构的需要和使用是语言句式结构多样化的言语动因。

研究告诉我们,S_A和S_B的差异,既反映为内部信息结构的对立,也反映为外部信息结构的对立。先看S_A内外信息结构的对立。内信息结构是"铺垫信息"(旧信息)+"进行信息"(新信息)构成的结构,铺垫信息和进行信息是相对和成对使用的。① 如果一个句子可切分为 N 个信息,那么句子就有 N—1 个铺垫信息。比如一个句子有三个信息:1)、2)、3),其内信息结构是:1)是第一层铺垫信息(P-1),2)是第一层进行信息(J-1);1)、2)是第二层铺垫信息(P-2),3)是第二层进行信息(J-2)。并且内信息结构是外信息结构的映射。[3a′][3b′]的内外信息结构可描写为:

	铺垫信息(旧信息)	进行信息(新信息)
[3a′]	1)【P-1】当∅	2)【J-1】谁能当好
	2)【P-2】谁能当好	3)【J-2】他的老师
[3b′]	1)【P-1】他的老师	2)【J-1】当得怎样
	2)【P-2】当得怎样	3)【J-2】当得好

---

① 关于信息顺序(息序)和铺垫信息、进行信息,可进一步参见萧国政《右向传递句的延展和凝缩——关于"传息语法"的思考》,载邵敬敏等主编《九十年代的语法思考》,北京语言学院出版社 1994 年版;萧国政:《句子信息结构与汉语语法实体成活》,《世界汉语教学》2001 年第 4 期。

其中，每句的横行是其内信息结构，横行之和构成该句的外信息结构。并且息序（信息传递顺序）在后的进行信息是句子的新信息，新信息中的重点是焦点。因此，[3a′]的新信息是"他的老师"，焦点是"老师"；[3b′]的新信息是"当得好"，焦点是"好"。

至此，我们看到不同的语句格式和语义结构是服务于不同信息表达的，信息结构是"主"，其他结构是"从"。

如果用工程操作的方式标注句子的信息结构，[3a′][3b′]可标注为：

[3a′] S$_{A1}$: P1【Ø$_{[充当某角色]}$】J2【（他$_{[领有定语]}$的老师）$_{[施事]}$】J1/P2【当得好$_{[可能]}$】

[3b′] S$_{A2}$: J1/P2【Ø$_{[充当某角色]}$】P1【（他$_{[领有定语]}$的老师）$_{[施事]}$】J2【当得好$_{[结果]}$】

囿于篇幅和时间，其他例句和内容不再进一步展开。

总的来讲，句位是句子的静态语义和动态信息的结合。句子的内信息结构是包含言语动态层次的句位。句位的语义在言语中分别投射为不同动态层次的"铺垫预设信息"和"现实进行信息"。句子的内信息结构即由现实进行信息和预设铺垫信息构成的言语结构。完整的语言理解，包括语义信息和功能信息的全面识别和获取。

四 "三个世界"的语法与"三个平面"的差异及与修辞学的关联

三个平面是胡裕树等先生创立的汉语语法的理论,《世界汉语教学》和《语言教学与研究》编辑部联合主办的语法座谈会的《纪要》说:"三个平面的理论,不仅拓宽了语法研究的领域,而且为深化语法研究指出了一条新路,可能给整个语法研究带来新的突破。"(《语言教学与研究》1993年第1期)。若以对"三个平面"的理论有比较深入的研究,并取得了可贵成绩的范晓先生《三个平面的语法观》为观察点,以胡裕树先生该书所写的序的表述为据,我们看到:

1. 三个平面是指:句法平面、语义平面和语用平面。

2. 句子,句法平面分析出句法成分主谓宾定状补之类,根据句法平面的特征分出类别,称为句型;句子的语义平面,分析出语义成分施事、受事、与事之类,根据句子的语义平面的特征分出类别,称为句模;句子的语用平面,分析出语用成分主题、述题、插语之类,根据句子的语用平面的特征分出类别,称为句类。

3. 动词分类方面,句法平面,根据功能给动词分出及物动词、不及物动词等类别;语义平面,根据动词所联系的动元的数目给动词分出一价动词、二价动词、三价动词等类别;语用平面,根据动词在句中的表达特点分出叙述动词、描写动词、措置动词、关系动词等类别。

4. 短语研究,不仅分析句法结构及语义结构所构成的备用的静态短语,而且还分析语用中的动态短语,以及词和词组合成短语时选择：（1）句法或曰功能上的选择："词语之间组合必须合乎词类在配置中的分布规律"；（2）语义上的选择："词语之间组合必须合乎语义上的搭配规律"；（3）语用上的选择："词语之间的组合必须合乎表达的需要"。

简言之，三个平面的主体是对句子和成分进行三个角度的结构分析，得出来的结果基本是三种语法单位的结构类型、成分类型和成分的材料类型。三个平面或三个角度都是指向某类和某级语法单位（词、短语和句子）实体，说明实体的构成或规律。三个平面的语法研究是透视着三个平面的语言本体研究。

语法的三个世界极大地受益于胡裕树先生等语法研究的三个平面，邢福义先生语法研究的"两个三角"、"三个充分"，于根元先生等语言是立交桥的思想，以及结构主义语言学、形式语法学、功能语言学、蒙太古语法及认知语言学，其"世界"是规则及其范畴形成的集合和研究领域，其三个世界的划分依据是语言的功能和认知属性，其组形世界的研究是指向语言生成，其释义世界是指向语言理解，其传息世界是指向交际。研究的对象不受限于现代汉语传统语音、词汇、语法、修辞的分野，如组形世界的对象，所及之微可小于音素，所及之巨可超越篇章。其应用范围不囿于语言本体甚至人际空间，还包括语言信息处理和人工智能的人机空间，将来有条件和可能延伸至球际空间（地球与其他星球之间）、人物空间和物物空间。① 其研究特点是：立足理论，指向应用；或曰理论研究，应用目标。

若比附修辞学大视野，三个世界的语法研究，可看作一个方面的大视野语法。"修辞学大视野"的视野，谭学纯先生说是指

---

① 后两空间可能是三个世界的语法研究和人类语法研究的终极目标。

向广大的心灵空间，也指向"有容乃大"的学术胸怀。是指研究在更为开阔的思想背景中，以新的研究态势面对多学科的当代目光，吸纳多元语境中的他者智慧。不断丰富理论资源、开拓社会生活空间，延伸学术视野。[①] 可以说，修辞大视野之"大"是治学思想和方法的大，是推动修辞学走向语言学核心地带的创新性思维，是修辞学学科性"突围"和变轨升空。修辞大视野的研究内容也是极尽突破之能事，语言学内外全方位渗透，所及之处，阵阵春风扑面。

大视野可冠以"大"，可能相当突出的一点就是：治学精神不变，研究视角开放。比如"语法"历来就有不同的理解和定义，但最广义的语法应该是语言的所有规则和规律，凡语言规则规律之所及就是语法之所在。不论是传统的语法学的语法还是三个世界的语法，都只是其语法的一部分，其另一部分是狭义修辞和现在的大修辞所体现的规则、范畴及内容。语法是语言一般的规则，修辞是语言的特殊规则，规则和规律是语法学和修辞学研究结果的本质，语法和修辞的规则联系是二者的天然联系。语法和修辞研究结果的同质观可称为本质关联论。

由于受现代汉语教材和中国学术源流的影响，人们一般比较习惯于把语法限定为"能不能说和怎么说"的规则和规律，把修辞限定为"说好和怎么说好"的规则和规律。虽然三个世界的语法把语法内容从形式组造语法，延伸到了意义理解语法和信息结构语法，但目前三个世界的语法还滞待于传统语法和修辞的分界线内。这一方面是力量所限，另一方面也是适应目前学科格局现实和最大限度地考虑人们的接受限度。

---

① 可参见谭学纯《修辞学大视野：开放性策划和开放性研究》，《福建师范大学学报》2009年第6期。

假若把"修辞"做另外的理解,即按词组离析为"修"和"辞",把"修"解为"造"、"为","辞"释为"言"或"语",那么作为"为言"或"造语"的修辞,就是一种人类的社会交际行为或文化行为,或曰修辞就是人类的言语行为或为言、造语活动和过程。古之"修辞立其诚"就是这种行为和过程的社会准则。即在修辞作"为言"理解时,"修辞立其诚"可演绎为"为言以诚信为本"。诚者信也,"人言为信"。

若此,那么狭义的语法和修辞,大修辞和大语法,都被为言的修辞所统括,语言的有关研究都是修辞研究。其语法三个世界的组形语法世界就是修辞的原生世界,因为为言或说话就是在制造和出品话语。相应的,释义语法一部分是组形语法在语言理解中的投射和释放,另一部分则是为言得以存在的对方——语言接收方的修辞补充。或者说,释义语法是言者组形语法在受者心理上的修辞延伸。而第三个世界的语法——传息语法,则是为言和所为之言的信息结构和原理。换言之,在行为大修辞的视野里,组形语法是显性造言语法,释义语法是隐性解言语法,传息语法是信息构成和使用语法。并且三个世界的语法,其下位构成都包含有传统意义上积极修辞和消极修辞两个方面所代表的内容。

修辞意即言的观点和体系,可称行为修辞观或行为语言研究论。

参考文献

胡裕树:《语法研究的三个平面》,《语文学习》1992年第11期。

胡裕树、范晓:《有关语法研究三个平面的几个问题》,《中国语文》1992年第4期。

范晓:《三个平面的语法观》,北京语言学院出版社1996年版。

吕叔湘：《"他的老师教得好"和"他的老师当得好"》，《中国语文》1965年第4期。

谭学纯：《语用环境：语义变异和认知主体的信息处理模式》，《语言文字应用》2008年第1期。

谭学纯：《修辞学大视野：开放性策划和开放性研究》，《福建师范大学学报》2009年第6期。

谭学纯：《亚义位和空义位：语用环境中的语义变异及其认知选择动因》，《语言文字应用》2009年第4期。

王维贤：《句法分析的三个平面与深层结构》，《语文研究》1991年第4期。

文炼：《与语言符号有关的问题——兼论语法研究中的三个平面》，《中国语文》1991年。

萧国政：《隐蔽性施事定语》，《语文研究》1986年第4期。

萧国政：《右向传递句的延展和凝缩——关于"传息语法"的思考》，邵敬敏等主编：《九十年代的语法思考》，北京语言学院出版社1986年版。

萧国政：《汉语语法研究论——汉语语法研究之研究》，华中师范大学出版社2001年版。

萧国政：《句子信息结构与汉语语法实体成活》，《世界汉语教学》2001年第4期。

萧国政：《试论21世纪现代汉语语法研究的内涵构成与发展选择》，《华东师范大学学报》2004年第3期，又见《21世纪的中国语言学（一）》，商务印书馆2004年版。

萧国政：Constructing Verb Synsets for Language Reasoning Based on Synst-Allolexeme Theory, *Recent Advance of Chinese Computing Technologies*, Coplis Publications, Singapore, 2007。

萧国政、郭婷婷：The Floating of Negative Factors and the Recognition of Semantic Patterns of *HUAIYI* Sentences in Mandarin, Language, Information and Computation, Colips Publications, Singapore 2003。

邢福义：《从基本流向综观现代汉语语法研究四十年》，《中国语文》

1992年第6期。

张斌、胡裕树:《汉语语法研究》,商务印书馆1989年版。

(本节原名《"语法三个世界"研究及修辞关联》原载《福建师范大学学报》2010年第4期)

"有+NP"格式的意义类型分析

语法世界是由语法的组形规则世界、释义规则世界和传息规则世界构成，只有将这三个世界同时接通，句子才能进入有效使用域，才能使人们进入对语言的科学理解途径。（萧国政，2001）我们提倡语法研究要将释义语法的释义世界、传息语法的传息世界，从笼统的语法世界中分离开来，使之与组形世界一起，成为语法研究中有联系却又各自独立的三个具有本体地位的研究对象。释义语法研究的任务就是要阐述语言的独立的释义世界，即通过结构形式研究结构的意义，研究语形与语义连接的类型、模式和方式，研究格式的类型与取义模式，并寻找制约语形与语义对应的各种隐性语法范畴，从而揭示语言结构的形式与意义的对应关系。本节"有+NP"的格式义分析是语言的释义语法的揭示和描述，限于时间和篇幅，有些内容未及充分展开。

"有+NP"是多义结构，之所以多义是因为不同语义类型共用同一结构形式。同一结构形式所表达的不同意义类型，取决于该结构在更大结构中的外部分布及其内部制约。

从外部分布看，"有+NP"在句中的分布形式可分为两类四式：

甲类"有+NP"可称"前'有NP'"。该类"有+NP"居于句子前端，引导另一 VP，形成（NP）+有 NP + VP 的句子结构。① 这类"有 + NP"分为 A、B 两式。

A 式："有 NP"存现句。例如：

（1）有人来了｜有人叫他去开门｜外面有人在噼里啪啦地踢

B 式："有 NP"易位句。例如：

（2）他有钱买房子｜学校有人教英语｜小王有车开

存现句和易位句都是从表义角度给句式的命名。

乙类"有 + NP"可称"后'有 + NP'"。该类"有 + NP"单独充当句子的谓语或宾语，形成 NP + 有 NP 或 NP + V + 有 NP 的结构。这类"有 + NP"可分为 C、D 两式，D 式"有 NP"是 C 式"有 NP"的另一句法分布。

C 式："有 NP"谓语句。例如：

（3）他有两支笔｜他有钱、有力气｜这衣服有款式

D 式："有 NP"宾语句。例如：

（4）他讨厌有钱｜他喜欢一个人有力气｜他觉得这人有才

至于"我校设有一百多个本科专业"的句子，"有 + N"放

---

① 格式中加括号的"（NP）"，表示该成分有时出现有时不出现。

在一个动词后面,这种"有 NP"的用法,限于篇幅,暂不作分析。

一 "有+NP"A 式的形式与意义类型

"有+NP"位于句首,其前 NP 空位是零形式,形式上一般添不出来。"有+NP"中的 NP,是表人、时间、地点等实体事物的词语,如例(1)(2),又如:

(5)有人来了。
(6)有一天他病了。│有时候他爱去图书馆。
(7)(这场瘟疫,)有地方死了人。

(5)表出现或现象存在,(6)(7)表存在与特定 VP 相联系的时间和处所。这种结构里的"有+NP",《现代汉语词典》《现代汉语八百词》都认为是表存在,但又认为这里的"有"类似于"某"。我们不太同意这个看法。这里的"有+NP"的意义,取决于包含它们的句子的整体结构形式的意义,而这种形式我们可通过与不含"有"字的近似性句子及含"有"字的存在句的比较看出。为节省篇幅,这里只比较与它接近的不含"有"的句子。如:

(8)有几个人来找一只小猫。
(9)几个人来找一只小猫了。

(8)句"有"后的 NP"几个人"所指是一个新信息,语义上是非预设性的;而(9)句"几个人"说话人是作为已知信息处理的,是一种预设了的已存在的事物。

(8)句实际上是包含了两个信息结构的拼合,我们可用以下对特指疑问句的回答所形成的问答对话结构来分解(8)句的意义:

(10) ——a. 存在有什么事物?
　　　——b. 存在有几个人。
　　　——c. 这几个人在做什么?
　　　——d. 找一只小猫。(这句答话本身还包含了一个信息焦点"一只小猫",为了简便,我们就只将对话结构分析到这儿)

针对特指问的回答是信息焦点,同时也显示了作为未知信息的事物的非预设性。如果通过词语的添加、替换、扣合等语法手段,将上述包含了几个先后信息焦点的(10a)(10b)融入一个句子结构,就形成(8)句:

(11) 存在有几个人,这几个人来找一只小猫
　　→(8)有几个人来找一只小猫。

A式"有+NP"的NP是不定指的,在形式上表现为N可加不定量的数量词语修饰,如(6)与(8)。因此我们把A式结构中的"有+NP"的意义,分析为表某种非预设性的、作为新信息出现的事物的存在。如(5)的意义分析为:"存在某个人,这个人来了";(6)的意义分析为:"存在某一天,这一天他病了";(7)的意义分析为:"存在某个或某些地方,这个/些地方

死了人。"

A 式"有+NP"的 NP 所具有的量是一种客观量，表达可具体可模糊。比如要模糊可说：有些地方死人了；要精确可以说：有三个地方死人了。又如：

(12) a. 有一段时间/日子没去看孩子了。(时间模糊式)
　　 b. 有四天没去看孩子了。(时间精确式)

二　"有+NP"B 式的形式与意义类型

B 式是一种易位句，(NP)+有 NP+VP 可易位变换为(NP)+有 VP 的 NP。如例(2)：

(2) 他有钱买房子→他有买房子的钱　学校有人教英语→学校有教英语的人
　　小王有车开→小王有(自己)开的车

又如：

(13) 我有办法修好这台电脑→我有修好这台电脑的办法
(14) 他有力气登上那座山→他有登上那座山的力气
(15) 我现在有时间聊天了→我现在有聊天的时间了
(16) 学者有书读(就行)，而一般人有饭吃(就够)
　　 →学者有读的书(就行)，而一般人有吃的饭(就够)
(17) 我有件事要跟你说一下→我有件要跟你说一下的事

语义上，B式"有"后的NP是VP的时间、能力、对象、条件，VP是NP所实现的方面和领域。B式可概括为"内容—方面"格式。

"有+NP"没有语义偏移，NP没有主观量，具有客观量。例如：

(18)（人）有几块钱花就好（数量显现）｜（他）有病缠身（数量隐含）

三 "有+NP"C式的形式与意义类型

C式的"有NP"是句子的谓语，该格式表存在、领有或具有的意义，分为C_1和C_2。为便于表述，C式记作：NP_1有NP_2。

（一） C_1表存在。具体讲，C_1表某时某地存在有某人某事某物。

"有"前的NP限于处所词或时间词语，"有"后NP表存在的主体（人或事物）。如：

(19) 屋里有人｜墙外有耳

"有"后NP的特点是：a. 不定指；b. 一般是实体事物；c. 所表事物的量是一种客观量，即事物是多少数量，那么语言形式就显示多少数量。如屋里有三个人存在，那么就可以表达为：

(20) 屋子里有三个人。

（二） C_2表领有或具有。NP_1和NP_2之间是具有和领有关系。"有"后的NP_2类特征不同，"有+NP"的意义不同，传递的信息有异。这里略举几种NP_2及其"有NP"的意义类型。

1. NP_2具有［＋具体］［＋可让渡］的语义特征，"NP_1有NP_2"只是一般地表领有或具有，格式表"有NP_2"是一种新信息，并且NP_2具有的是一种客观量。如：

(21) 我有笔｜她有两百公升汽油｜约翰有三幢房子。

句中"笔"、"汽油"、"房子"都具有［＋可让渡］［＋具体］的语义特征，NP_2"有笔｜有两百公升汽油｜有三幢房子"都是新信息，其表的量"两百公升｜三幢"都是一种客观量。

2. NP_2具有［＋具体］［－可让渡］的语义特征，"NP_1有NP_2"或是a.表特殊领有或具有，或是b.与另一类NP_1对比，或是c.对其特征进行揭示。总之，格式均表"有NP_2"是一种新信息，NP_2具有的量是一种客观量。下面分别来讲。

表特殊的具有或领有的，如：

(22) 这个胎儿（／麻风病者）有眉毛。（√）｜他的每只手有六个手指。（√）｜你头上有白头发（√）（比较：*你有黑头发）

而一般具有或领有则不然，如：

(23) 人有眉毛。（？）｜人有手。（？）｜他的每只手有五个手指。(？)

但是在对比的情况下或特征揭示时均可说：

(24) [对比:] 人有眉毛，青蛙没有。| 人有两只手，牛没有。(✓)
(25) [揭示特征:] 人有眉毛、人有手，每只手有五个手指。(✓)

揭示特征时，用于描述，NP_1 为泛指的一类对象，如"人"是每个人或所有人，"手"是每只手。但是用于论证，NP_1 可以是特指的名词，如：

(26) 你有手，可以自己劳动。

3. NP_2 具有 [＋抽象] [＋必然] [＋人具有] 的语义特征，"NP_1 有 NP_2"的语义有：a. 表一般领有或具有，b. 超量拥有和具有，c. 偏向具有和拥有。

一般地领有或具有，是在对比的情况下或特征揭示时用，NP_1 为泛指的一类对象。如：

(27) 人有思想（/想法/智慧/感情/头脑/……）

当 NP_1 为特指对象时，NP_1 有 NP_2 = NP_1 很有 NP_2。表这种意义的 NP_1 有 NP_2 不仅表"有 NP_2"是一种新信息，而且还增加了表 NP_2 不少或很多的信息，其不少或很多的"量"是一种主观模糊量。例如：

（28）他有思想/头脑/地位…… = 他很有思想/头脑/地位……

（NP₂［+抽象］［+必然］［+人具有］）

比较（29）他有学问/技术/毅力/…… ≠ 他很有学问/技术/毅力/……

（NP₂［+抽象］［-必然］［+人具有］）

具有［+抽象］［+必然］［+人具有］且表多量的NP₂需要列举，如：观念、想法、情感、气质、思想、才、才气、情操、修养、素养、力气、劲、劲头……

有的含［+抽象］［+必然］［+人具有］NP₂的"有NP"，不仅是表"有NP₂"是一种新信息，而且还增加了NP₂是一种不好或不同的内容的偏向信息。例如：

（30）他有想法 = 他有不好想法　他有意见/看法 = 他有不同的意见/看法

4. NP₂具有［+抽象］［-必然］［+人具有］的语义特征，"NP₁有NP₂"的语义有：a. 一般具有或领有，b. 同时表N₂超量。

第一种如：

（31）他有技术/学问/武功/……

第二种，同时表超量的，如：

(32) 他有钱/才华/…… = 他很有钱/才华
(33) 对这件事他有热情 = 对这件事他很有热情

超量是说话人的主观超量。下面看一个"有钱"同时表"多"的书面实例：

(34) 她有钱，开大奔。(《中国当代文学文萃·2003年全国中篇小说选》)

有意思的是，"钱"同时也是一种具体概念，如：

(35) 他有钱，让他把学费交了
比较：(36) 他有钱，让他投资（钱：抽象概念）

"钱"用于抽象概念和具体概念在量词的使用上有差别，试把上面两例加上数量词。

(35') 他有100元钱，让他把学费交了（√）
比较：(36') 他有100万元钱，让他投资（？）

另外，"有+NP"进入特定格式，多处的信息——超量，转化为足量。如：

(37) 他家要人有人，要钱有钱，要财有财，要车有车，看那个阔劲啊。[同(34)]

例中"有人/钱/财/车" = 有足够的人/钱/财/车。

5. 还有不少"有+NP"的意义需要揭示,如:

(38) 这个菜有味道 = a. 很有味道(=好味道)/b. 有坏味道(褒贬对立)

(39) 没有办法的办法,没有模样的模样,没有结果的结果,没有形状的形状,没有成绩的成绩,没有地位的地位,没有感觉的感觉……

这涉及"有NP"与"没有NP"异同、表意特点等,这类例子又如:他没有模样、这菜没有味道、这人没有看相、这人没有观点。

四 "有+NP"D 式的形式与意义类型

D 式是"有 NP"做宾语的现象。如例(4):

(4) 他讨厌有钱丨他喜欢一个人有力气丨他觉得这人有才

讨厌有钱=讨厌很有钱;他喜欢一个人有力气=他喜欢一个人很有力气;他觉得这人有才=他觉得这人很有才。因此 D 式就是 C 式做了宾语的现象。

五 小结

1. 本节考察"有+NP"格式的意义类型,寻找这种格式与意义连接的类型与方式。我们注意将这种格式放在句子中，让它处在不同的句法分布位置上，来考察它的语义变化，而不是单纯的短语结构分析，汉语句子的理解必须进入句子的释义语法研究。

2. 在同一个句法位置，"有+NP"格式仍然有不同的语义类型，这说明，是"有+NP"里具有不同意义类型的内部成分NP造成的。NP不同的意义类型，决定了同一个句法位置上"有+NP"的不同的意义类型。对NP的意义类型的研究，是对"有+NP"这个结构的形式与意义对应的制约性因素的发现；对NP的意义类型的研究，实际上也就是发现制约语形与语义对应的隐性的语义语法范畴。

我们发现，名词语的抽象义与具体义、让渡性意义与非让渡性意义、主观量语义与客观量语义等等，是决定同一个句法位置上"有+NP"的语义变化与不同的语义类型的重要因素，要完成语言理解，必须把它们解释出来。

3. 语言的形式组合规则、意义解释规则和信息传递规则是三个各自独立的世界和体系，不能用一个世界的规则的揭示代替另一世界规则的揭示和研究。释义语法研究的最终目标，是研究语言形式的意义世界，发现语言形式的语义规则，但这种研究离不开对语言的形式结构的研究。释义语法是从形式出发来研究，不过它的最终目的指向是发现和揭示形式语义对应规则。这种目标一方面区别于什么样的形式合法、什么样的形式不合法及其控制范畴的组形语法研究；另一方面它也区别于传息语法。

参考文献

胡明扬：《语义语法范畴》，《汉语学习》1994年第1期。

李宇明：《能受"很"修饰的"有X"结构》，《云梦学刊》1995年第

1期。

刘顺滕:《现代汉语名词的多视角研究》,学林出版社2003年版。

吕叔湘主编:《现代汉语八百词》,商务印书馆1980年版。

沈家煊:《不对称和标记论》,江西教育出版社1999年版。

沈家煊:《语用法的语法化》,《福建外语》1998年第2期。

沈家煊:《语用原则、语用推理和语义演变》,《外语教学与研究》2004年第4期。

王珏:《现代汉语名词研究》,华东师范大学出版社1999年版。

萧国政:《现代汉语的隐性语法范畴》,《华中师范大学学报》(人文社会科学版)1999年第2期。

萧国政:《汉语语法研究论》,华中师范大学出版社2001年版。

萧国政:《论21世纪现代汉语语法研究的内涵构成与发展选择》,《华东师范大学学报》2004年第3期。

邹韶华:《名词在特定环境中的语义偏移现象》,《中国语文》1986年第4期。

邹韶华:《中性词语义偏移的原因及其对语言结构的影响》,《语法研究和探索》(四),北京大学出版社1988年版。

(本节与龙涛合写,原载《2005中文电脑国际会议论文集》,Published by COLIPS Publication)

比拟的构成要素及结构特点

比拟是根据联想或想象把甲事物当乙事物来写的一种修辞方法。从比拟的定义来看，甲事物、乙事物和"写"是比拟构成的三要素。为更好地认识比拟的语言性质，把比拟和其他辞格更好地区别开来，有必要观察比拟三要素的语言表现形式及其在比拟认识中的作用。

一 乙事物是比拟表义分类的根据

比拟一般根据乙事物的不同，从表义上分为拟人和拟物两类。例如：

[1] 火并不能把我征服，未来的世纪会了解我，知道我的价值。（郑文光《火刑纪念乔尔丹诺·布鲁诺》）
[2] 江流刚奔出巫峡，还没来得及喘息，却又冲入第三峡西陵峡了。（刘白羽《长江三峡》）

例［1］是把甲事物当人来写，人是乙事物，例［1］是拟人；例［2］是把一事物当另一事物来写，乙事物是物，例［2］是拟物。

在比拟内部，乙事物虽然是比拟分类的根据，但是乙事物在句子中是隐而不现的，它靠读者凭借句子的谓语常常是根据谓语动词去感悟（但不限于谓语和谓语动词）。如例［1］是拟人，乙事物"人"在句中没有出现，是人们通过谓语动词"征服"、"了解、知道"感悟到作者是在把"火"和"未来世纪"当人在写。又如例［2］是拟物，乙事物某种动物在句中也没有出现，它是读者通过谓语动词"奔"、"喘息"和"冲"感悟到的。

二 甲事物在比拟的语言结构中必须出现

如例［1］的"火"是甲事物，例［2］的"江流"是甲事物，都出现在比拟的语言形式中。从比拟的语言结构看，甲事物最典型的句法位置是作主语，如例［1］和例［2］，但是并不限于作主语，即甲事物可以作主语，也可以通过变换，成为定语。如从例［3］到例［4］甲事物"他"就从主语变成了定语。

［3］他终于露出了狐狸尾巴。→
［4］他的狐狸尾巴终于露出来了。

在例［3］中甲事物"他"是作主语，在例［4］中甲事物"他"作了定语。

在比拟结构中，甲事物是比拟叙述的话题。话题和主语不同，主语是结构关系概念，话题是表达关系概念，二者之间有时一致，有时不一致。如在例［1］［2］［3］中甲事物既是主语又是话题；但是在例［4］中甲事物是主语中的定语，不仅如此，甲事物还可以作为宾语中的定语，如例［5］的"他"。

［5］我们终于抓住了他的狐狸尾巴。

孤立地看，例［5］"他的狐狸尾巴"作为比拟是不明显的，但是和例［4］联系起来看，"他的狐狸尾巴"就是比拟，并且和例［3］及例［4］一样是把人当物在写（即拟物），不同的是它们的比拟结构形式不同，比拟结构在句子中所处的层次不同。

三 "写"是确定比拟的关键要素

"写"是对甲事物的陈述和描写，是确定比拟的关键要素。在构成比拟结构中，除了甲事物，其余语言部分就是"写"了。如例［1］除了甲事物"火"和"未来的世纪"，其余部分"不能把我征服"、"会了解我，知道我的价值"就分别是两个比拟的"写"；例［2］除了甲事物"江流"，其余部分"刚奔出巫峡，还没来得及喘息，却又冲入第三峡西陵峡"就是"写"；例［3］除了甲事物"他"，其余部分"终于露出了狐狸尾巴"就是"写"；例［4］除了甲事物"他"，其余部分"狐狸尾巴终于露出来了"就是"写"；例［5］除了甲事物"他"，其余部分"狐狸尾巴"就是"写"。

根据"写"在结构中所作成分的不同,以上所举的比拟用例,可以分出三个结构类:

(1) 主谓比拟。如例［1］［2］［3］的"写"是一个主谓结构的谓语,甲事物是主语。

(2) 定心比拟。如例［5］的"写""狐狸尾巴"是定语的中心语,甲事物是定语。定语中心语做"写"的一般注意不多,有的或作其他处理,其实这类表达手段应和其他结构的比拟一视同仁。"写"作定语的又如:

［6］世界上有很多已经很美的东西,还需要一些点缀,山也是。小屋的出现,点破了山的寂寞,增加了风景的内容。(李乐薇《我的空中楼阁》)

例［6］"山的寂寞"是一个拟人的定心结构,"山"是甲事物,"寂寞"是对山的描述,即"写"。

(3) 跨层领属性比拟。如例［4］的甲事物是主语中的定语,"写"是跨结构层次的语言片段。在例［4］中,"写"的一部分("狐狸尾巴")是句子的间接成分(即直接成分主语的定语中心语),"写"的另一部分("终于露出来了")是句子的直接成分谓语。

和比拟的结构类相对,拟人、拟物的比拟次类是比拟的表义类。

比拟结构类的建立,一方面可为比拟研究提供客观形式依据,同时又可以为语法的结构分析提供意义方面的支持。先看例子:

［7］帝国主义夹着尾巴逃跑了。（歌词）
［8］帝国主义夹着皮包回来了。（民谣）

例［7］是说过去年代的帝国主义侵略中国的结果和逃走的狼狈，例［8］是说到了20世纪90年代中国改革开放后过去的帝国主义以商人身份再度来华的风光。这两个句子分开给一些教师作结构成分分析，结果是有的人把例［7］分析为状心结构作谓语，例［8］分析为连动短语作谓语。为什么呢？一个重要的原因是分析者是在用意义作标准，并且由于句子使用了比拟辞格，干扰了他们使用标准角度的同一。照理，如果是使用结构词类标准，两例都是连动短语作谓语；如果用意义标准，两例都是状心短语作谓语，因为即使是使用了拟物辞格，"夹着……"都是后面动词的伴随状态，不同的是状态的形成理据不同，并不带来语法结构的差异。

四 比拟的深层结构与表层结构

从一般给比拟所下的定义看，似乎比拟是由"写"、显性"被写"（甲事物）、隐性被写（乙事物）三部分构成的，但是事实上应该说比拟是两套"写被"结构（四个部分）错位搭配形成的表达格式。其四个部分是：显性"写"、显性"被写"（甲事物）、隐性"写"和隐性被写（乙事物）。即比拟在深层有两个"写被"结构："写被"结构Ⅰ、"写被"结构Ⅱ，到表层错位配搭成一个写"被结"构Ⅲ：

深层　Ⅰ.（甲事物+写$_1$）+Ⅱ.（乙事物+写$_2$）⟶

表层　Ⅲ.（甲事物+写₂）

如例［1］在深层就可能是Ⅰ."火吓不到我" +Ⅱ."那些人并不能把我征服"，到表层变成Ⅲ."火并不能把我征服"。

"写被"结构"甲-写2"从语表结构看，以上所举比拟可以分出三个结构类：（1）主谓比拟（如例[1][2][3]）；（2）定心比拟（如例[5][6]）；（3）跨层领属性比拟（如例［4］）。比拟表层结构的不同，可和比喻一样把它命名为明拟、暗拟和借拟。

深层有两套"写被"结构，表层是甲事物和写₂构成的"写被"结构，这种表里错位搭配只出现一套结构的特点，是比拟区别于其他辞格最重要的依据。比如借喻有人认为容易和比拟混淆，不好区分，但是通过表里结构特点比较考察，其区分是比较简单的。因为比喻是一套"写被"结构，并且乙事物是"写"的一部分，即：

深层　　甲事物写₁（=像+乙事物）→
表层　　甲事物　写₁

根据表层比喻结构甲乙隐现的不同，比喻分为三类：

明喻　甲事物+像　+乙事物
　　　　　　如例［8］（起伏的）感情像（汹涌
　　　　　　的）波涛
暗喻　甲事物+是/的+乙事物
　　　　　　如例［9］　感情是波涛/感情的
　　　　　　波涛

借喻　乙事物+……
　　如例［10］　波涛（又澎湃起来）

（本节与袁丹合写，载《高师函授学报》1996年第3期，选入本书有较多改动）

借代和借喻的异同与连用

一 借代和借喻的异同

借代和借喻是两种很常用的修辞手法,但也是修辞教学中不好区分的两种辞格。之所以不好区分,一个重要的原因是这两种辞格"同"中有异。

(一)首先,借代和借喻有共同特点"借",即两种辞格都不是用原来称说事物的词语来表达所说的事物,而是借用"相关"的词语来代替原来的词语。例如:

(1)老栓看看灯笼,已经熄了。按一按衣袋,硬硬的还在。(鲁迅《药》)
(2)我们应当禁绝一切空话。但是首要和主要的任务是把那些又长又臭的懒婆娘的裹脚,赶快扔到垃圾桶里去。(毛泽东《反对党八股》)

例(1)是借代,它不用"银元"表银元,而是借用"硬硬的"代指银元;例(2)用的借喻,例(2)也不是直说"长而空的文章",而是借用"又长又臭的懒婆娘的裹脚"来代指。因而可以说借代和借喻都是词语的借用。

(二)其次,借代和借喻虽然都是词语的借用,但其借用的根据是不同的。

借喻的现用词语之所以能代替其原词语,是因为原词语和现用词语所指的事物之间有像似联系,因而借喻的原词语(a)和现用词语(b),可以说成"a像b",而借代则不然。如例(2)是借喻,借用的词语和原词语之间有"a像b"的说法,即"长而空的文章"像"又长又臭的懒婆娘的裹脚"。而用借代的例(1),其ab则不能说成"a像b",即不能说"银元"像"硬硬的",b是a原有的特征或属性。在这个意义上,借喻是有像似联系的词语借用,借代是非像似联系即表"原生特征"的词语借用。因此,当一个小孩有一双大花鞋和一双猫猫鞋时,大人对小孩说:"穿猫猫"是用了借喻,因为鞋像猫猫;当大人说:"穿大花"时则是用的借代,因为鞋不像大花。又如:

(3) 张奶奶50多岁了,但留着两条长长的辫子,大家都称她辫子奶奶。
(4) 今年是她第一次种葡萄,当她把那一串串玛瑙从自己的葡萄架上摘下来的时候,那种得意的劲儿就甭提了。

例(3)的"辫子奶奶"是代指张奶奶,但是不能说"奶奶像辫子",所以"辫子"是借代,是以特征代姓氏;例(4)是用"玛瑙"代指葡萄,但却可以说"葡萄像玛瑙",例(4)是借喻。

因此,在这个意义上,借代是"代"借,借喻是"喻"借。

二 借代、借喻的连用

借代和借喻连用有两类,一是一个辞格原词和借词连用,二是几个辞格形式的连用。

(一)借喻的原词语 a 一般是称为本体,现用词语 b 一般是称为喻体,从语言形式上看,借喻和其他比喻最大的不同是 a 不出现。如果从借的角度看,就是原指词语不出现,借指词语出现,即借喻的原词和借词不能连用。如"他开来一辆面包"用的是借喻,是用"面包"来比喻和代指车,原指词"车"不出现。但是若说"他开来一辆面包车"时,"面包车"就不再是借喻而是明喻的变化形式,因为本体(原词"车")和喻体(借词"面包")都出现了,并且在喻体前可加"像",说成"像面包的车"其意思不变。

(二)与借喻相反,有的借代其原指词语 a 可以和借指词语 b 一起出现,以 b、a 的形式连用。b、a 之间在结构上是同位关系,在意义上是复指互注关系(b 即 a)。如例(3)的借代,其a、b 可说成 b、a"辫子张","辫子"即"张",二者从不同的角度指称着同一对象。

借代还能和借喻连用。例如:

(5) 杨二嫂卖豆腐为生,长得十分动人,大家称她豆腐西施。邻里的一些大小伙子们,每当豆腐西施闲着时有事无事总要和她拉几句家常。

(6) 小芳虽是农村姑娘,在店里打工,但她皮肤特白,又很有气质,在一些顾客眼里她简直就是白雪公主,同事们有的还当面叫她打工公主。

例(5)的"豆腐西施"是借代加借喻。"豆腐"是用职业代人，我们常常听到做泥人和打煎刀的可用"泥人"、"煎刀"加其姓氏称呼，如"张泥人"、"王煎刀"或"泥人张"什么的；"西施"是比喻。"豆腐西施"是借代+借喻。

例(6)也是借代加借喻，"打工"是借代，"公主"是借喻。"豆腐西施"和"打工公主"都是借代与借喻的连用。

三　借代与借代的连用

借代和借代还可以连用。比如某个人卖豆腐，头长得比一般人大，可能就有人叫他"大头豆腐"，"大头"和"豆腐"都是借代，"大头豆腐"就是借代的连用。

（原载《语文教学与研究》1996年第11期，署笔名：易含思）

从战略上保证汉语健康发展

——对三套小学语文改革实验教材的调查思考

新中国成立50多年来,尤其是改革开放20多年来,我国的各级各类教育都得到了极大的发展,科教兴国的重要国策深入人心。近十年来,教育规模的发展和基础教育教材的改革,使我国的教育更加呈现出蓬勃发展的态势。很多家长和成人,在看了印装精美、色泽鲜艳、内容丰富的小学教材后,都情不自禁地说:现在的教材真诱人,要是时间能倒流,真想回到童年,再读一次小学。但是,另一方面,目前正在使用的小学教材比如语文课本,语言使用状况却不容乐观,它不仅从一个方面折射出我们语言状况的另外一角,而且也从一个方面反映出多版教材的现状,应该引起有关部门及整个社会的关注。

受有关部门的委托,我们课题组调查了我国最早通过评审的三套小学语文改革实验教材的前18册(即三套教材一二三年级的课本),发现现行的教材明显地存在语音、词汇和语法等方面的问题,有的还相当严重。

语音方面,课本不同程度地存在注音错误、注音不一致和注音不规范的情况。(1)注音错误,有印刷性的,也有知识性的。如教材把"山上有一棵小松树"的"山"的读音注为 shāng;把

"蚂蚁和蜜蜂商量大事情"的"商量"的读音注为 shāngliàng，把"为有暗香来"的"为"的读音注为 wéi。（2）注音不一致的情况，不只是指不同教材注音不同，而且还包括同一套教材（甚至同一册同一篇课文）同一个词的注音不一致。如一教材一年级上册"太阳"的"阳"有的注阳平："太阳（yáng）会把人烤焦的"（第 50 页）｜"做太阳（yáng）钟"（第 66 页），有的注轻声："人类已经能登上月亮了，将来还要登上太阳（yang）呢！"（第 50 页）（3）注音不规范，主要是语流音变的注音没有严格的规范意识。如"一"、"不"在语流中是经常发生变调的词，根据国家有关规定，如果教学需要，句中可以注变调。但问题是，三套教材一会儿注变调，一会儿不注，缺乏定则和标准。

词汇方面，其问题突出地表现在滥用方言词、使用生僻词、放行"生造词"。一般大众媒体都很少见的方言词、生僻词和生造词，如：小咬（可能是一种会飞的昆虫）、马路牙、老雕、黑溜溜、曲曲弯弯、明洁（形容词）、人一己百、色色俱全、乌鸟私情等，却成批出现在一二三年级教材的课文里。更有甚者，教材中还出现了下面句中加点的词及用法：妈妈给我一盒歌片，我选出了最美丽的一页｜蚂蚁接到信，看了半点钟。

语法方面的问题，有的也涉及词汇。带有这类问题的"病句"，自 20 世纪 50 年代以来，一直都是语言规范和正式出版物着力"扫荡"的对象。下面略举几例：每天做完功课，我就和它们游戏。（词性误用）｜唐老师望望张爷爷，张爷爷望望唐老师，发出了会心的微笑（用词和搭配不当）｜海上的风是狮子，他一吼，就掀起波浪滔天……（语序或搭配不当）｜过路人就把纸上的字念给他〔　〕："春天来了，可是我却看不到它。"（成分残缺，"念给他"后缺"听"）｜他一蹲下来，小猫就扑扑地一个个跳出来，朝屋里跑。（"扑扑"与"一个个"语序错位）｜我最喜欢的是每个星期六早晨听见你按响的那只门铃（结构杂糅）。

众所周知，语音是语言的物质外壳，词汇是语言的建筑材料，语法是语言的结构规则。对于语言来讲，如果物质外壳出了问题，语言的"皮"之不存，其毛将焉附？小学课本注音，不仅是识字教学的工具，而且更是汉语语音教学的手段。对于小学教学来说，我们更为庄严艰巨的使命，是要通过注音和词句的拼写，教给小学生统一、标准的汉民族共同语的语音，在孩子幼小纯洁的心灵上埋下国家通用语言——普通话神圣、正确、规范的语音之根。小学语文课本中的词语，属基础教育词汇，它们是有数量和条件要求的，我们不能让不符合教学和规范要求的词语进入小学课本，尤其不能让它进入儿童启蒙教育的语文课本，挤占孩子早期规范教育的基本词汇库。规范的语法，更是语言大厦的支柱和民族人格的脊梁，它应通过启蒙教育，耸立在儿童早期书面语感的天地里，托起其母语规范的巨臂，固定其语言发展的航向。

小学教材的语言问题，不单是某个方面的知识问题，而是一个影响人的发展的教育问题，关系到科技兴国方针和国家持续发展战略。我们知道，课本是我们教学具有权威性的传统依据，语文课本是培养学生民族共同语语感的"经典"，是孩子今后语言发展的起始根基。如果让他们以现在的课本语言作为基础，其日后的语言发展是可想而知的。并且一般说来，一个人启蒙时期学的知识如果有误，儿时学习的特殊"前摄抑制"，会给日后的纠错纠偏带来相当大的困难，有的孩子甚至会一辈子错下去。更何况语言在一定程度上还可能影响孩子的其他学习及未来成就的高度。因此，关心孩子，关怀下一代，关心他们的未来，应该首先关心他们的母语教育和语言发展。

我们的语言是一个多层级的"层核结构"体,这个结构体就像鸡蛋一样,有蛋黄、蛋清和蛋壳。中小学课本语言,尤其是小学课本语言,是处于最规范、最核心的蛋黄部分,如果我们保住了中小学教材的语言规范,就是从战略上保证了汉民族共同语健康发展的主航道。所以,中小学课本的语言状况如何,直接关系到汉民族共同语的未来。

不过,任何规范的语言都不是言语使用的自然形态,而是教育规范、文化规范、政治责任心、民族责任感、不懈的规范教育和努力,共同作用于教学、语言和文化的结果。过去的汉语书面语——文言文是这样,今天的普通话也是如此。我们深深懂得,如果没有党和国家从20世纪50年代开始对语言规范的重视,没有各级政府和许许多多学者专家的不懈努力,就没有普通话的今天。可以说,今天代表普通话规范形态的汉语书面语和口语,是党和政府抓出来的,是学者专家"导"出来的,是中小学老师和各级各类编辑字斟句酌"改"出来的。因此,国家重视、全民努力、层层把关,仍然是今天教材语言和整个社会语言规范的重要保证。

随着时代的发展,人们对于语言的认识越来越深刻。不管人们持有怎样不同的语文观和"语文"定义,但是对语文教学,尤其是小学语文教学,其语言、文字的教学任务和规范功能,是应保持共识的。因为世界上任何一个发达国家和优秀民族,其知识和文化的教育,都不能建立在学生缺乏良好母语基础的沙滩上。更何况语言,尤其是母语,还是一个国家、一个民族的战略资源、文化支柱和潜在财富,这一点只要看看当今英语之于其母语强国及英语国家群,就不言而喻。因此,关注小学教材语言,关注语言规范,不仅是对教材、教育的关心,而且更是对祖国未来、对子孙后代美好明天的关心。

我们真心希望所有教材,能千方百计地把语言问题解决在与读者见面之前。这种灭患于未然,不只是为了我们的出版,而更是为了中华民族的伟大复兴和持续发展,为了配合汉语走向世界。让我们一起努力,共同把最规范、最优美、最统一、最丰富的汉语,教给我们今天和明天的孩子,传播给世界所有需要学习汉语的人们!

(原载《光明日报》2006年10月11日第8版)

小学语文教材词语注音错误及一致性问题[*]

调查三套小学语文课标实验教材（人教版、北师版、江苏版）前18册（主要是前10册）的注音情况，发现它们都不同程度地存在注音错误、注音一致性方面的问题。这些问题，不单是编辑校对的技术疏忽，而且更重要的是它从一个方面反映了当今的语文教育观、语言规范意识、语言规范工作、语言教育理论和教材出版、监督等方面的一些缺失。

小学的语文教育，首先是儿童母语的"定型"教育，小语课本的语言应是共同语最标准、最统一的核心部分。避免注音错误、保持注音的一致性和规范性，不仅是教材能否通过审查的硬性指标，而且对孩子一生语言的发展、对民族共同语世代永葆自己清晰浩荡的主航道，具有十分重要的意义，并关系到国家发展和民族未来。

一　注音错误举例

教材的注音错误主要有两类情况：一是印刷错误，二是知识

---

[*] 本研究得到国家语委语言文字应用研究重点项目"小学语文改革实验教材语言文字状况分类调查及其科学性研究"资助，项目编号ZDI105-40A，特此致谢。

性错误。

(一) 印刷错误

检查几套教材的前6册，发现真正是印刷错误的语音问题，仅江苏版第2册第47页的一例。该页把下面句子中第二个"山"注音为 shāng：

(1) 山（shān）上有一棵小松树，山（shāng）下有一棵大松树。（江 2047）①

从理论上讲，作为教材，特别是小学语文教材，印刷错误是应该杜绝的。

---

① "三套小学语文实验教材"为"义务教育课程标准实验教科书"《语文》。出版时间分别是：①人民教育出版社出版，一年级上册为2001年6月第1版，2003年2月第5次印刷；一年级下册为2001年12月第1版，2003年12月第3次印刷；二年级上册为2001年12月第1版，2003年6月第2次印刷；二年级下册为2002年11月第1版，2002年12月第1次印刷；三年级上册为2003年6月第1版，2003年7月第1次印刷；三年级下册为2003年12月第1版，2003年12月第1次印刷；②江苏教育出版社出版，一年级上册为2002年6月第2版，2002年6月第1次印刷；一年级下册为2002年12月第2版，2002年12月第1次印刷；二年级上册为2003年6月第2版，2003年6月第1次印刷；二年级下册为2002年12月第1版，2002年12月第1次印刷；三年级上册为2004年6月第2版，2004年6月第1次印刷；三年级下册为2004年12月第2版，2004年12月第1次印刷。③北京师范大学出版社出版，一年级上册为2001年7月第1版，2001年7月第1次印刷；一年级下册为2002年11月第2版，2002年11月第1次印刷；二年级上册为2002年6月第1版，2002年6月第1次印刷；二年级下册为2002年11月第1版，2002年11月第1次印刷；三年级上册为2003年6月第1版，2004年6月第2次印刷；三年级下册为2003年9月第1版，2003年11月第1次印刷。

(二) 知识性错误

以下注音错误，应是知识性的，即这些错误一般为注音者和出版者未用语言知识来标注和检查课本的注音所致。如：

(2) 蚂蚁和蜜蜂商量（shāngliàng）大事情。（北1006）
(3) 为（wéi）有暗香来。（北1090）

"量"是一个多音字，在"商量"一词中，如果按字标音，根据"商量"中"量"的义项，应标"liáng"；如果按词标音，应标轻声（liang）。（参见《现代汉语词典》第5版1192页）"为"在这里是"因为"的意思，应注为wèi。（参见《现代汉语词典》第5版第1422页）

(三) 印刷或知识性错误

有的错误是两可的，从一方面看可能是印刷问题，从另一方面看可能是知识性问题。例如：

(4) 只好派人向吴王夫（fú）差求和。（江5066）
(5) 嗒嘀（dí）嗒（人3172）

"夫"当姓氏用时读"fū"，"夫差"中"夫"是姓，依据《现代汉语词典》（第415页），其注音应为"fū"，即声调为阴平。此例声调出错，可能是注音者的知识问题，也可能是打字或校对等出版印刷方面的技术问题。"嘀"只有在"嘀咕"一词中才读"dí"，在"嘀嗒"中读"dī"。（参见《现代汉语词典》第290、292页）在课文中，"嗒嘀嗒"是吹喇叭的声音，"嘀"的正确注音应为阴平"dī"。

二 注音的一致性问题

课本知识及其表述的一致性，历来都受到学校、教师和出版者的高度重视。但是，考察三套语文课本，我们看到教材注音不一致的问题相当普遍，不仅几套教材不一致、一套教材内部几册不一致，而且同一册教材内部也不一致。不同层次的不一致，其问题的性质及严重性是不尽相同的。有些一致性方面的问题，严格地讲也是知识方面的错误。

（一）几套教材相同词语的注音不一致（以文白异读词和双音词第二音节的注音为例）

A."谁"、"露"都是文白异读词。但是，不同教材，文读、白读注音选择不同。例如：

（6）蘑菇该奖给谁（shéi）？（江2039）
谁（shuí）也捉不住阳光……（人1079）
（7）小荷才露（lù）尖尖角，早有蜻蜓立上头。（人2060）
小荷才露（lòu）尖尖角，早有蜻蜓立上头。（北4116）

"谁"的注音，江苏版与人教版不同，江苏版选注白读音，人教版选注文读音。"露"的注音，人教版选文读音，北师版选白读音。

B."晚上"和"朋友"的注音。

"晚上"一词,三套教材都注了音。但是"上"的注音,江苏版跟《现代汉语词典》一样,注的是轻声,人教版和北师版跟《现代汉语词典》不同,注的是单字调去声(本节有下划线的词语,均是跟《现代汉语词典》注音不同的语例)。例如:

(8) 一天晚上(shang),一艘飞船在太空散步。(江 1076)
晚上(shang),兔妈妈提着一大篮蘑菇回来。 (江 2039)
元宵节的晚上(shàng),全家人在一起看电视。(北 2004)
晚上(shàng)从来不敢自己出门。(北 3042)
这天晚上(shàng),小明梦见自己成了一名火车司机。(人 2149)

"朋友"的"友",人教版跟《现代汉语词典》注音不同,注的是单字调上声,江苏版注音跟《现代汉语词典》相同,注的是轻声。例如:

(9) 它是我的好朋友(yǒu)。(人 1081)
朋友(yǒu)们都喜欢在美丽的小路上散散步,说说话。(人 2046)
给她的好朋友(you)们写信。(江 1089)
朋友(you),你看我长得多高哇!(江 2047)

(二)同一套教材内部几册注音的不一致(以几个双音节词的注音为例)

先看人教版对"热闹"一词中"闹"的注音。

(10) 操场上，真热闹（nào）。（人1053）
走亲戚，看朋友，可热闹（nao）啦！（人2161）
这一下可热闹（nao）了。（人2164）

前一例跟《现代汉语词典》注音不同，注单字音去声；后两例跟《现代汉语词典》注音相同，注轻声。

再看江苏版对"喜欢"一词中"欢"的注音。

(11) 你喜欢（huān）吃哪些水果？（江1108）
你喜欢（huan）自己的家吗？（江2017）
收集你喜欢（huan）的体育比赛或优秀运动员的图片。（江2107）

前一例跟《现代汉语词典》注音不同，注单字音阴平，后两例跟《现代汉语词典》注音相同，注轻声。

（三）同一册教材内部注音的不一致（以北师版双音节词第二个音节的注音为例）

先看"太阳"的注音：

(12) 丁丁说："人类已经能登上月亮了，将来还要登上太阳（yɑng）呢！"（北1050）
太阳（yáng）会把人烤焦的。（北1050）
做太阳（yáng）钟。（北1066）

三例都在一年级上册，前一例的注音与《现代汉语词典》注音不同，是轻声；后两例与《现代汉语词典》注音相同，是阳平。前两例都出现在第 50 页。

再看"眼睛"的注音：

(13) 纱做的猴子眨眼睛（jīng）。（北 2002）
好像千万小眼睛（jing）。（北 2069）

两例均出现在一年级下册，前一例注音与《现代汉语词典》注音不同，是阴平，后一例注音与《现代汉语词典》注音相同，是轻声。

这里只是就词语的本调注音的不一致情况略举了几例，关于词语变调注音不一致的情况有的教材也特别严重，这里不详述。

三 小学语文教育的性质及注音一致的重要性

保持知识及其表述的一致性，不仅是一般著作面世的起码条件，而且是衡量教材能否通过审查的硬性指标。词语注音的一致性，对于小学语文来讲，其重要性是超课本的，关乎国家的发展和民族的未来。

几套教材不一致，在客观上似乎是可以理解的。但是，汉民族共同语是高度统一的语言，我们的教育尤其是中小学教育是国家行为。基础教育的教材是具有教学尊严的传统依据，如果由于学生使用不同的教材，最后学的汉民族共同语五花八门，其后果是不堪设想的。20 世纪的中小学教材，基本上是人教版一统天下，不管老师的发音是否准确，其理论和知识是一致的，即使有错，纠正起来也比较方便。现在多种教材百花齐放，给了教学广泛的选择空间，这是一种进步。但是，不论课文怎样安排，版面怎样创新，印刷如何精美，一本教材如果缺乏知识的准确性和一致性，就是不合格的，也应该是不能出版的。知识的正确性、准确性和一致性都是教材和教育的生命，舍此很难称为合格的教材和教育。

参考文献

《汉语拼音正词法基本规则》，《中华人民共和国国家通用语言文字法学习读本》，语文出版社2001年版。

丁方：《语文教材试行〈正词法〉的问题》，《闽江学院学报》2002年第10期。

李行健主编：《现代汉语规范词典》，语文出版社2004年版。

李宇明：《中国语言规划论》，东北师范大学出版社2005年版。

陆俭明、苏培成：《语文现代化和汉语拼音方案》，语文出版社2004年版。

吕叔湘：《现代汉语八百词》（增订本），商务印书馆2002年版。

《普通话异读词审音表》，《中华人民共和国国家通用语言文字法学习读本》，语文出版社2001年版。

萧国政：《汉语语法研究论》，华中师范大学出版社2001年版。

中国社会科学院语言研究所词典编纂室编：《现代汉语词典》（第5版），商务印书馆2002年版。

（与李春玲、黄友合写，原载《语文建设》2006年第6期）

小学语文教材词语注音的规范性问题[*]

关于规范,《现代汉语词典》的解释是"约定俗成或明文规定的标准"。作为小学语文规范之一的注音规范,不仅应是明文规定或约定俗成的,而且应该是明确、一致的。规范性是明确一致标准的贯彻和体现。教材注音规范,涉及语音标准、执行依据、规范理论及有关语言学知识的学习和应用。

一 贯彻规范,首先要注意语言学知识的学习和应用

从教材一致性用例反映出的问题看,贯彻规范,首先要注意语言学知识的学习和应用,区分字、词、语素的概念,并能在教材编写、出版和教学的实际中加以应用。对于本节研究的小学语文课本来讲,除了一年级上册开头几课帮助学生建立字的概念,有可能是给字注音外,其他都是在给词或语素注音。因为进入词

---

[*] 本研究得到国家语委语言文字应用研究重点项目"小学语文改革实验教材语言文字状况分类调查及其科学性研究"资助,项目编号 ZDI105-40A,特此致谢。

和句子的汉字，一般是词和语素的书写形式，并且好些字不是一个语素和词的书写形式。我们常常看到，同一个字所在的词或记录的语素不同，其读音会不同。比如"量"就是一个记录多语素的汉字，其读音是隶属于某个特定的词的：如它单独作为名词（如：要达到一定的量）和在"重量"、"力量"、"量变"、"量化"等词中读去声，单独作为动词和在"量具"、"量杯"等词中是读阳平，在"商量"、"打量"、"比量"等词中读轻声。

中小学语文教育中经常有人不自觉地过度使用"单字音"和"单字调"的概念，并且这样用的人不少，这种状况给教学和注音带来的语言问题是不可低估的。给词语注音我们必须建立这样的语言学理念：只要是记录（或进入）词、短语和句子的字，已经是词语的组成部分，不再是所谓孤立的字，给课本的字注音，是在给词和语素注音。因此，我们给词语注音时虽然是一个字一个字地注，但是我们要首先建立词概念，并同时能区分字、词和语素，把字放到词和短语中来注音。比如"量"有阳平、去声和轻声三种声调，但在例（2）的"商量"一词中应注轻声，在"工作量"一词中注去声，在"量一下长度"这个短语里应注阳平。又比如双音节词"晚上"的"上"，是双音节词合成词的第二个语素，是词的组成部分，按词注音只能标轻声，如词典所注。而人教版和北师版将"上"注去声，就是没按单独成词注音，把合成词中的语素调注成了所谓的字调——"上"单独成词的声调。同样，江苏版也是把词中的语素"欢"的声调（轻声）注成了"欢"的所谓的字调（阴平）。

二 注声调一般标原调，若标变调 同一教材标准必须统一

注声调或曰标调，《汉语拼音正词法基本规则》明文规定："声调一律标原调，不标变调。……但在语音教学时可以根据需要按变调标写。"执行这条规定要注意分别"原调"和"变调"。小学语文课注音是属于词语的语音教学，可以标变调，以反映语言的实际面貌，引导汉语的读音。但是，一本教材或一套教材必须保持一致：要么全注变调，要么全注原调，要么单字注原调，进入词和句子注变调，三者只能选其一。否则，操作上"执行标准"不一，就会失去规范读音。

对于变调，一般关注较多的是单音词，这里可看教材单音词"一"、"不"的注音。由于执行标准不一，教材有的标变调，有的不标变调，造成了标音的不一致，因而造成教材的整体规范性大为下降。先看北师版两册"一"的不同注音：

（1）<u>一闪一闪（yìshǎnyìshǎn）</u>亮晶晶（北2069）
　　楼房的灯光一闪一闪（yīshǎnyīshǎn）的，好像无数巨大的眼睛。（北3044）

两册的"一"，都是出现在"一闪一闪"中，但是在一年级下学期的课本中"一"是读"去声"，到了二年级上学期摇身一变读"阴平"了。这是典型的原调和变调混注的用例。下面可看三版教材中"一"和"不"原调和变调的混注及其不规范的概率。由于语言的使用单位是句子，变调是句子的实际读音，故

下表计算百分比是以标变调为规范。

三版教材各册"一"音变情况统计表

册 \ 版	人教版 变调次数	人教版 不标变调次数	北师版 变调次数	北师版 不标变调次数	江苏版 变调次数	江苏版 不标变调次数
1	72	10	38	1	86	0
2	188	0	44	3	145	0
3			5	0	124	1
4			2	0	125	0
不规范百分比	3.70%		4.30%		0.20%	

三版教材各册"不"音变情况统计表

册 \ 版	人教版 变调次数	人教版 不变调次数	北师版 变调次数	北师版 不变调次数	江苏版 变调次数	江苏版 不变调次数
1	29	2	9	4	26	0
2	64	0	7	4	34	3
3			11	1	44	1
4			0	0	45	0
不规范百分比	2.10%		25.00%		2.61%	

三 规范要从源头做起，词典必须规范或指明规范

不论是单音词的注音还是多音词的注音，都要讲究一个个具体词注音的"规范依据"。一般来讲，具有"依据"功能的是词典，并且本节词的注音调查和讨论，就是以《现代汉语词典》作为规范依据的。但是，从三套教材反映的注音不一致的情况看，有的教材注音的不一致，是和词典本身注音的不一致相对应的。例如 ABB 形容词中 BB 的注音：

(2) 黄澄澄（huángdēngdēng）的果子（北 4019）
    黄澄澄（huángdēngdēng）的是梨（江 3020）
    黄澄澄（huángdèngdèng）的是梨（人 3020）
(3) 接过妈妈手里沉甸甸（chéndiāndiān）的水桶，提着走了。（北 4011）
    接过妈妈手里沉甸甸（chéndiàndiàn）的水桶，提着走了。（人 4106）
    这里的田野、山岭、江河，连同那茫茫的草甸子，都会在这个季节里用双手捧出沉甸甸（chéndiàndiàn）的宝物来。（江 5030）

(2)(3) 都有相同的句子，(2) 中的"澄澄"，江苏版和北师版注阴平，人教版注去声。(3) 中的"甸甸"，北师版注阴平，江苏版和人教版注去声。

形容词 ABB 中 BB 的这种不同注音，可分别从两版《现代

汉语词典》及不同词典中找到依据。看下表：

ABB	《现代汉语词典》（2002）	《现代汉语词典》（2005）
沉甸甸	chéndiāndiān	chéndiàndiàn（口语中也读 chéndiāndiān）
毛茸茸	máorōngrōng	máoróngróng
	《现代汉语规范词典》（2004）	《现代汉语词典》（2005）
黄澄澄	huángdèngdèng	huángdēngdēng

这种情况表明，解决规范问题，要从源头做起，词典必须规范和统一。如果词典不能担负起汉语语音规范的重任，国家语委和有关机构应发布有关文件，公布词语及其用法的语音规范形式，建立具体而明确的语音规范，并具体到每一个词以及词的每一种用法，以之作为教学和词典编纂的"正音依据"。

当然，语言是发展的，也是复杂的，但是我们不能因其复杂就望而却步，或放弃规范。复杂涉及各个方面，是可分别处理具体对待的。比如对于双音词来讲，其复杂主要涉及两类情况：其一是用法复杂，可一种用法一种用法地规定；其二是对于两可的标音，可硬性把其中一种定为规范的。比如"上面"、"太阳"、"底下"的第二音节，可以轻声为规范，以相同语义上的非轻声发音为其强调读法。但注音可规定这类双音节词只注单词音，不注句中的强调音。若此，下面（14）中北师版对"太阳"的"阳"就不是注成现在的两种声调，而是只能全注轻声：

(4) 乌龟喜欢晒太阳（yang）。（北 1074）| 太阳（yáng）在天上移动。（北 1066）| 我把它放在太阳（yáng）底下。（北 1066）| 太阳（yáng）月亮，也睡在里边。

（北 1056）| 她让豆荚晒在太阳（yáng）底下。（北 3005）

对于小学语文教学，国家语言文字管理部门出台一些硬性规定特别重要。比如对于文白异读，严格规定"谁"在书面语体文读，在儿歌和对话中白读。又比如对单音节量词"个"在语流中按实际读音注变调，尽量体现语音是语言的物质外壳。譬如下面的量词"个"，为了体现规范，均应全都标为轻声。

(5) 明亮的小池塘，美丽的大眼睛，映出<u>一个（ge）</u>五彩的世界。（江 2025）

毛主席在延安遇到了<u>两个（ge）</u>小八路。（江 3094）

两棵小树十个（gè）杈。（人 1017）

很久以前，有位国王要挑选一个（gè）孩子做继承人。（人 2126）

现在变成了一个（gè）人工湖。（北 2012）

一个（gè）闷热的晚上。（北 3042）

四 建立规范的层级意识，学"核"知"层"

给小学语文课本注音，采取比较硬性的措施处理某个词语有多种读音的问题，不是蛮横地背离我们成人语言的客观现实，忽视语言的多样性和丰富性，应该标规定调（"核"），在学生掌握了规范调后，告诉他们还有其他调子（"层"），了解自然语言的多样性和丰富性，不偏激，不僵化。

我们的语言是一个多层使用结构。如果拿鸡蛋作比，最规范的部分是蛋黄，是中小学教学的依据，或者说由中小学语文课本的语言作代表；第二层是蛋青，由国家级媒体、政府机关和大学教学的正式语体、文体的规范语言超出中小学课本语言的部分所体现；第三层是蛋壳层，是语言最宽松和形式相对自由的部分，并且其中一部分可能是流动不居的，在很大程度上是可任意发展的（就像目前的网络语言）。使用自身有一个优胜劣汰的自然选择，第三层好的语言要素经受时间的考验后会自然进入语言的第二层，第二层中稳定的部分我们认为好的再选进第一层。

　　如果语言核心层永远是我们民族语言最规范和最一致的部分，这部分并且以教科书的语言保留在中小学课本里，融化在一代代儿童和少年的语言基础中，那么只要我们保住了中小学语文课本的语言，尤其是小学的语言规范，汉语民族共同语——普通话，不论怎么发展，都不会丧失自己清晰、浩荡的语言主航道。对于学生来讲，儿时的语言规范基础打得好，"根红苗正"，进入成人的语言圈，不论其他非规范的东西怎么影响，他们的语言都不会偏离主航道太远。因此，小学语文课本语言的规范，关乎语言、国家和民族长远的可持续发展战略。

　　如果我们坚持了中小学课本的核心语言原则，并贯彻全国中小学课本语音规范一致的严格标准，那么我们的小学语文教育就会发挥民族共同语的定型和规范功能。因为对于母语学习的小学生来讲，学前他们是会汉语口语的，上学后的语文学习是其学前所学口语的书面定型化和强行规范。

　　小学生语言学习还可拿冲洗照片作比，他们学前的口语习得是其语言学习的显影，小学阶段的语文学习是其语言学习的定影。尤其我国有人口比例相当大的方言区，对于方言区的学生来说，若学前语言习得的显影没显好，就可通过学校语文教育的定影一并纠正,使之通过我们的注音课本及其教学,得到尽管是迟到的,但却是良好的语言观照和规范扶助,以保证他们的语音规范水平能最大限度地接近非方言区的学生。

参考文献

《汉语拼音正词法基本规则》,《中华人民共和国国家通用语言文字法学习读本》,语文出版社 2001 年版。

丁方:《语文教材试行〈正词法〉的问题》,《闽江学院学报》2002 年第 10 期。

李行健主编:《现代汉语规范词典》,语文出版社 2004 年版。

李宇明:《中国语言规划论》,东北师范大学出版社 2005 年版。

陆俭明、苏培成:《语文现代化和汉语拼音方案》,语文出版社 2004 年版。

吕叔湘:《现代汉语八百词》(增订本),商务印书馆 2002 年版。

《普通话异读词审音表》,《中华人民共和国国家通用语言文字法学习读本》,语文出版社 2001 年版。

萧国政:《汉语语法研究论》,华中师范大学出版社 2001 年版。

中国社会科学院语言研究所词典编纂室编:《现代汉语词典》(第 5 版),商务印书馆 2002 年版。

(与李春玲、黄友合写,原载《语文建设》2006 年第 7 期)

新加坡华语发展的历史动因和华语形态透视

　　提起推广普通话,人们往往会想到新加坡,认为他们推广普通话的速度和成效是举世公认的。不过,一般人常常是看到效果一面,如果深入该国进行考察,你会发现动因一面,并且是普通话学习的动因和广大民众的结合,才产生了新加坡普通话学习效果的成就。把专家和领导者的灼见变成民众的共识,是新加坡推普成功的重要经验。

　　普通话,在新加坡称为华语。华语者,华族共同语之谓也。粗略地说,华语的发展,在新加坡先后有三个不同历史阶段的动因:生存动因—发展动因—富裕动因,与这三个阶段性动因相联系,新加坡的华语水平有三种不同的形态:华文形态—华语形态—华语华文形态。

一　新加坡华人和新加坡华文

　　新加坡地处太平洋和印度洋交通要道,位于东南亚腹地,由一个大岛和大约50个小岛组成,总面积约620平方公里。1819

年以前，新加坡是一个渔村，属马来西亚的柔佛管辖。1819年英国人莱佛士来这里并建立自由港，新加坡开始成为英国殖民地。20世纪50年代新加坡人民争取独立，1959年成为自治邦，李光耀担任第一任总理。1963年新加坡和现在的马来西亚一起成立马来西亚联邦，1965年被迫从联邦脱离出来，成立独立的新加坡共和国。新加坡是一个有近200年历史的国际港口和30多年历史的年轻国家，也是一个国际性都市和金融中心。

新加坡的历史，一般从1819年自由贸易港开埠起算。当时新加坡人口很少，马来人占的比例比较大。后来大量从中国、印尼和印度吸引劳工，五年之后即1824年，人口发展到1万余人，形成华、巫、印三大民族的多民族社会。其万余人中，马来人占60.2%，华人占31%。又过了12年，到1836年，华人人口为13749，上升到45.6%；马来人12538，占41.7%。到1931年，华人418640，占新加坡人口的75.1%。到1990年，华人2102795，占新加坡总人口的77.7%。可以说半个多世纪以来，新加坡是一个以华人为主体人口的港口和国家。

新加坡华人人口的增长，从开埠到20世纪40年代末的一百几十年间，主要是靠从中国移民。1949年中华人民共和国成立，从中国移民几乎停止，其后华人人口的增长，一般是原移民的繁衍。在英国统治时期，华、巫、印三大民族的相处，比较低的层次是用巫语，比较高的层次是用英语。在华人的社群里，比较通行的语言是华语、福建话和广东话。华语是华族社群高层人士的语言。据1957年统计，华人中讲福建话的占73.3%，讲粤方言的占18.9%，讲客家话的占6.7%，讲华语和上海话的加起来不到1%。但是，会华文的比例远远高于这个数字。据说，不同方言土语之间不能交谈，就用华文沟通。这个时期的新加坡华语，主要是华文。他们使用华文、学习华文和保留华文，是为了生存、谋生。处在异国他乡，屈居大英帝国的殖民统治之下，他们在组织上凭借会馆（如潮州会馆、广东会馆）把华侨团结起来，谋求生存、相互帮助和争取合理的权益；在文化上，他们是依赖华文，同自己的祖国——中国、同海外各国的华侨保持联系，获得支持。上层社会对华文的认识，应该说深入到华族的千家万户，这个时候的新加坡华人，有钱的和没钱的，大都送自己的孩子学习华文。

二 新加坡华族和新加坡华语

1965年新加坡独立和建国以来，新加坡华人和其他民族的新加坡人一起，开始了"祖国"观念的转换，开始了"新加坡国家"意识和"新加坡人"世界形象的建立。建国后，新加坡把华语、英语和马来语都定为官方语言，但实际上政府的公文和事务文件都是用英语，国歌是用马来语，华语只是华族社会的交际语。

尽管如此，会华语的人在华族中所占比例很小。因为绝大多数华人祖籍是中国沿海和南方的福建、广东、海南、上海和广西等省、市，同乡间通用的语言，一般都是属于中国南方的方言、次方言和次次方言（亦称"土语"）。这些方言之间有些可以通话，有些则不然。粗略地说，华族内部，一般人都会说两三种方言，其中以厦门话为通行。族内的通行语，又因教育背景不同而有歧义。通常，受华文教育的人彼此之间多说厦门话，也有一些受英文教育的人，多说英语。印巫两族中，也有不少人听懂厦门话。老一辈的华人，大多数不懂英语。有些人使用粗浅的马来语——市井马来语（Bazaar Malay）。

新加坡号称三大民族：巫族、华族和印度族。巫族在东南亚占绝大多数，印度族人较少，但是巫、印两族都有自己比较统一的宗教，虽然英语是国家的真正官话，但是他们可通过宗教形式和定期的宗教活动，形成和保留着自己民族全民通用的共同语，借此能形成共同语言基础上的民族团结。民族内的团结和民族间团结，对于一个新兴国家的稳定和发展是非常重要的，尤其是占全国人口70%以上的华族的团结，对新加坡国力的形成和经济发展，至关重要。可是偏偏华族却没有印巫两族那样的宗教条件，没有整个华族通用的共同语，有一些家庭为了帮助孩子集中精力掌握英语，一些华人在家里也开始放弃母语，改说英语。因此，提倡民族共同语——华语，成了国家发展和民族发展的当务之急。

华语的推广，于国家于民族都是有利的。很可能，国家领导人更多的是看重通过民族团结和凝聚力发展国家，而一般的华族上层人物还是更多地担心：长此下去南洋华族会变成一支没有共同语言、共同文化之根和民族凝聚力的汉族"异化民"，弄得不好，他们的子孙在未来的世纪里，就很难得到世界华族的认同，但同时也不会得到被异化民族的认同，成为孤立的异化社群。在一般民众方面，他们也意识到会讲华语，他们在生意和谋职上，天地更广阔。

尽管朝野推广华语的着眼点略有差异，但是为了当时和后来的发展，他们的见解是一致的。为发展而学习华语的运动，1979年开始，通过政府、商界和各种民间社团的努力，一经掀起，经久不衰。为了减轻学生的负担，他们分华校和英校，华校很少，华校学生侧重华语，英校学生侧重英语，但是两种语言都要过关。英校学生和一般人，他们都会说比较标准的华语，有的可以写一点华文。到目前为止，可以说，新加坡的华语运动是"讲华语"运动。新加坡的整体华文水平是不能和我国相比的。他们国家的老一辈学者正在吁请国家注意：新加坡华语口语水平大大上升，华文水平大大下降。

1989年，新加坡教育部对小学一年级学生家长中最常用语的统计数字表明，不到十年时间，华语口语的使用率上升了43.2%。方言的使用率下降了57.2%。并且新加坡还蕴藏着一种富有后劲的趋势：年纪越轻的，说华语的比率越高，说的华语越地道。

三 新加坡国策和新加坡华语

在新加坡，一个突出的特点是，语言政策的的确确是国家国策的重要组成部分。新加坡建国之初，三种官方语言谁是顶层语言，是经过一番激烈斗争的。当时的国家政策决策人，顶住华族示威的内部压力和马来语汪洋大海般包围的外部压力，选英语为顶层语言是用为了迅速接受西方的科学技术的理由，来说服国内外人们的，这个理由也确实能为国内外人们所接受。新加坡和几个周边国家，几乎可以说就是东方的英语国家。

新加坡的华语推广，也不是我们推广普通话的性质，它是其双语政策的产物。所谓双语，在新加坡是三大民族各自都应掌握英语和本族的语言。前总理李光耀在1990年的一次世界华语研讨会上发言说，如果放弃双语政策，只学英语，他们不但不再是充满自豪的独特社会，而且还会失去语言传承的感情和文化上的稳定因素，成为丧失自身文化特性的民族，伪西方社会，脱落亚洲人的背景。一旦出现这种情况，他们付出的代价将是无比巨大的（非原话）。

语言政策的选择与新加坡的历史、人口构成、地理位置、经济模式和国际关系模式选择，密切相关。新加坡弹丸之地，缺乏资源和物产，建国之初，既怕说她是第二台湾或第三中国，又怕说她是某个国家的附庸。30年后的新加坡强大了，但是她毕竟是一个商业国家，和绝大多数国家保持友好关系，更多地开拓市场和赚钱，保持她目前的经济排名地位，是其根本宗旨。因而其语言政策，是市场走向政策。总理吴作栋1997年国庆节讲话说，中国是新加坡看好的21世纪巨大市场，仅次于美国的经济集团，培养华语顶尖人才是他们的重要任务。因此，华语推广，成为他们保持富裕地位，与中国和海外华人做生意的工具和资本。现在的新加坡，大学的普通话老师有些就是短期聘用的一些中国话剧演员和播音员，或是来自北京的老师；中小学的一部分华文教师，也是从中国选择聘用的，并想以此来提高其华语水平。报纸电台也从中国一些年轻力壮的记者、编辑、播音员中，挖去一些人，改善其撰稿队伍和报纸的文字规范水平和播音质量。可以说，以总理吴作栋1997年国庆节讲话为标志，新加坡华语的推广进入了华语—华文开始两重的阶段，或者说进入了华语—华文形态。

新加坡是一个比较成熟的市场经济国家，她过去推广英语和现在推广华语，都不同程度地借助经济手段，学生和职员语言能力的差异是有经济收入的差别的。经济在那里处处发挥着推动社会进展的引人注目的杠杆作用。

（本节原载《语文建设》1998年第12期）

从社交常用语的使用看新加坡华族的语言选择及其趋势

导 语

1. 本文通过新加坡华族在社交中最常用语言的选用,以及有关语言学要素的影响,讨论多元文化多种语言环境下的语言使用及有关问题。

2. 社交最常用的用语,可能会因谈话场合、对象、内容等变量的不同,而呈现出不同的情况。但是在考虑问题的时候,我们可以把其中的某些变量忽略,或者说假定相同,而只选定某些我们觉得最具影响的变量,作为我们的考察角度,从而使我们的研究具有理论的可行性。因为如果不这样,而是所有的变量都考虑,那么可能永远也没有调查和研究的结论(因为在理论上其变量可以是无限的)。

3. 基于以上考虑和限于篇幅,本文把谈话对象限定为同事、同学和朋友,交谈的内容限定为工作、学习和私事,涉及的语言类型限于汉语、英语和英汉语兼用(下面表中称"双语")。我们希望,本文的报告和思考,能对新加坡华族多语应用现状的感性认识和有关看法,提供一些比较客观的补证,能为新加坡语言政策和现状的分析,提供一点语言学方面的参考,能为社会语言学的社会变量描写提供一种尝试。

一 与同事谈论工作学习时常用语言的选择

(一)在本节的讨论中,我们把学习和工作看作同一性质的谈话内容,或者说是同一内容的两个方面。把同学和同事看作同一性质的谈话对象,或者是同一类对象的两种社会成员。它们的不同,对本文的论述目标和结论基本不构成影响,可以忽略不计。

新加坡华族,平时与同事/同学谈论工作/学习,有一种"语言单用"和"两种语言双用"两类情况。其单用的语言,分别是汉语(含华语和汉语方言)和英语,双用的语言是"汉语+英语"或者说是"英语+汉语"。根据周清海、徐大明等1996年新加坡华族语言使用的社会调查,我们看到,华族最常使用语言的总体趋势为:单用汉语,占20%;单用英语,占10%;英汉语双用,占59%。单用汉语是单用英语的2倍;汉英语双用(混用),是单用汉语的2.95倍,是单用英语的5.9倍。由此看来,英语和汉语混用是目前新加坡华族的一个重要的社会特点。

具体来讲,单用、双用因语言使用者(以下简称"语言者")社会角色和地位(合称"社会角色变量")的不同,表现出好些差异,其中有的社会倾向性十分突出。下面分别列表说明。

（二）先看表一。

表一　　　　　　　　汉语单用

性别	男 .47	女 .53
年龄	15—44 .48	45 以上 .60
教育程度	中学以上 .45	中学以下 .67
教育源流	非华校 .41	华校 .78
职业	白领、学生 .42	其他 .70
家庭收入	两千以上 .44	两千以下 .63
住房	其他 .48	1—3 房室 .55

从表一的各分项看，其语言选用的参数都是左低右高。但是，综合地看，汉语单用者单用汉语的较高可能性，反映在他们的社会角色变量所形成的如下分组排列及其相互关系中：a. 年龄→b. 教育程度（b1）和教育源流[①]（b2）→c. 职业（c）→d. 经济地位（家庭收入和住房）。"→"表示其前后的变量之间有一种决定被决定的关系，即：年龄代表着它的领有者所处的时代，年龄大（45 岁以上）决定了这些人要么当时社会经济条件差上不了学，充分表达思想只能讲汉语；[②] 要么上学一般是在1980 年新加坡华校关闭以前在华校受华语教育。由于新加坡的特定社会条件，没有较高的教育程度和不能较好地运用英语，就决定他/她不可能有好的职业，没有好职业经济地位一般就低。简言之这种关系是：年龄大→教育程度低/华校→职业差→地位低→单用汉语比率高。从性别看，女性受教育一般比男性低，因而总体上，他们是经济条件低中之低者，可以说，这就决定了女

[①] 教育源流，这里指在中小学是受华文教育还是受英文教育。

[②] 汉语在这里包括方言和普通话。

性单用华语的比率会比男性高。

表二是单用英语,综合地看,情况刚好和表一相反。

表二　　　　　　　　英语单用

年龄	25 以下	.40	25 以上	.60
教育源流	华校	.15	非华校	.63
职业	其他	.40	学生、专技	.57
家庭收入	四千以下	.43	四千以上	.66
住房	1—4 房室	.42	其他	.61

表二表明,影响英语单用的社会角色变量之间形成如下一种决定与被决定的关系:经济地位高→职业好→英校教育→单用英语比率高。

但是,如果从年龄单项看,则是另一种情况,即:从学校和家庭出来,融入谋生的社会越久,单用英语的比率越高。如果这种分析不错的话,那么语言使用的这种情况从一个方面反映着新加坡社会华族语言使用的选择状况和英语在新加坡的权势地位。

(三)语言双用比率高低,主要反映在以教育为核心的变量上。看表三。

表三　　　　　　　　英汉语双用

性别	女	.48	男	.52
年龄	45 以上	.45	45 以下	.51
教育程度	中学以下	.32	中学以上	.55
教育源流	非双语	.44	双语	.64
职业	非学生	.39	学生	.64
家庭收入	其他	.46	两千至四千	.57
住房	私人住房	.43	其他	.52

表三的情况简略地说,英汉语双用是围绕教育构成语言优势选用的趋势的。围绕教育有三个变量,即:受过双语教育、正在受教育(学生)、教育程度在中学以上,这三个变量所在项的人,说双语的比率比较高。

年龄变量(45岁以下说双语比率高)看起来好像和教育问题关系不大,而实际上,它和前三项也是基本吻合的,因为这个年龄段的人,刚好比较多地具有前面与教育有关的三项特征。

因此,可以说,双语的使用选择趋势,从一个方面反映着新加坡推行双语教育和双语政策的成果;而职业和经济地位的两个方面(收入、住房)体现出的优势趋势,则可能是新加坡政府为保证其语言双用所采用的软性政府手段的一个反映,即用经济杠杆在和风细雨地把国民导向英汉语双用。

二 与朋友谈论私事时常用语言的选择

2.1 新加坡华族平时与朋友谈论私事,也有一种语言单用和两种语言双用两种情况。其单用的语言,也分别是汉语和英语,双用的语言是"汉语+英语"或"英语+汉语"。周清海、徐大明等1996年在新加坡的同一个语言社会调查表明,华族最常使用语言情况的总体趋势为:单用汉语,48%;单用英语,11%;英汉语双用,36%。单用汉语是单用英语的4.36倍;汉英语双用(混用)是单用英语的3.27倍,是单用汉语的3/4。

具体来讲,单用、双用因语言者社会角色变量的不同,表现出以下各种不同的差异。

先看表四。

表四	汉语单用			
年龄	35—44	.43	其他	.52
教育程度	中学以上	.43	中学以下	.57
教育源流	非华校	.38	华校	.84
职业	非工人	.48	工人	.71
家庭收入	四千以上	.38	四千以下	.55
住房	私人住房	.42	非私人住房	.52

表四表明，和朋友谈私事常用语言选用单用汉语的趋势，职业和教育源流形成优势特别明显，其中华校单用汉语的比率是非华校的 2.21 倍，工人单用汉语的比率是非工人的 1.775 倍。并且无独有偶，表五的情况也显示出和表四平行的语言单用特点：英校出身的单用英语的比率是非英校的 2.387 倍，行政管理的是非行政管理的 1.286 倍。

表五	英语单用			
年龄	其他	.46	25—44	.58
教育源流	非英校	.31	英校	.74
职业	非行政管理	.49	行政管理	.63
家庭收入	四千以下	.44	四千以上	.65
住房	非私人住房	.47	私人住房	.65

一般认为，同学/同事是比较中性的交谈对象，工作、学习是比较中性的谈话内容。朋友和私事，则是贴近情感的交际对象和交谈内容。这两组不同的研究对象，其前一组能使我们得到新加坡华族在多语政策和多语环境中语言选用的客观现实状况；后

一组（本节的讨论）可使我们了解在目前新加坡的多语环境中，华族最常用用语的选择，除受政府政策性因素影响外，还可折射出其族群文化倾向和族群心理倾向。而从表四、表五的教育源流和职业变量反映的情况来看，可以说能引出以下几点分析：（1）教育不仅给了学生知识和语言的能力，而且铸就了语言选用的感情基础和文化价值观，华族后裔进华校有利于保持华语情结，华裔接受英校教育，可能是以牺牲华族族群情结和文化价值观为代价。（2）工人职业和行政职业选择不同单用语言的高指数从一个方面表明，新加坡的下层社会具有保留民族语言和民族感情的宽松环境，上层社会比较深地笼罩在以工作语言为尊的情景中。或者说，上层职业是人生的第二所学校，可能会更彻底地改变一个人的语言价值观和民族文化情结。族群价值观一般是从小在家庭和族群社会中生活培养和熏陶的，如果没有什么特别的变故和激烈的外界刺激，一般会保留非常长的时间，甚至会影响人的一生。如果受到异族的压迫和欺凌，这种语言情结和价值观会更加坚持，但是在和平、平等和舒适的环境中，可能反倒容易丧失。

　　从年龄变量一项看，汉语单用的较高比率和较低比率相比，高出9个百分点。但是这个较低比率的年龄是在35—44岁之间。调查时间是1996年，如果减去15—16年，是1980—1981年，这个时候刚好是新加坡关闭华校推崇和奔向英语的岁月，而这个年龄段的人当时可能是在上高中、大学和刚毕业不久，年龄在19—28岁之间，正值确立语言和其他价值观的年岁。从一个方面看，这个年龄段的人单用汉语低于其他年龄段的人，是可以理解的；从另一方面看，是由于教育对于人们确立价值观具有较大的决定性，新加坡的学校比社会更倾向于英语。

　　表五的年龄一栏显示，单用英语的比率高的集中在25—44

岁之间，出现这种情况在这里是可不言自明的。另一方面，它也在给单用汉语在这一年龄段偏低作了一种旁证。周清海教授于1996年在《语言与教育》中就指出："人类社群的语言和教育问题，和该社群的历史和所处的社会环境有着密切的关系。我们不能脱离历史和社会环境来谈语言，也不能脱离历史和社会环境来谈教育。要谈新加坡的语言和教育，就必须先了解新加坡的历史和社会。"（云惟利主编《新加坡社会和语言》，南洋理工大学语言文化中心1996年版，第43页）

这里经济收入和住房反映的语言选用比率是一致的，但是比较表四和表五，可以看到，收入高和住房更好的单用英语的比率显高，单用汉语显低。这一点和第一节经济和语言的选择倾向也是一致的。在这里，在一定程度上可以说，在新加坡，语言和个人的经济地位联系特别紧密，一个人对语言的选用，就是对他/她自己经济地位和社会阶层的选择。

作为分别单用两种语言的折中和兼备，其结果是双语的选用。看表六。

表六　　　　　　　　双语选用

教育程度	无高等教育	.46	高等教育	.61
教育源流	非双语	.45	双语	.61
职业	非学生	.44	学生	.59
家庭收入	两千以下	.44	两千以上	.53
住房	非组屋	.46	组屋	.51

表六显示的双语选用率高，和第一节是一致的，集中在教育有关的变量上。或者说，其较高的表现，使这些变量围绕教育显

示出强势。其中经济的一个变量——收入,是教育的结果和一种注脚,即有双语教育,收入较高。但是组屋双语高,[①] 则是从一个角度反映了新加坡不同母语者的杂居社会,不同社会角色、语言情感的人杂居,使受调查者及其朋友选用双语的比率提高。或者说,组屋的混居方式,既促进了双语运用的形成,也提出了对双语使用更多的需要。

三 常用语言选用的综合分析及其结论

(一)以人(语言使用者)为基点看语言,最常使用的语言有两种类型:一类是单用一种语言,另一类是还用其他的语言。如果把这种思路所得出的两种类型进行对比分析,一般的反映是:(1)语言使用者的单语趋势和多语趋势;(2)单用语的强势和弱势。本讨论是采用的另一角度的两类对比,即:一类是单用一种语言的单项选择,另一类是常用什么语言的可多项选择。采用后两种类型的对比,可以反映多语环境下的语言强势和语言使用者强势。

表七　　　　　　　新加坡华族语言选用总趋势

	汉语单用	英语单用	英汉双用
和同事/同学谈工作/学习	.20	.10	.59
和朋友谈私事	.48	.11	.36

[①] 从居住特点看,新加坡的组屋类似于中国生活小区的宿舍。

比较两节语言选用的总趋势（见表七），可以看到，中性社交活动（和同事/同学谈工作/学习）和情感性社交活动（和朋友谈私事）比，有几点比较明显：（1）汉语是华族的族群情感性语言，其单用汉语的指数之比（1∶2.4）显示，新加坡华族的族群感情在言语活动中显示为语言的强势地位。（2）随着言语活动的性质转为中性，汉语单用率下降2.4倍，这又表明汉语在新加坡人的社会生活中实际所占的社会地位很低，如果只有单语没有双语，再加进行政、法律、商业的语言使用，悲观一点，照调查显示的趋势，华语有可能在新加坡社会自行消亡，一种极限的发展是：使新加坡华族成为没有民族母语的异化性族群——华族在语言上对他们不认同，非华族会在人种和血缘上对他们不认同。（3）英语在华族中的强势力量，除了历史的原因之外，是华语的现实社会地位、国家的实际行政语言导致的，是不同语言使用者相应的经济地位导致的。[①]（4）双语的选用，为新加坡华族的民族认同性的自我保存创造了条件，也比较受华族欢迎，因而它在中性社交中具有很高的选用指数。但是，掌握两种语言比一种要困难很多，长此以往，双语策略会不会为新一代新加坡人所拒绝，还不得而知。如果从语言的角度看，双语的结果常常是两种语言都不地道，从理论上讲，可能最终还是会成为没有民族语言的族群。如果要保住双语并使之成为新加坡的优势，培养和输入高水准华语和文化居民势在必行，总理吴作栋1997年国庆节讲话提出的高华语文化人才的培养，应该说是新加坡领导人富有历史远见的安排。但是以新加坡现有的中小学教育状况来看，该总理所述目标的实现还是比较困难的。根据笔者的见解，

[①] 在文件上，英语、华语、马来语均为新加坡的官方语言，而实际上各种政府文件和信函是用英语写的。

在吸引国外华语母语人才的同时,是否可以让一部分学生,从中学就分流成为华语和华文化的人才,以为他们将来成为华族族群的社会中坚和国际华族交往的中坚打下基础。这样,也许对新加坡的永久性繁荣、发展是有益的。

(二)教育源流一般都被看作常用哪种语言的决定性条件。但是,从调查显示的情况看,不论单用某种语言还是用双语,并不如此。只是说,受英校教育的,单用英语的比率比较大;受华校教育的,单用华语的比率比较大;受双语教育的,选用双语交际的比率比较大。因为不是该种教育源流的,选用该语言的人,比率也不小。如表八。

表八　　　　　　　　　　教育源流和语言选用

	汉语单用		英语单用		英汉双用	
和朋友谈私事	非华校 .38	华校 .84	非英校 .31	英校 .74	非双语 .45	双语 .61
和同事/同学谈工作/学习	非华校 .41	华校 .78	华校 .15	非华校 .63	非双语 .44	双语 .64

实质上,制约人们对常用语言选用的因素是很多的,并且在不同情况下,同一制约因素的决定性也不完全相同。本文把影响人们语言选用的社会角色因素称为社会角色变量,是想说明它们在决定一个人或一个族群的人选用哪种语言方面的作用,类似数学函数中的变量,但是它又毕竟不是数学的量。从它们在语言学中的作用看,这些变量在不同论题中的作用是不同的。有的可作为我们认定常用语言的标记性变量(简称:可标变量)。比如当你问从年龄这个角度看,在和同学/同事谈工作/学习时,较可能选择单用华语,或者说单用华语概率高的可标变量是什么,那么

我们应该说，其可标变量是"小于35岁、大于44岁"，可能性的概率是60。

变量和概率合起来可叫"可标变量度"。中性交谈单用华语的可标变量度可表示如下：

中性交谈单用华语可标变量度x：[（年龄：>44+<35）+（概率：60）]

又如，从职业变量看和朋友谈私事单用英语，其可标变量是"行政管理"，概率是63，即其可标变量度是：

感情性交谈单用英语可标变量度x：[（职业：行政管理）+（概率：63）]

有些可标变量是互不相关的，有些彼此之间则有派生与被派生的关系，如和同事/同学谈工作/学习，单用汉语的几个可标变量[年龄：>45岁][教育程度：中学以下]/[教育源流：华校][职业：非白领][收入：两千以下]/[住房：1—3房室]。其中[年龄：>45岁]是起始性可标变量，[教育程度：中学以下]/[教育源流：华校]是派生性可标变量。其余类推。并且，起始性可变量是其具有派生联系的一组可变量的关键变量，在语言社会分析中抓住它，可能就等于抓住了我们所要进行的分析之牛的牛鼻子。一方面它可测试我们所设变量是不是过多或者不够；另一方面，它也可以帮助我们较快地找到社会和语言相互作用的若干因素，并分出前提因素和结果因素。社会语言学似宜于建立变量、可标变量、起始性可标变量、派生性可标变量、可标变量度、独立型可标变量（和其他可标变量无派生联系）等概念，以便使比较难以表达的内容和关系简明化。

（三）本文的分析，新加坡华族选用最常用语言的趋势，可以归结为以下几句话：

1. 英语和汉语双用已开始成为潮流性的趋势；

2. 社会上的（包括非华族间的）交际，会使英语的非官方阵地进一步扩大；

3. 汉语的单用优势集中在本族群的情感性交际中，但是这种优势能否向中性交际发展很难预料，要想保持目前的状况，没有真正在职业和经济收入上等同英语的待遇，是比较难的。因为非华校教育源流的华族，中性交际单用华语的有41个点（见表一），非英校教育源流的，单用英语的有15个点（见表二），1980年以后上学的全是英校教育源流。

（五）有一点最后要说明，即表格中所用的双语概念的含义，准确地讲不是两种语言都达到其母语者的水平，而是两种语言都能讲，因此改用"双用"是比较准确的，但是由于所引数据的原调查概念术语如此，就维持原来的概念了。

（与徐大明合作，原载《语言文字应用》2000年第3期）

第三章

语言的哲学视野与信息处理研究

第三章

古田大胆冤案

时种概念、时量判断与时段推理

本节通过对概念从时间角度划分，观察单独概念和时种概念在不同判断中所要求的外延特点以及涉及思维对象时间属性的判断和推理的逻辑规则，引起我们以思维单位和思维形式时间属性的注意和重视。通过时种概念的语言形式，探讨分类性定语的逻辑基础及"的"的逻辑语义功能，尝试语言研究和逻辑研究相结合的路子。提出和论述了时种概念、时量判断和时段推理，揭示了空间推现相对的时间推理问题。

一 时种概念

（一）时种概念是以时间或带有时间性质的特征作为标准划分出的种概念。例如：

青年	中世纪的国家	三岁的雷锋
生馍①	社会主义国家	在法国留学的周恩来

---

① 指未蒸过的。

前三例是以时间为标准，对它的上位概念"人"、"国家"、"雷锋"进行划分得到的种概念，这种种概念对它反映的对象都有时间上的限制。四、五两例是以带有时间属性的特征划分出的种概念，这种种概念反映的是思维特定时间内的状态，它们的上位概念分别是"馍"、"国家"。如果上位概念反映的是可以位移的事物，那么还可以用它所处的空间作为划分时种概念的标准，（因为对于某一个物体来说，任何时间都表现为特定的空间）如最后一例就是用"法国（留学）"作为划分标准对上位概念"周恩来"进行划分得到的时种概念。又如"馍"是可以位移的，如果生馍和熟馍先后放在 A、B 两处，那么我们就可用"A 处的馍"替代"生馍"来表时种概念。

（二）一般来讲，某一时种概念是可以不断地从时间角度进行划分的，划分的止点取决于人们的认识、需要和被划分对象的实际情况。如：

青年→15 岁的青年→15 岁上半年的青年→……

中世纪的国家→中世纪初叶的国家→中世纪初叶某一年的国家→……

在法国留学时的周恩来→在法国留学第一学期的周恩来→……

上面用作划分标准的都是时间，如"15 岁"、"前半年"，"初叶"、"某一年"，"第一学期"。具有时间性质的特征（这个特征是时段性的）也可用作划分的标准，两次划分出的子类可以不是先后关系，而是交替关系。如：

在法国留学的周恩来→在法国留学召开共产主义小组会议的周恩来→……

与召开会议相对的是"没有召开会议的周恩来"。对于可以位移的事物概念，划分时没有用"所在"的空间作标准的可用它作标准。用了也可再用，但前一次的空间和第二次的一定要不同。如：

在法国留学的周恩来→在法国留学住在某宿舍的周恩来→……

不仅是事物概念可不断划分，就是时间中的时点概念，如某特定的一秒，只要科学需要，也是可以作十分、百分、千分的分解的。

（三）被划分的概念可以是普通概念，也可以是单独概念。从时间角度划分，普遍属概念划出的下位概念，是一个（新的）时种普遍概念。如：

人→青年→十五岁的青年。

单独概念划出的下位概念是一个（新的）时种单独概念，如：

雷锋→三岁的雷锋→三岁前半年的雷锋。

时种普遍概念可以转化为时种单独概念，不论转化还是用划分，但划分标准要从时间改为空间的。因为普遍概念和单独概念，是着眼于空间和类空间的角度，用以区别概念所反映对象的自然数量的一对述语。其方法一是换词，如：

社会主义国家→社会主义中国。

二是对不可位移的事物概念用空间和类空间标准划分，如：

社会主义国家→北邻蒙古人民共和国，东南两面临海的社会主义国家或首都是北京的社会主义国家（——社会主义中国）。

二 时种概念的语言形式

（一）时种概念的语言形式有两种情况。把上位概念记作 A，下位概念记作 A_1，种差记作 C，不含 A 的种概念形式记作 N，则可表示如下：

	类型		例
甲	a	A_1 = C（的）A①	三岁的雷锋
	b	A_1 = N	青年
乙	c	A_1 = A	张三（是作家）

（二）甲类的 A_1 与 A 不同形，a 型的 A_1 是由种差（c）+上位概念（A）构成的；b 型的 A_1 的语言形式中没有 A，而是

---

① 这里的"="是就语形而言。

（"人"→"青年"）用了一个新词。不过，b 型完全可采用 a 型的形式，说成"15—25 岁的人"。采用不采用新的词，不是 a 型和 b 型两种形式的种概念逻辑上的差异，而是由于在语用中，b 型所表达的种概念认识事物的社会意义重要，因而使用频率高的原因（相对于 a 型种概念）。如中国古代不同岁数的猪都有一个新词表示，一岁的猪叫豵（zōng），三岁的猪叫豜（jiān）。（王力主编《古代汉语》1978 年版第 461 页）a、b 两型是同一逻辑内容的两种语言形式，二者可互相转换，即偏正词组的 a 型可以转换为词形式的 b 型，反之亦然（a 型转换为 b 型受到词汇系统的限制，b 型转换为 a 型自由一些）。从后一种转换来看，我们可以说任何概念词都是一个潜在的偏正词组，或者说是一个偏正词组的等价形式。

1. a 型的"c 的 A"中，c 是种差，如果作若干次划分，A 前便有若干个 c（即多项定语）。种差总是反映着划分角度的，要是这些角度的划分次序是可先可后的，则这些作定语的 c 是分别修饰中心语 A，是 A 的递加性定语，[①] 如"在广东的一九二三年的鲁迅"（→一九二三年在广东的鲁迅）。如果划分的次序先后有定，则几个 c 是先组合再修饰中心语，如"在法国留学的主持共产主义小组会议的周恩来"（→主持共产主义小组会议的在法国留学的周恩来）。划分次序的先后受制于客观实际。多项的分类性定语的层次是靠语义关系决定的，而语义关系的基础就是逻辑划分次序先后和客观实际。

2. b 型变成 a 型（即概念的语言形式由词变换为偏正词组）一般是将 N 换掉，但是有少数 b 型却保留了 N，即 A_1 = NA 或

[①] 本节讲的定语都是分类性的，即"C 的 A"中的 C；偏正结构是指 CA 和"C 的 A"或 AC。

AN，A 与 N 中间不用"的"，如表中所示：

A		人	羊	牛
A1	b = N	青年	羔	犊
	b′ = NA	青年人（年轻人）	羔羊	犊牛①
	b″ = AN	—	羊羔	牛犊

  上位概念处在中心语位置，表下位种概念的偏正词组的修饰语（定语）是种差（c），不过，这里的 N 是特殊的种差。一般的种差（c）代表的划分标准构成的外延与 A（上位概念）的外延是交叉关系，交叉部分是 A_1（下位概念）。而特殊种差的 N 与 A 是包含与被包含的关系，N 既是种差 c 又是种概念 A_1。b′（即 NA）这种形式中，语法学界一般都把 N 看作 A 的同一性定语，单从 NA 看似乎是合理的，但从汉语的整个词汇系统并结合词语间的逻辑关系看，这种看法似乎是值得考虑的。尤其是有些 b′ 又有 b″（AN）形式，如"羔羊"→"羊羔"，"犊牛"→"牛犊"。（b′和 b″ 在语用上有些差异，限于篇幅，略而不论。）

  3. 应当引起我们重视的是"c（的）A"中有的有"的"，没有的可加进一个"的"，而 NA 中间加不进"的"。从上述例子中可以看出，不带"的"也加不进"的"的 A_1，必须依赖 c 与 A 的外延关系才能表达种概念的内容，所以"的"是表示 c 与 A 之间具有交叉外延关系的连接词（"的"和"是"的区别与联系见 2.4）。对于加或不加"的"都行的 A_1（CA）来说，

---

  ① 词和词组的界限是十分复杂的问题。这里"羔羊"、"犊牛"和"青年人"是对应的，为了讨论的简便我们把它们看作同级语言形式，这种"求简"不会影响我们的结论。

不带"的"时只表整体是 A 的种概念，带上"的"后（c 的 A）除整体表种 A_1 外又指出了 A、c 间的逻辑关系。

（三）乙类 A_1 是属种概念共形，要分别某一语言形式用于 A 义还是 A_1 义，得看它所处的判断。例如：

（1）张三是作家。
（2）我国地域辽阔，南方的广东已经犁耙水响，北方的黑龙江还是冰天雪地。

例（1）的"张三"在判断中是某个时期的张三，三岁的张三肯定不是作家，这里属概念的"张三"（A）和种概念的"张三"（A_1）共形。同样，例（2）的"黑龙江"是某段时间的黑龙江，8 月的黑龙江也进入了"足蒸暑土气"的季节，"黑龙江"（A）和某段时间的黑龙江（A_1）共形。

表达思维对象的"全部"的语言形式能偏指其"部分"的功能，是通过判断中充当主词和宾词的两个概念之间的关系实现的。例（1）、例（2）中两概念间的关系都可以表示为 C 和 A 交叉，交叉部分是 A_1。主词就是 A（上位概念），宾词就是 c（种差，概念划分的标准），判断中主词的实际含义就是 A_1。这不仅说明概念和判断是相通的，而且还说明概念的划分是通过判断实现的。不同的是，种概念展示的是划分结果，判断展现的是划分过程，是上位概念与划分准词连接产生关系的环节。在这个意义上，我们可以说，概念是思维的起点（A），又是思维的终点（A_1），作为终点的概念比起点的概念更高级，含义更丰富；判断是连接两种概念的环节。通过概念划分和判断的关系，还使我们看到了 c 型和 a 型、b 型作为种概念语言形式之间的逻辑关系，"C 的 A"偏正结构和"A 是 C"主谓结构可以互相转换的逻辑基础。[①] 例（1）和例（2）中 A 的实际含义，就等于"C 的 A"，即"作家的张三"，"冰天雪地的黑龙江"。

和甲类比，不同的是，甲类 A_1 是用思维的静态形式——概念（"C 的 A"）体现的，乙类的形式是用思维的动态形式（过程展现式）——判断（A 是 C）体现的。在人们的思维和言语活动中，任何一个"A 是 C"的关系展现式都可以转化为一个"C 的 A"的关系贮存式，作为再思维的起点（讲话的主题）进行思维，构成新的关系展现式。这样可循环往复，以至无穷。这可图示如下：

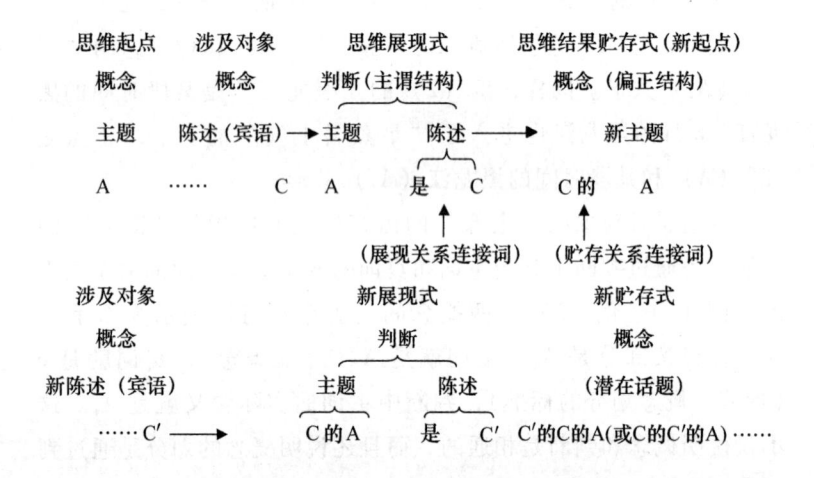

思维起点	涉及对象	思维展现式	思维结果贮存式（新起点）
概念	概念	判断（主谓结构）	概念（偏正结构）
主题	陈述（宾语）→主题	陈述	新主题
A	…… C A	是 C	C 的 A
		（展现关系连接词）	（贮存关系连接词）

涉及对象	新展现式	新贮存式
概念	判断	概念
新陈述（宾语）	主题 陈述	（潜在话题）
……C′→	C 的 A 是 C′	C′的C的A(或C的C′的A)……

思维结果每贮存一次就产生一个定语（修饰语）C，由于受

[①] 本节讲的主谓结构是指的"A 是 C"这种结构，其实主谓的"AVC"（V 是 A 的动作行为）也可包括在内，"AVC"可看作是一个潜在的"A 是 VC 的"形式。

人脑信息贮存记忆率的制约，C 一般不超过七个，口语中更少一些。①

（四）从语言逻辑的角度看，"C 的 A"和"A 的 C"之所以体现 A_1 是因为"的"和"是"都反映和表达着 C 和 A 的关系。不同的是，"的"是记载着 C 和 A 的关系的标记，"是"展现着 C 和 A 的关系标记。或者说，"的"和"是"是表示同一概念关系的逻辑连接词，在两种逻辑形式和语言结构中的不同变体。"的"分布在表概念的偏正结构中，"是"分布在表判断的主谓结构中，"是"也可与"的"同现于偏正结构中表"C 是 A 的部分"，但可删去，如"是作家的张三"→"作家（的）张三"〔"当"和"是"是相通的："当作家的张三"→"作家（的）张三〕。单从语言角度看，"的"也可看作一种关系引导词，能把谓语引到主语前面作修饰语，将主谓结构变成偏正结构，语言上仍保持着两部分（两直接成分）之间的逻辑关系。

三　时量外延

（一）对思维对象作时间属性方面的断定所使用和要求的外延就是时量外延。如当我们指出"国家"的外延时，会说是指"中外、古今、将来的一切国家形式"。这里的"古今、将来"是着眼的时量外延。相对的，"中外"是着眼的空量外延（只指出其中一个都未究尽思维对象）。时种概念使用（断定）的就是

---

① 从思维结果贮存的方式看，和英语相比，汉语是思维成果前（左）向折叠，英语是属于后（右）向拖带的。正是在这个意义上，人们说换一种语言讲话是换了一种思想（思维语言的安排方式）。

思维对象的时量外延。时种普遍概念往往不易觉察，因为在不同的时段上常常有不同的语言形式；在时种单独概念上就突出地表现出来，因为我们不能说只有一种外延，"张三是作家"既是全称判断又是特称判断。我们也不能说，"张三是作家"的"张三"不是形式逻辑讲的作为单独概念的"张三"，因为下面例（3）的推理就是在这个意义上使用"张三"这个概念的。

（3）张三是作家，
　　　作家是发表过相当数量作品的，
　　　所以，张三是发表过相当数量作品的。

我们只能说，有的判断的宾词表时段属性，这种判断的主词既被断定了时量外延，又被断定了空量外延。有的判断的宾词非时段属性（不考虑时间属性），这种判断只断定主词的空量外延。比较（1）和（4）：

（1）张三是作家。
（4）张三是广东人。

例（1）是时段判断，"作家"是张三某段时间内的属性，在时量外延上，例（1）是特称时量判断；但从"张三"是作家的一员这个角度看，例（1）用的空量外延，是全称空量判断。例（4）的"广东人"是张三的绝对时间（即不计时间）属性，例（4）只是空量外延上使用，是非时段判断。

（二）时量外延和空量外延并存的时断判断，如例（1），在思维过程中不是两种外延同时并用，只是不同的方向上使用不同的外延。这在推理中表现得十分清楚。这和语言的歧义结构在言语中往往是单一的一样。如由时属性前提（时段判断）推出一个时属性结论（新的时段判断），用的是时量外延，这种推理可叫"时属推理"。时属性推理代表着一种思维方向。如：

（5）张三是作家，
　　　三岁的张三是张三，
　　　所以*三岁的张三是作家。

与之相对的是非时属性推理，如例（3），它代表着另一个思维方向，用的是空量外延。

（三）时属推理用的外延由于与非时属推理不同，按现有三段论推理及要求不能推出必然的结论，如例（5）。例（5）从外延关系看是犯了三段论中词不周延的错误，从中词的语言形式看，是犯了四名词的错误，时属推理有自己的特殊要求，它要求小前提的主词的时段必须包含在大前提中可用作中词的那个名词的时段之中。如例（6）小前提的主词"鲁迅"，符合这个要求，下面推理的结论是成立的。

（6）鲁迅是作家，
　　　四十岁的鲁迅是鲁迅，
　　　所以，四十岁的鲁迅是作家。

（四）应当指出，时段判断是对思维对象的实然属性进行断定，而不是对它的可能属性进行断定。下面的判断就不是时段判断。

（7）人是能制造和使用工具的。

因为"制造和使用工具"只是人的一种可能属性，而不是实然属性，不仅是"婴儿"不能，而且重病卧床者、白痴也不能。

四 结语

1. 时种概念是人们用时间或带有时间性质的特征作为标准划分出的子类，不论是普遍概念还是单独概念都可以从这个角度划分。本节认为"单独概念绝对不可分"是不符合逻辑实际的。不过，作为上位概念的单独概念在接受划分之后，它不再是被看作一个无法分解的实体的表达形式，而是作为一个若干个时间个体的概括形式。

2. 时种概念要求的是时量外延。对主词的时量有所断定的判断是时段判断。用时段判断作前提推出时段判断作结论的时属推理，小前提主词的时段必须包含在大前提中能作中词的那个名词的时段之中，否则，不能推出必然的结论。时属推理代表着思维的另一个方向，应引起我们的注意和重视。

3. 概念和判断是相通的，这是汉语主谓结构能变换为定心偏正结构的逻辑基础。在这个意义上，汉语的"的"和"是"，是意义上表两个概念间的关系，结构上连接两种语法成分的一个词在不同分布中的两个变体，"的"分布在偏正结构中，"是"分布在主谓结构中。

4. 从逻辑角度看，分类性定语中"的"连接的两边不是单向限定，而是定语和中心语互相限定，"定的心"共同构成（中心语代表的概念的下位）种概念。

5. 把语言和逻辑结合起来研究，不仅能发现不管逻辑关系的语言研究和不管语言形式的逻辑研究发现不了的新问题，而且能对我们原来各自的研究进行审查，有利于鉴别哪些结论是合理的，哪些结论不那么合理，从而更好地推动我们的研究向前发展。

（本节原名《试论时种概念》，载《华中师范大学学报》1986年第4期，中国人民大学复印资料《逻辑》1986年第8期复印）

从概念基元空间到语义基元空间的映射[*]

——HNC 联想脉络与词汇语义结构表述研究

HNC（Hierarchical Network of Concepts）是由中科院声学所黄曾阳研究员创立的一种自然语言理解处理领域的重要理论，它以概念联想脉络为主导，建立了自然语言表述和处理的新模式。[①] 近年来，HNC 从理论、实践到产品，再从产品、技术到理论，多个团队不断探索，不断前进，发展值得庆贺。其发展的同时也引发了不同学派和不同角度的多维思考。在这里，我们想说，不论是语言理论研究还是语言工程研究，都需要充分利用现有研究成果，尝试多种理论结合又好又快地推进学术发展的模

---

[*] 本研究得到武汉大学"985 工程"二期建设拓展项目"语言科学技术与当代社会建设跨学科创新平台"项目基金、广东国笔科技有限公司"面向嵌入式系统应用的汉语词网"项目基金和武汉大学重点社科基地项目"三个世界的语法研究"基金的资助。本节在第四届 HNC 与语言学研究学术研讨会上报告后，HNC 理论创立者黄曾阳先生及有关学者与笔者进行了若干讨论，笔者受益匪浅，借此谨向各位致谢。

[①] HNC 理论内容具体参见黄曾阳《HNC（概念层次网络）理论》，清华大学出版社 1998 年版。

式。本节的这种探索，就是采用我们团队的词群—词位变体理论和语义基元结构理论与 HNC 理论相结合的研究。应该说，这是一种值得尝试的努力。

在词汇层面，HNC 有概念基元理论及其联想脉络，概念基元"动态 v"和"静态 g"，解决了类似词类的问题，"属性 u"、"值 z"和"效应 r"解决了概念特征、联系及其相互关系，但未解决每个概念的具体内容（语义内涵），并且概念还不等于词义。词义一般粗分为两类：基本词义和附加意义。而概念义大致相当于基本词义。语言信息处理必须要从概念义延伸至词语义，揭示和处理词义的所有内涵。关于词义内涵的揭示这个难点，HNC 未解决，其他流派也未及解决。因此，为全面实现自然语言理解的目标，本节试将 HNC 的"基层"（概念基元空间）下沉，把概念联想脉络和词义基元结构表述结合起来，建立带词义结构的语义网络，以构建语言概念的区别、联系及语义内容的表述系统，完成计算语言学的工具网络与自然语言语义的对接和映射。这项工作不仅是自然语言处理理论自身发展和向应用延伸的需要，也是语言学和语言教学的客观需求。这里笔者不揣浅陋，从 HNC 的两个重要假设及空间概念入手，结合所在研究群体词汇语义网建设和词义基元结构研究，谈谈有关看法和想法。

一　HNC 的两个重要假设及空间概念

（一）HNC 的两个重要假设

黄曾阳先生在《语言概念空间的基本定理和数学物理表示式》（以下简称《定理和表示式》）中提出了两个重要假设：

"全人类的语言概念空间具有同一性。"（HNC第一假设）[①] "语言概念空间是一个四层级的结构体。"（HNC第二假设）[②] 第一假设是对人类概念空间内容及其原理共性的断定，第二假设是对截至2004年HNC研究信念、研究结果及研究内容的理论概括，也是第一假设内容的有限实现和拓展。两个假设及其基本内容，是我们把握HNC理论及其知识的一个"纲"。对理解这个纲来说，"空间"一词的所指及其特性的辨析和把握，十分重要。

（二）"空间"一词的所指与HNC的基本内容

从所指看，第一假设中的空间（或"第一类空间"）是总体空间。关于第一类空间，黄曾阳先生是这样表述的：

> 自然语言理解是一个自然语言空间到语言概念空间的映射过程，两个空间各有自己的一套符号体系。语言交际过程，即交际引擎的运作过程实质上是这两种符号相互映射的过程。说者/写者将语言概念空间的符号映射成语言空间的符号，这是语言生成过程，听者/读者将语言空间的符号映射成语言概念空间的符号，这是语言理解过程。语言空间符号千差万别，据说当今世界上还存在6000种之多，但语言概念符号体系只有一个，全人类的语言概念空间具有同一性。这是一个假设，HNC理论的第一假设。[③]

[①] 黄曾阳：《语言概念空间的基本定理和数学物理表示式》，海洋出版社2004年版，第6—7页。

[②] 同上。

[③] 同上书，第8—9页。

揣摩作者的意思，第一假设的意思是人类语言均存在两个性质不同的空间，两空间之间具有一种相互"映射"的关系。若按照一般理解，这类假设的理论应和乔姆斯基普遍语法的性质一样，其目标不是指向某一语言，而是具有人类语言的普适性或世界意义的。

第二假设的"空间"（或称"第二类空间"），是指语言概念空间的下位子空间或区域空间。这些子空间共有四个层级。即：

第1层级：基层——概念基元空间（即HNC的基元符号体系）；

第2层级：第一介层——句类空间（即句类符号体系）；

第3层级：第二介层——语境单元空间（即语境单元符号体系）；

第4层级：上层——语境空间（即语境符号体系）。[①]

在该假设中，"空间"对应着相应科学对象的数学描述。即四个子空间加上其相对应的世界知识形成其对应的世界：概念基元世界、句类世界、语境单元世界和语境世界。其"世界"对应着其相应对象的物理描述。

（三）空间下沉与语言映射

如果按语言学和常识的一般理解，第一类空间应均为客观空

[①] 黄曾阳：《语言概念空间的基本定理和数学物理表示式》，海洋出版社2004年版，第7—9页。

间，并且是一个符号家族及其系统。但是黄曾阳先生却指出：语言概念空间是 HNC 所说的"概念联想脉络"或"语义网络"。[①]因此，语言概念空间到语言空间的映射，从语言理解角度看，应是 A 载体的语义网络到 B 载体的语义网络的映射。

但是不管怎样表述这些空间，HNC 建构的"概念联想脉络"或"语义网络"，是客观空间在研究者头脑中的反映，即是一个主观反映空间。因此，从理论建构方面讲，主观反映空间及其内容都应得到语言客观的验证，需要从理论模式到语言具体事实的延伸。HNC 理论是语言信息处理理论，和所有的同类理论一样，其最终目标不能止于理论，必须迈向语言处理实际应用的目标前沿，与具体的语言实体和内容接轨。

由于 HNC 第一假设的两个空间或第一类空间都是更为抽象的空间，从语言概念空间到语言空间的映射是一种宏观层面的映射，若打个比喻来讲，是发射外空导弹；从语言概念空间到语言各个子空间的映射，是发射大气层内的空空导弹；从概念外延和内涵到词语语义的映射，应是发射空地导弹。但不论是发射哪一种导弹，其性质都是各类各级空间的"下沉"，是从不可感知到相对可感知的运作。限于篇幅，本书阐述仅为部分概念基元空间的下沉及其途径，可能大半属于形而下问题的讨论。

（四）"顶天立地"的应用研究

从理论到事实的研究，是语言的下向研究。邢福义先生称为

[①] 黄曾阳：《语言概念空间的基本定理和数学物理表示式》，海洋出版社 2004 年版，第 8 页。

"顶天立地",反之是上向研究,邢先生称为"立地顶天"①。HNC理论作为语言信息处理理论属于应用性理论,该理论的灵魂在于其哲学基础和用有限控制无限的基元思想,其生命力在于语言解释力、产品的可实现性及体现的应用价值。作为应用性理论,"灵魂"和"生命力"二者缺一不可。

对于HNC来讲,其理论和模式建构是"立地顶天",在这个方向上,正如黄先生在《语言概念空间的基本定理和数学物理表示式》中引用康德的观点所言:"在建立自然语言模型这一重大探索中,必须谨记有所为和有所不为",其特征是"舍弃枝节,抓住要害",并且"没有舍弃就不会形成任何理论"②。但是反过来,在"顶天立地"的方向上,不断地拥抱具体和差异,不仅是应用的精度要求,而且也是理论透彻性的又一种方式。因此,每一个空间的下沉,不论从理论还是实践的角度看,这种努力都是不可或缺的。

二 概念基元空间的下沉及其模式

(一) 概念基元空间

概念基元空间,是语言概念空间的基层。其空间概念基元的组成,HNC表述为8-2-1。这里"8-2-1"的表述指的是8类抽象

---

① 萧国政:《汉语语法研究论》,华中师范大学出版社2001年版,第141—148页。

② 黄曾阳:《语言概念空间的基本定理和数学物理表示式》,海洋出版社2004年版,第7页。

概念、2类具体概念、1类两可概念。其抽象概念是指不涉及具体人或物的概念，可简单表述为人物事件的属性和表现，特别典型的是 HNC 作用效应链中的六概念：作用、过程、转移、效应、关系、状态。①

概念空间与世界知识的结合即概念基元世界，黄曾阳先生指出："概念基元世界大致对应于语言空间的词语。"②③ 在 HNC 理论中，与词相关的知识主要体现为概念表达式。萧国政在将 HNC 理论概括为基元本位理论的同时，曾将其概念表达式表述为"类别基元（字母或字母串）+节点基元（数字或数字串）"的模式。④ 例如：

思考 vg80   思维 g80   想法 r80   概念　r800
观点 z800

---

① 黄曾阳先生从哲学的高度发现，世界的一切事物都处在一个由六个节点（或环节）构成的"作用—效应"链上，这个作用效应链及其环节是：作用—过程—转移—效应—关系—状态。"作用存在于一切事物的内部和相互之间，作用必然产生某种效应，在达到最终效应之前，必然伴随着某种过程和转移，在达到最终效应之后，必然出现新的关系或状态。过程、转移、关系和状态也是效应的一种表现形式。新的效应又会诱发新的作用，如此循环往复，以至无穷，这就是宇宙间一切事物存在和发展的基本法则，也是语言表达和概念推理的基本法则。"具体参见黄曾阳《HNC（概念层次网络）理论》，清华大学出版社 1998 年版，第 29 页。

② 黄曾阳：《语言概念空间的基本定理和数学物理表示式》，海洋出版社 2004 年版，第 10 页。

③ 除了"空间"一词外，"概念"一词在 HNC 文献中的用法也不同于一般。各个不同层次和方面的范畴都用概念表达，使得一般读者对内容的把握更加困难。这是 HNC 的整个理论是"概念"理论的缘故之一。

④ 萧国政：《汉语语法研究论》，华中师范大学出版社 2001 年版，第 311—313 页。

在该表达式中，"类别基元"有 v（动态）、g（静态）、u（属性）、z（值）、r（效应）。v、g、u、z、r 在 HNC 文献中称为基因五元组，其中 v、g、u 来源于语法学，z 来源于明斯基（Minsky）的框架理论，r 来源于 HNC 的"作用效应链"思想。[①] 按照 HNC 的观点，"思考"、"思维"、"概念"、"想法"、"观点"的概念表达式中的类别基元代表的意思是：这几个词分别是"同一内涵"的 vg 型概念、g 型概念、r 型概念和 z 型概念。所谓"同一内涵"是指这几个词都表思维，其中"vg 型概念"是说这个概念既是 v 型概念又是 g 型概念（粗略地说，就是"思考"这个词既有动词用法的动态性，又有名词用法的静态性），"思维"、"概念"、"想法"、"观点"则都是非动态性的，即标 g、r、z 的都是表达静态的名词。其不同的是，它们分别代表着因果两极："思考"、"思维"是起点（"因"），"概念"和"想法"、"观点"是思考和思维的终点（"果"），在结果中，z 又是 r 取值。

"节点基元"（数字或数字串）中"8"是说这些词都是概念网络中"8 行"表心理活动的概念，"80"表示这几个词表述的概念在同一层次上，"800"则表明这几个词比其他几个词所表达的概念较之 80 行节点的概念低一个层次，在汉语里"想法"包括"概念"而不是相反。[②]

(二) 概念基元空间的下沉和语言投射

从第一小节已知，本节"下沉"一词概念的所指是研究得

[①] 黄曾阳：《HNC（概念层次网络）理论》，清华大学出版社 1998 年版，第 7 页。

[②] 萧国政：《汉语语法研究论》，华中师范大学出版社 2001 年版，第 312 页。

以进一步延伸和深化的方式。在 HNC 的理论构成中，实际上包含了两种类型的下沉：一是从"空间"到"世界"的下沉，即 HNC 的"空间"只是工具或载体的集合，"世界"才是注入了世界知识的范畴，在这个意义上，该类下沉是形而上领域里载体到内容的下沉；二是从 HNC 理论到自然语言空间的下沉，即第二类下沉。第二类下沉是形而下领域的下沉。用 HNC 符号标注词语（写上概念表达式）和句类，就是第二类下沉的工作。第二类下沉用 HNC 的术语，也可表述为从概念空间到语言空间的映射（即语言映射）。

本节的下沉是第三类下沉，是从 HNC 的概念空间和语言认知空间，向自然语言的词义空间下沉或映射。

2.3 概念基元空间下沉的第三类模式

词语概念表达式体现的第二类下沉，虽然涉及词语所代表概念的关系属性、使用属性（类别基元 v、g、u、r、z 表示）和概念类别及层次（阿拉伯数字及数字串表示），但还只是停留在逻辑概念的外延，没有进入逻辑概念的内涵——词义。再看几类带有概念表达式且分属不同概念类别的词语及其标注：

基本类具体概念	原子 jw41 岩石　jw53aa
挂靠类具体概念	服装 pw65330 教室　pw6554 + va70
主体基元概念	增加 v341 迅速　u1009c22
复合基元概念	记忆　rv6801 法律 gra5
基本概念	饱和　jv61c33 模范　jg730
语言逻辑概念	把 102 除……以外　157
基本逻辑概念	可能　jlvu12c31 必然 jluv12c33
综合概念	机会　sg314 材料 s42
语法概念	什么　f4209 谁　f426

物性概念　　　　白色 jx111 荒凉　xj2-0 + jgu502

其中的"物性概念"是指表达事物性质或属性的概念，其"荒凉"的概念表达式和"教室"一样，是一种复用组合式。①

不论从哪个角度看，上述所有的概念表达式都只是揭示了概念的特性及其所在的网络节点，停留在概念的外延。概念基元空间下沉的第三类模式，就是从逻辑概念的外延，进入到逻辑概念的内涵，从语义网的概念节点延伸到表达概念之词的词义，即要从语言概念空间映射到自然语言空间。

三　第三类空间下沉的语言实现与工程实现

（一）第三类空间下沉的基本内容

概念基元空间第三类下沉的目的，是为了实现语言映射和语义的智能推理，因此，概念基元空间下沉目标实现的基本内容，应包括两个方面：(1) 语言实现；(2) 工程实现。

（二）第三类空间下沉的语言实现

第三类空间下沉的语言实现，指的不是把词语转换成其义项词义的解释，而是替换成一个词具体义项的词义要素结构式——

---

① 萧国政：《汉语语法研究论》，华中师范大学出版社 2001 年版，第 314—315 页。

严格地讲是词的"语义基元结构"式(以下简称"词义基元结构")。比如:

"米饭",《现代汉语词典》第 5 版的义项解释是:"用大米或小米做成的饭。特指用大米做成的饭。"① 如果换成词义的"语义基元结构式"就是:

【米饭】[(主食+加工+大米/小米)+一种]②

其方括号内的语义需从里至外分层级理解,即:(米饭是)用大米或小米加工的主食的一种。

又比如:

【骨折】(词典释义:)由于外伤或骨组织的病变,骨头折断、变成碎块或发生裂纹。③
(词义基元结构:)[变化病态+折/断/碎/裂+骨头]

其词义基元结构所表达的语义内容从右往左解读为:"骨折"是骨头或折,或断,或碎,或裂的病态变化。

词义基元结构的构成可表述为"3 义"结构,即:[类属义+核心义+区别义]。比较"米饭"和"面食"的词义结构,可十分清楚地看到词义结构式的语义构成要素及其类型:

---

① 中国社会科学院语言研究所词典编辑室编:《现代汉语词典》(第五版),商务印书馆 2005 年版,第 940 页。
② 符号/表示逻辑关系"或"。
③ 中国社会科学院语言研究所词典编辑室编:《现代汉语词典》(第五版),商务印书馆 2005 年版,第 490 页。

【面食】［（主食＋加工＋面粉）＋总称］
【米饭】［（主食＋加工＋大米／小米）＋一种］

不难看出,"主食"是二者共有的类属义;"加工"是其共有的核心义;"面粉"和"大米／小米"以及"总称"和"一种"均是其区别义。

词义基元结构式中的义素是形成该词义的若干义素中的主干义素,因而这种词义分析方法,我们称为"主干义素分析法"。这种语义分析法是改进的义素分析,它一方面反映了一个词词义的基本心理构成,即是这类义素支撑起了一个词词义的心理大厦;另一方面解决了"义素分析的义素因其开放性而不具操作性"的问题。[①]

(三) 第三类空间下沉的工程实现

第三类空间的下沉,是自然语言处理工程的需要,这种下沉的工程比较艰巨。不过,当我们完成了词义要素结构式的研究以后,这种工程实现就变得相对简单了,即只要把 HNC 词语概念表达式挂在词义结构式前面,进行连写或连缀,就实现了语言概念空间与自然语言空间的对接,就给机器的语义识别铺平了道路。下面可用"思考"和"思维"为例,如:

---

① 词义主干义素分析法是武汉大学智能语义网智能建构的一部分,其方法的性质、理论我们将专文论述,也可暂时先参见萧国政《动词"打"本义的结构描写及其同义词群建构》,见萧国政、孙茂松等主编《中文计算技术与语言问题研究》,电子工业出版社 2007 年版,第 3—9 页。

A）语义概念表达式：
（思考）vg80　（思维）g80
B）词义基元结构式：
【思考】[活动+思维+深刻、周到]
【思维①】[行为+认知+分析、综合、判断、推理]①
C）语言概念空间与自然语言空间的对接，即：C = A + B。如：
思考：vg80 [活动+思维+深刻、周到]
思维①：g80 [行为+认知+分析、综合、判断、推理]

四　结语

1. 在HNC理论中，两个假设是其脊梁和骨架，支撑和建构着其理论和内容的大厦。两个假设对语言信息处理原理、方法、方式和内容构成的揭示是空前的透彻和全面。因此，围绕两个假设讨论语言信息处理方方面面的问题，也就非常方便。只要是语言信息处理的问题，即使不是HNC的问题，也可以相当方便地挂在HNC上来讨论。

2. 语言信息处理的理论和语言研究，大多是要么构建局部理论，要么建构某种资源（如词网、语义网），HNC是双管齐下，一手抓着概念空间及其映射理论，一手抓着概念的Ontology

---

① 在《现代汉语词典》中，该词有两个义项：①在表象、概念的基础上进行分析、综合、判断、推理等认识活动的过程。思维是人类特有的一种精神活动，是从社会实践中产生的。②进行思维活动：再三~。‖也作思维。这里只标注了第一个义项。

（层次网）及其联想脉络，使概念及其网络成为人机交互语言描写和理解的工具。并且 HNC 的主体研究是"工具"和"模式"的理论研究，其应用理应是面向自然语言空间的映射研究。概念映射到语言以及怎么映射到语言，虽然是比较形而下的问题，但其任务并不比其形而上轻松和平庸。因此本节强调的不是概念空间的构成而是语言映射和怎么映射。

3. HNC 的概念，主要不是但不排除逻辑上和词对应关系的概念。并且词汇概念是 HNC 第二假设空间的基本内容之一，舍此，我们的自然语言理解就只有抽象的模式和框架，永远不能进入语言的具体语义内容。本节的论述所指和本人所在团队的一个方面的努力，就是侧重语言理解进入词义的驱动。这种驱动虽然未具有引擎升降飞机那样排山倒海的力量和效应，但它却应是这种力量的源点。

4. 从自然语言理解的模式层面（概念空间）映射到自然语言理解的对象层面（语言空间和世界），利用 HNC 概念结构表达式非常之方便，只要和"词群—词位变体"理论的主干义素结构拼接，就可大功告成，但每个词不同义项的词义结构式的建构艰难也不用掩饰。因此对于自然语言理解和语言教学都十分重要的词义结构的研究及其主干义素分析任重道远。[①]

（与肖珊、郭婷婷合作，原载《华东师范大学学报》2011 年第 1 期）

---

① 关于"词群—词位变体"理论参见萧国政《动词"打"本义的结构描写及其同义词群建构》，《中国计算技术与语言问题研究——第七届中文信息处理国际会议论文集》，2007 年，第 3—9 页。

动词"打"本义的结构描写及其同义词群建构
——一种人机共享的"词群—词位变体"研究

WordNet问世及其研究发展，使越来越多的人认识到，一个大的词库对自然语言理解和人工智能各方面研究的重要价值，以词为基点研究和表述语言知识，按词语的义项建构语言的若干同义集合——同义词词群（synset），进而描述词语之间、词群之间各种语义、语法关系，这种研究不仅能显示出一片一片解决语义问题的便捷和高效，而且能发现以其他对象为研究基点的研究方式无法发现的问题。

同义词词群是围绕同一词义形成的若干词的集合，同义词词群的建构是一项巨大的语言工程，是语言信息处理、人工智能，尤其是机器翻译进一步发展所面临的新的时代性任务，是自然语言处理和人工智能继词语的自动切分、词性自动标注之后，实现的新奋斗目标——词义自动标注的攻坚性工程。并且如果这个工程完成不好，不管计算机有多先进，计算技术和算法有多高超，其努力都只能是在沙滩上构建高楼大厦。

汉语同义词群的建构，没有什么捷径可走，需要在借鉴其他语言研究有关理论、经验和技术以及得失的基础上，从汉语的实际出发，老老实实地一个一个同义词词群地建构。

建构同义词群，词义的描述和刻画非常关键，它决定着所建词群的客观性、合理性以及智能性。如果把语言研究简单地二分为传统的基础研究和面向语言信息处理的工程研究的话，那么面向工程研究的词义刻画，是不能简单地搬用或化用传统字词典的研究成果的，更不能依赖它。因为很多字词典的词义描写是就不同词分别考虑的，不仅系统性不足，义项分割具有极大的随意性，而且精确性和一致性也比较差。

不少做过同义词群或词网研究的同行大多都有过这样一种困惑：汉语是我们的母语，自己的学历基本都在大专及以上，一个汉语常用词有几个意义，每个意义是什么，在没查词典之前一般都觉得是清楚的。但是在查了词典之后，尤其是比较了几个义项之后，就觉得不怎么清楚了，当查了几本词典进而进行系统整理之后，简直就感到无所适从了。请先看具体例子。

比如动词"打"是我们日常生活中使用得相当多的词，或者说是现代汉语里使用频度相当高的词，在《现代汉语频率词典》（北京语言学院出版社1986年版）的最高使用频度的8000词中排名第94，在使用频度最高的几个动作动词中位居第五位。[①] 这里我们看看三部字词典对汉语动词"打"的多义义项、义项分割与词义的刻画。为节省时间和篇幅，下面只截取其前5个义项。

(1)《现代汉语词典》（2005）动词"打"列了24个义项，前5个是（~代表"打"，念例句时读"dǎ"，下同）：①用手或器具撞击物体：~门｜~鼓；②器皿、蛋类

[①] 其前4个动作动词依次是：来、走、到、想。

等因撞击而破碎：碗~了｜鸡飞蛋~；③殴打；攻打：~架｜~援；④发生与人交涉的行为：~官司｜~交道；⑤建造；建筑：~坝｜~墙。

(2)《应用汉语词典》(2005)列了动词"打"的27个义项，前5个是：

①敲打；敲击：~门｜~鼓｜~碎；②因撞击而破碎：~了个花瓶｜挺好的一个碗给~了｜鸡飞蛋~；③殴打；攻打：你怎么~人了｜两个人~了起来｜这一仗要~好；④人际之间的交涉：~官司｜~交道；⑤建造：~地基｜~一道墙。

(3)《国际标准汉语大字典》列了动词"打"的19个义项，前5个是：

①击，敲，攻击：~击｜殴~｜~杀；②放出，发出，注入，扎入：~炮｜~雷｜~信号｜~电报；③做，造：~首饰｜~家具；④拨动：~算盘；⑤揭，破，凿开：~破｜~井。①

(1)(2)两部词典都是商务印书馆出版的，义项分割基本一致，第三部词典则不然。就是从具有一致性的词典看，这里起码有两个问题：(一)同是"打门"的"打"，《现代汉语词典》释义用的关键词是"撞击"，若把词典释义与所举例子联系起来看，《现代汉语词典》描述的现象非常粗暴罕见。因为根据其释义，"撞击"门的工具有二，一是手，二是其他器具。若是用手撞门，只能用胳膊肘，这种打门方式不是没有，十分罕见；若是用器具撞击，那器具肯定不小，其行为几近救火、救人或入室抢劫。将其词义解释用于"打鼓"的"打"，用手撞击，用器具撞

---

① 此词典资料摘自《金山词霸》2005。

击，一般也不常见。《应用汉语词典》用的关键词是"敲打"、"敲击"，与其所举的前两例联系起来，解释打鼓没有问题，但解释打门只是偏指了一种方式。第三例也是同样的问题，敲碎可以说打碎，但是"打碎"不一定只指敲碎，敲碎只是打碎的一种形式或方式。（二）在释义方式上，两部词典一用句子刻画，一用同义词语注释，但都涉嫌用下位概念注释上位概念。不过这绝不是这些词典的编者不懂逻辑，应是不得已而为之，因为像这两部词典这样分割多义词"打"的词义义项，谁也无法把其第一义项描述清楚，再高级的专家也难以幸免。因为多义词词义的正确认识和合理分割，是准确描述词义的前提和基础。

"打"是多义动词，多义动词是同义词群建构的重点和难点。不论是义项的分割，还是不同意义的确定和描述，都不是一件容易的事。那么我们是否能找到一种方式，既能系统简明地描述词不同意义之间的关联，又便于研究词群的若干人像一个人一样能保持工作标准的一致性？研究发现，"词群—词位变体"研究是达到这个目标可以一试的方法。这个方法不仅可用来为计算机处理语言建立同义词群，也可以用于从事对外汉语教学，是一种人机共享的研究模式。这个研究模式的基本内容是：在对词义构成进行义素分析的基础上，用语法—语义结构模式来描述和揭示其语义结构，显示此义跟彼义的语法语义对立及联系，按词一个一个词义地建立词的语义"词位"（类同音位），再根据词位和词义鉴别式确立其同义词，通过变体理论建立起其同位次词群、下位次词群以及邻位次词群，最终形成"打"某个意义的多层次多侧面的立体词群系统。

限于时间、篇幅和所讨论的问题集中一些，本节仅报告动词"打"的本义（记作：打$_{1[击]}$或打$_1$）的词义结构描述、同义词群建构的基本思路及初步研究成果，以向各位专家学者求教。其他词义的分割及其同义词群的研究，另文报告。

一 "打"的本义及同义词群的基本构成

"打"是动词，表动作，《说文》曰："打，击也，从手，丁声。"如果采用词典注释的形式描述词义，"打$_1$"一方面可仿《说文》用"击"描述其义；另一方面也可如《现代汉语词典》那样用描述性语言刻画其词义，但其表述应修改为：用手等肢体或同时使用器物击向某人某物。同时在词典所举之例外，再补充如下（包括人和动物）语例，如：～手｜别～孩子｜别～我的小狗等。

工程性的语言研究，是多人员的兵团作战。为了研究操作的方便和统一，我们首先需要揭示一个词词义的语义构成。因为只有对词义的理解从构成上达成了一致，才能保持自己和他人在语例词义的识别和同义词的判定上，最大限度地保持个人前后一致、课题组所有成员的一致。

从语义构成看，"打$_1$"涉及施动者、受动者（动作对象）和工具"手"（或方式——用手），并且［＋施动］［＋动作］［＋用手］［＋所击对象］是该词义不可或缺的因素。但是在"打"的内部，"打"的本义"打$_1$"，是表施动者自控性的行为或动作（［＋自控性］）。当"打$_1$"与指人的对象组合起来形成"'打'＋指人词语"的结构时，就表达一种具有蓄意性的行为——"打人"。在词义认知上，这类结构及其行为，往往发挥着原型范畴的作用。比如当有些动词（如撞、推等）的所击对象为"人"，其行为性质具有多可性时，[1] 只有具有故意性特征

---

[1] "撞"是"打"本义的变体，参见2.2。

时，其 V＋NP 结构才能给予"打人"的定性。可比较：

（4）后面有人推他，他站不住，不幸把小山子撞倒，还踩了一脚，这不是打人吗？（×）

（5）后面是有人推他，但他借势把小山子撞倒，还踩了一脚，这不是打人吗？（√）

（4）的行为不具故意性不是打人的行为，（5）则不然。

因此，下面三个义素是建立"打₁"词义认知原型的必备要素（或特征性义素）：1）动作性质——施动者自控性的行为或动作（［＋自控性］）；2）动作条件——使用手或身体其他部件（［＋手］）；3）动作目的——击中某人某物（［＋对象］）。

词义是词长期应用的结果。多义词的不同词义是该词应用于不同的对象和环境的历史沉淀。并且词性（词类）不同，词义的组成结构、沉淀方式与激活形式也不相同。打₁［击］是二价动词，其语义构成是与其句法结构的基本原理紧密相连且互相依存的，因而"打₁"词义的揭示宜用"语法—语义"结构来控制和描述为：

（6）××自控性地用手及身体其他部分（或同时使用器具）击某人某物的动作，且所击对象（某人某物）为动词的语法宾语。

（6）不仅是词义结构的语法语义描述，而且是"打₁"词义及同义词的工程鉴别式。所谓鉴别式就是说，只有符合该式条件的"打"才是"打₁"及同义词。但在操作上，"打₁"同义词的鉴别还要遵循两个原则：（一）足量原则，（二）等量原则。

所谓"足量原则"是指"打₁"同义词必须满足（6）的全部条件。具体讲就是，看一个汉字串或句子中的"打"或动词是不是"打₁［击］"及同义词，首先要看该用法的"打"或动词是不是"击"的意思，其次看其宾语是不是"打"的对象，最后要看手及身体部件的参与作用。比如汉字串"打墙"有两个意思：1. 装修之前的砸墙；2. 建房子时的筑墙。不同意义上"打"的同义词分别是"砸"和"筑"。根据语义鉴别式（6），其第一个意思的"打"是击的意思，"墙"是动作所"击"的对象，故其"打"是该词的本义用法，"砸"是"打$_1$"的同义词。而第二个意思的"打"也有击的动作，筑墙也要用手或再加上工具击打泥土什么的，但是泥土不是"打"的语法宾语，不满足鉴别式的要求，故第二个意义上的"打"的同义词"筑"不是"打$_1$"同义词。

所谓"等量原则"是指由"打"构成的动宾结构，意义上不能增加多于（6）的语义内容或出现第三论元［（6）只有施事和受事两论元］。比如"打电话"的"打"完全符合语义足量原则，但是不符合语义等量原则。因为"电话"这里是指代电话机，打电话的意思并不是止于动宾结构的意思——敲击电话机的按键，而是通过敲击电话机的按键拨通电话，进而通话。故"打电话"的"打"负载的语义不符合等量原则的要求，故其"打"的同义词"拨"不是"打$_1$"的同义词。①

相反，像"踢"、"杀"符合同义鉴别的足量原则和等量原则，是"打$_1$"义素$_2$、义素$_3$的不同表现而形成的下位同义词。（参见第二、三、四小节）在"打$_1$"的三个基本义素中，因义素$_2$、义素$_3$的各种情况及变化，形成了"打$_1$"的两大类同义变体——同义词："打$_{12)x}$"和"打$_{13)x}$"。②

---

① "打电话"的"打"的语法语义结构可描述为：××为达到某目的，用手（或同时使用器具）击某物，且某目的为动词的语法宾语。

② 脚标除前面的"1"是词义的代号外，其余的数字及符号标志该词的词位系统位置。其中"2)"表示该变体跟"打$_1$"的第2个义素有关，"3)"类推。X表此词是该类变体的第几个词，即次类成员序号。

一个"打"的词义是一个义位,"打₁"这个义位可仿音位用方括号或斜线表示,记作:"/打₁/"或"打_{/1[击]}"。为建构同义词群和说明问题,其义位变体分为四类:

(1) 同位变体,记作:打_{10)x}。如"击"就是"打₁"同一层级上的同义词,"打₁"的同位书面变体。比较:打头部——击头部丨打落——击落。"击"的词位系统编号"打_{10)1}","0)"表示跟其义素构成无关。

(2) 邻位变体,记作:_{Lx}打₁。如近义词"打架"、"打斗"、"斗殴"等,就是/打₁/词位同一层级上的邻居,为方便检索,可表述为邻位变体。其词位系统编号可分别为"_{L11}打₁"、"_{L12a}打₁"、"_{L12b}打₁"。"打₁"是着意表单方出击的动词,而"打架"则表双方出手的意思。比如张三打李四,你说李四打架他肯定不服,只有当李四还手了,继续打才是打架。而"撕打"、"扭打"则是"打架"的下位变体,跟"打₁"不是一个系列。

(3) 下位变体,记作"打_{1m)x}",m是基本义素的标号,且m>0。如"踢""杀"就是"打₁"第二、三两个基本义素的变体——同义词,因此其词群系统编号分别是"打_{12)22}"和"打_{13)31}"。"打₁"同义词群的建构主要是其下位同义变体的发掘、描述及系统整理。

(4) 上位变体,记作"打^{1x}"。理论上,某个词义上的词是有上位变体的,应留下理论和操作接口,但是在实际操作中易采取上位自动形成的策略,因为你把一种语言所有词的下位都描述完了,其上位在电脑里就自然生成了。

不同类型的变体构成的集合,都是围绕某个词义建立的同义词群。其最大的词群(或基点词群)用大括号标示,与之具有变体关系的其他词群用中括号标示。因此/打₁/的同义词群就是:

{/打₁/:打₁ + [打_{1同位变体}] + [打_{1下位变体}] + [打_{1邻位变体}] +

[打₁上位变体]}，这里 [打₁上位变体] 暂不考虑，故/打₁/的同义词群可描写为：{/打₁/：打₁ + [打₁₀ₓ] + [打₁ₘ)ₓ] + [ₗₓ打₁]}。以下分别描述/打₁/下位词群成员及整理/打₁/词群系统。

二 "打1"的义素2变体：打12)x

"打₁"是一个二价动词，在其受事论元（击中的目标）不变的前提下，施行动作和行为的工具"手"的形式和接触目标的部位、方式或及替代物（身体的其他部分）不同，"打₁"有不同的词语变体"打₁₂)ₓ"。"打₁₂)ₓ"的特点是除"打"加名词性宾语的意义是击向某个目标的意义外，还具有固化在其同一变体动词中的"方式义"。即：打 + NP₀ = 击 NP + 击的方式。因手及手的替代物不同，"打₁₂)ₓ"分为两小类：自身变体"打₁₂)₁"和换身变体"打₁₂)₂"，并且就目前来看，这两类变体都是成员可穷尽列举的封闭的类。①

（一）"打₁"的义素₂因"手"击目标的样式、部位或方法不同，"打₁"有六个常见的第2要素的自身变体同义词：

①使用手掌击人面部等的"打₁₂)₁₁ₐ"：掴（如：~了他两巴掌）②

②使用手掌击物某个面的"打₁₂)₁₁ᵦ"：拍（如：~桌子｜有人~门）

③使用手掌击人某部位（通常是肩、背、膀等处），而达到

---

① 由于时间关系，本节穷尽与否尚不知道。

② 为醒目和简便，例中"打"以"~"代之。或者说，举例中的"~"读"打"。一般可用括号前面的词替换。下同。

给被击者造成摇晃或移位威胁的"打$_{12)11c}$":推(如:弟弟怎么打你了?他推我丨他打人总是使劲推你,然后……)

④弯曲手指用指尖击人的"打$_{12)12}$":抓(如:别~妈妈!)

⑤使用手指头、指关节、棍棒等小接触面地击人或物的"打$_{12)13a}$":敲/⑥"打$_{12)13}$":敲打(如:妈妈,他~我头丨~门丨~桌子丨~钟)。

⑥是⑤的书面语变体。

(二)"义素$_2$因某种需要而换成身体的其他部位,打$_1$"于是就有其第二类基本义素变体——换身变体。该变体常见同义词有:

⑦使用牙齿击人的"打$_{12)21}$":咬(如:这小孩儿打人够狠的,不仅~了小山,还踢了他两脚丨甲:打他,怎么打?乙:用牙~他呀!)

⑧使用脚击人或物的"打$_{12)22}$":踢(如:甲:妈妈,他~亮亮的脚。乙:没有,我是~他的鞋丨~足球)

⑨使用头、肩膀等部位击人的"打$_{12)23}$":撞$_1$。①

此外还有:用胳膊肘的"拐",用脚底的"蹬"、"踩"等等。

本小节的词义描写,对于提高计算机或机器人的人工智能是很有帮助的,只要我们把这些动词及其词义解释提供给它,机器很可能就会正确执行和判断某个动作及其性质。对外国留学生也是如此。在一个对外汉语教学的学术报告会上邢福义先生曾经说过:计算机是没有智力和语感的外国留学生,外国学生是有智力和语感的计算机。

---

① "撞$_2$"是非有意之撞,比如:不小心把他撞了丨一车失事,造成几辆小车相撞。

三 "打1"的义素3变体:打13)x

"打₁"因义素₃——所及目标的不同类型而有不同变体,这种变体就是对象变体同义词。这类变体可能是相对开放的类。

(一) 对象为人,行为情况严重的变体 [+₃₁严重]:

① "打₁₃)₁₁" 殴打(例如:~干部|~妻子|~对方;比较:*~他|*~老婆)。

"殴打"与"打"比,语义上不是前者程度深或力度大,而是突出了前者比后者性质严重。但其对象一般为不该打的人。此外,还有对象为人的"打₁"同义变体:

② "打₁₃)₁₂" 揍(例如:别~孩子|把老婆~了一顿|这些鬼子存心想挨~)。

(二) 对象为军事单位和目标的变体:

③ "打₁₃)₂₁" 攻打(例如:三~祝家庄|~省城|~城防部队|~碉堡)。

与例句中的~(打₁₀)比,"攻打"增加了对"打₁₀"进行性质定位的"攻",即增加了进攻的义素([+₃₂性质_进攻])

由于方式不同,"攻打"有增加了下位义的同义词[+性质]、[+方式]的变体:

④ "打₁₃)₂₂" 剿(例如:~土匪)。

⑤ "打₁₃)₂₃" 炸(例如:~碉堡|~飞机)。①

---

① "炸毁"、"摧毁"能否作为⑤的代用品呢?不能。因为打碉堡、打飞机就是炸碉堡、炸飞机,不一定是要毁掉它,炸虽然可能毁之,但不是必然的。更何况打仗还有佯攻,佯攻也是用"打"的。如:注意啊,你们班打碉堡,是佯攻,不是真的炸毁它,敌人投降后我们还要用呢。

④增加了对"进攻"进一步进行性质限定的义素（[＋$_{321}$性质]）；⑤增加了对"进攻"进一步进行方式和性质补充的义素（[＋$_{322}$方式/性质]）。

（三）对象为敌人的群体、个人或和自然天敌的变体：

⑥"打$_{13)31}$"杀（例如：～鬼子｜男人们上前线～敌人去了｜～虎上山）。

与"打$_{10}$"比，⑤增加了对其进行性质定位的义素（[＋$_{33}$性质$_{杀}$]）。这个义素的意思是这种"打"是一种具有致死性质的行为。

（四）对象为自然天敌的变体：

⑦"打$_{13)61a}$"消灭/⑧"打$_{13)61b}$"灭（例如：消灭四害～麻雀｜～蚊子）。

⑦、⑧增加了该动作是以致死为目的的行为，即增加了致死所击对象的义素（[＋$_{34}$目的$_{对象死}$]）

（五）对象为球、牌的变体：

⑨"打$_{13)61a}$"玩（例如：他～牌去了｜去～球吧！）

⑨侧重的是这种活动的性质，若侧重具体动作，其同义变体就是：

⑩"打$_{13)61b}$"出（例如：他～了一个八万，我和了）①

总之，"打$_{13)x}$"变体有一个重要的语义特点，即下位变体只增加对"打"本身进行说明和补充的语义，不包含动作和对象以外的意义内容。并且增加的语义都在对"打$_1$"进行不同角度的动作行为的性质定位。

---

① "打球"之"打"用于打乒乓球时的动作变体更多，如：抽、削、发等等（例如：他经常～擦边球）。

四 /打1/的同义词群系统

"打"的本义"打₁"作为一个词位/打₁[击]/，其同义词群是一个分搭配对象、动作行为方式和工具等动词形成的多维内外分层系统，可大致整理成如下表格。表中竖行每栏后都有空行，表示该类变体没有和可能没有穷尽。表中的Φ表示可能有该类型的零形式词，或者这个Φ就与"打"共一个语言形式。表格还是用了粗线条，粗线组成的框内其动词都是"打₁"的同义词，框外的动词则是其近义词。

/打₁[击]/词群:{/打₁/}					
同位变体次词群 [打₁₀ₓ]	下位变体次词群 [打₁ₙₓ]				邻位变体次词群 [Lₓ打₁]
	语形变体	语义变体			①打架[L₁₁打₁] ②打斗[L₁₂ₐ打₁] ③斗殴[L₁₂ᵦ打₁]
	语体、文体变体 [打₁₀)ₓ]	工具变体(方式变体)[打₁₂)ₓ]		对象变体 (性质变体) [打₁₃)ₓ]	
		工具变体(1) [打₁₂)₁ₓ]	工具变体(2) [打₁₂)₂ₓ]		
打₁的同义词	Φ[打₁₀₀]	Φ[打₁₂)₁₀]	Φ[打₁₂)₂₀]	Φ[打₁₃)₀]	
	①击[打₁₀₁]	①捆[打₁₂)₁₁ₐ]	⑦咬[打₁₂)₂₁]	①殴[打₁₃)₁₁]	
		②拍[打₁₂)₁₁ᵦ]	⑧踢[打₁₂)₂₂]	②揍[打₁₃)₁₂]	
		③推[打₁₂)₁₁c]	⑨撞[打₁₂)₂₃]	③攻打[打₁₃)₂₁]	
		④抓[打₁₂)₁₂]		④剿[打₁₃)₂₂]	
		⑤敲[打₁₂)₁₃ₐ]		⑤炸[打₁₃)₂₃]	
		⑥敲打[打₁₂)₁₃ᵦ]		⑥杀[打₁₃)₃₁]	
				⑦消灭[打₁₃)₆₁ₐ]	
				⑧灭[打₁₃)₆₁ᵦ]	
				⑨玩[打₁₃)₆₁ₐ]	
				⑩出[打₁₃)₆₁ᵦ]	

参考文献

曹右琦、孙茂松主编：《中文信息处理前沿进展》，清华大学出版社2006年版。

王惠：《现代汉语名词词义组合分析》，北京大学出版社2004年版。

萧国政：《汉语语法的事实发掘与理论探索》，湖北人民出版社2005年版。

萧国政、胡惮：《信息处理的汉语语义资源建设现状分析与前景展望》，《长江学术》2007年第2期，第86—91页。

Xiao Guozheng and Guo Tingting, The Floating of Negative Factors and the Recognition of Semantic Patterns of *HUAIYI* Sentences in Mandarin, Language, Information and Computation, pp. 362 - 371, Colips Publications, Singapore, 2003.

（本节原载《中文计算技术与语言问题研究》，电子工业出版社2007年版）

The Construction of Chinese Verb Synsets Oriented to Language Knowledge and Reasoning

——"Synset-Allolex" Theory and "Syntactic-Semantic Components" Analysis

1 Introduction

    Natural language processing and artificial intelligence are now marching toward their new goal — automatic word sense tagging, when the old ones — automatic word segmentation and automatic part-of-speech tagging — have been almost achieved. Automatic semantic tagging, especially the automatic word sense tagging of polysemic words, is not only an important approach in machine translation, but also a ground work of natural language understanding and artificial intelligence. [1] It is

---

    ① Polysemy is an important phenomenon and also an important feature of word meaning.

an enormous project which demands efforts in both linguistic study and technology.

The first step of automatic semantic tagging is digital study of word sense, and the second is word sense recognition of natural language. The former consists of two aspects: word sense study and word sense digitization. Theoretically speaking, there must be a complete, scientific and advanced word sense repository, i. e. , a practical word sense "neural net", for word senses of a language to be automatically disambiguated.

Automatic word sense tagging is not to simply tag every semantic item of every word in a sentence, but to tag the very sememe of the word used in the sentence. "Sememe" is a unit of word sense, a combination of specific structure and relevant forms of a conceptual unit. It relates to semantic item but is not its simple correspondence. The number of semantic items of a language is unlimited while the number of its sememes are relatively limited, because some semantic items of a wealth of words are the same. Therefore, it would be significant to study an unlimited number of word senses through explaining and depicting a limited number of sememes.

From the point of view of linguistics, sememe is the smallest word sense unit of a language which can be used independently. While put in the technological semantic system of natural language processing, it is not only a node of the semantic net but also a form with specific digital and symbolic label. As a node, a sememe has its position in the semantic net; as a digital form, it can be calculated in computer. Wherefore, the task of digital study is to transform a dictionary word sense into a digital code as a node in the semantic system.

Many isolated words or words used in sentences, which are synonyms under the same sememe, make up of a lot of synonym groups — we call them "synsets". Depicting semantic meaning in groups and representing the relations between word senses in semantic net, not only ease the labor in technological word sense description, but also enhance the intelligence — the reasoning and clustering abilities of computers.

Synset is a group of words related to the same sense. Its construction is a huge linguistic project, a task of the era that natural language processing and artificial intelligence, especially machine translation, should accomplish. Its design and quality directly impact the validity of natural language processing. Great as existing synsets, they still have some shortages: the categorization is too rough, the similarity between word senses is not completely reflected, the logic relation of word sense and the signified is not sufficiently reflected, and the intelligence and clustering ability of word nets need to be improved.

Technological language study shows that the "syntactic-semantic components" analysis and the new "synset-allolex" theory are the most workable to construct more effective synsets. The basic contents are as follows: Analyzing the semantic components of words according to their senses, depicting their semantic structure according to their syntactic and semantic features, displaying grammatical opposition and relations between senses, constituting semantic "lexemes" sense by sense and word by word, then detecting and defining synonyms according to the lexeme and a word-sense-distinguishing formula and constructing its appositional synset, superordinate-synset, hypo-synset and adjacent synset, finally establishing a three-dimensional synset system of one of the senses of a polysemic word.

The theory and the analytical method are strategic achievements and epitomes of our semantic net construction and our study on word net and word sense in years. They are interrelated practical theories shared by both human and computer.

2 General Introduction to "Synset-Allolex" Theory

The "synset-allolex" theory brought forth in this paper is a new theory on synset construction. The reasons for its being so called instead of being called "allolex-synset" theory are: this theory is to construct synsets and a synset system (semantic net) for convenient computing, and it attempts to achieve the goal by studying word sense structure and the relationship between words with similar senses. Its focuses are synset and synset system, and its methodology is constructing synsets and synset system by detecting and defining allolexes. Whereas, the term "allolex-synset" only indicates that the synset is a collection of allolexes. It does not care about the nature or the system of synset or the way in constructing synsets.

The synset system that the "synset-allolex" theory constructs is a whole collection of word senses in a language. It is composed by word senses and word forms. It is a system because the language it represents is a system, and the counterpart of the collection in computing are all the senses delivered by words. Its features are as follows:

(1) Synset and synset are distinctive but also unified. The collec-

tion of all the synsets are the very vocabulary of a natural language, only that it is divided into many different but inter-related synsets for the purpose of computing. It is just like a human society. A society can be divided into different communities that differ a lot but share some similarity at the same time – they build up the human society they live in.

(2) There are grammatical and semantic relations between synsets. The relation between words in every synset is substitutability, and the relation between synsets can be either substitutability or co-occurrence.

(3) Every word in each synset is different from those in other synsets, and even when they are in the same word form they are different in sense. Therefore, every semantic item of a polysemic word can be a lexeme, but it belongs to different synsets.

"Synset-allolex" theory holds that: notions are unlimited, but the notions expressed with lexemes in every language are limited. There are two kinds of lexeme: basic and non-basic lexemes. Basic lexemes and their variants make up of the whole synset system, i. e. the semantic system of a language. Every synset started from its basic lexeme is a synset system composed by its appositional variants, superordinate variants, hypo-variants and adjacent variants. The relationship between them can be written as:

$$\Sigma = \{S_1, S_2, S_3, \cdots, S_n\}; S = \{V_0, V_1, V_2, V_3, \cdots, V_n\}$$

Σ represents synset system, S represents synset, V_0 is basic lexeme, $V_1, V_2, V_3, \cdots, V_n$ are allolexes.

Accordingly, "synset-allolex" theory consists of lexeme theory, allolex theory, synset theory and the method of "syntactic-semantic components" analysis.

The basic contents of lexeme theory and allolex theory are: (1) Lexeme is the combination of basic word sense and specific pronunciation or form. ① It refers to the individual word combined by a specific basic sense and specific pronunciation or form, as well as the collection of words combined by a basic sense and different pronunciations or characters (We call it CQa here). Every word in the collection is a variant of the form lexeme. (2) Word sense can be described as "basic meaning + additional meaning". Because of their different additional meanings, words with the same basic meaning become different additional-meaning variants of the same lexeme. They make up of another kind of collection called "synset of affective-meaning variants" (We call it CQb here). Every member in CQb can be called "affective-meaning Variant", because additional meaning is broadly known as "affective additional meaning". (3) Basic meaning roughly equals the notion of "connotation" in formal logic. According to the relationships between basic meaning and its variants, a lexeme has its appositional variants, superordinate variants, hypo-variants and adjacent variants. (4) The synset in "synset-allolex" theory is "a synset of allolexes" composed by appositional variants, superordinate variants, hypo-variants and adjacent variants of the cognitive "starting sememe". (5) "Syntactic-semantic components" analysis is the basic method to detect and describe lexeme, to distinguish the sememes of a polysemic word and to detect allolex. The following part will illustrate "synset-allolex" theo-

---

① These forms can be either diachronic or synchronic, in either common language or dialects.

ry and "syntactic-semantic components" analysis with the Chinese verb "da(打)" and one of its sememe "da$_1$" (hit).

3　Detect and Describe the Sememe of "Da$_1$"

To put it simple, a sememe corresponds to a semantic item of a word. If a dictionary separates semantic items of every word reasonably, they can be taken as the basis of synset construction directly. But the fact is that the dictionary for human use and that for computer have different requirements on sense explanation and distinguishing.

When establishing a sememe, the description of word senses is crucial because it determines the objectivity, rationality and intelligence of the synset. Therefore, the technological word sense description can not use, let alone depend on, the work of ordinary dictionaries. Let's look at the word sense description and distinguishing of a specific word —"da".

"Da" is frequently used in modern Chinese. It ranks 94th in the 8000 words most frequently used, and ranks 5th[1] in the most frequently used verbs. [2] The following are the description and distingui-shing of the semantic items and their senses of "da" in three different dictionaries. To save time and space, only the first five senses are listed here.

(1) *Modern Chinese Dictionary* (2005) lists 24 semantic items of

---

[1]　The first four are: "来(come)", "走(go)", "到(get)" and "想(think)".

[2]　The data come form *Modern Chinese Frequency Dictionary* (Beijing Language Institute Press, 1986).

the verb"da", and the first five are:①

①strike sth. (with hand or instrument):~门丨~鼓;②(vessel,egg,etc). break(when struck):碗~了丨鸡飞蛋~;③beat up; attack:~架丨~援;④negotiate with sb. :~官司丨~交道;⑤construct; build:~坝丨~墙.

(2)*A Practical Chinese Dictionary* (2005) lists 27 semantic items of the verb"da", and the first five are:

①beat; knock:~门丨~鼓丨~碎;②break(when struck):~了个花瓶丨挺好的一个碗给~了丨鸡飞蛋~;③beat up; attack:你怎么~人了丨两个人~了起来丨这一仗要~好;④negotiate between people:~官司丨~交道;⑤build:~地基丨~一道墙.

(3)*International Standard Chinese Dictionary* lists 19 semantic items of the verb"da", and the first five are:

①hit,knock,attack:~击丨殴~丨~杀;②blow off,give off,inject into,plunge into:~炮丨~雷丨~信号丨~电报;③make,build:~首饰丨~家具;④dial:~算盘;⑤uncover,break,beat away:~破丨~井.②

The first two dictionaries are both published by the Commercial Press and the semantic items are separated in the same way,while the third is quite different. There are at least two problems even in the first two:1) *Modern Chinese Dictionary*(2005) explains the meaning of"da" in"打门"as"strike". It seems very strange when we relate the explanation and the example. The explanation says that the tool used to "strike"a door can be a hand or other instrument. It must be an elbow

---

① In this paper, "~" represents "打" (pronounced as "dǎ").
② These data are quoted from"PowerWord 2005".

that we use to strike a door, which seldom happens. And it must be a big instrument for it to be used to strike and it is only used to fight a fire, to rescue someone from danger or to burgle a shop, etc. In like manner, a hand or other instruments are seldom used to strike a drum. *A Practical Chinese Dictionary* uses "beat" and "knock" to explain "da" in "打门" and "打鼓". It is acceptable to explain "打鼓", but not so acceptable in "da men". The third dictionary has the same problem: "敲碎" can be expressed as "打碎", but "打碎" has broader meaning. "敲碎" is just one possiblity of "打碎". 2) The first dictionary uses a sentence to paraphrase word senses and the second uses synonyms, but it seems that both explain the superordinate with the hyponym. Wrong as the explanations are, it is not the case that the editors do not know about logic, but that they have no choice. The reason falls on the way in separating semantic items, therefore, understanding the senses of polysemic words exactly and separating them reasonably are the presupposition and basis to describe them well and truly.

"Da" is a polysemic word. The detection of its sememes should be started from its basic sense. "Da" is an action verb. It is explained in *Shuo Wen Jie Zi* as "打,击也,从手,丁声(*Da* means *hit*, related to hand, the fourth tone)". "Hit" is the basic sense of "da", it can be written as "da_1". The other semantic items can be written as "da_1, da_2, da_3, $\cdots$, da_n" respectively. When we describe "da_1" as in ordinary dictionaries, the mode in *Shuo Wen Jie Zi* can be adopted. Descriptive words can also be used as in *Modern Chinese Dictionary*, but the expression should be adjusted: "hit sb. / sth. (with hand or other body parts or with some instrument at the same time). "The following examples should also be included: ~手丨别~孩子丨别~我的小狗, etc.

As for its semantic structure, "da_1" involves the components of agent, patient (object of the action) and instrument (hand) (manner - with hand), besides, [+ agent] [+ action] [+ hand] [+ patient] are essential components of this sense. In addition, the action of "da_1" is an intentional action of the agent, which is obviously manifested in the following occasion: If "da_1" and a NP (human) construct the structure "$da_1 + NP_{[H]}$", it refers to an intended action – "hit sb.". Let's compare the following examples:

[1] 后面有人推他，他站不住，不幸把小山子撞倒，还踩了一脚，这不是打人吗？（×）

(He was pushed from the back and couldn't keep his feet, so he unluckily knocked Xiao-shan-zi down to the ground and stepped on him. Isn't it hitting?)

[2] 后面是有人推他，他就借势把小山子撞倒，还踩了一脚，这不是打人吗？① （√）

(He was pushed from the back, so he made use of it to knock Xiao-shan-zi down to the ground and stepped on him. Isn't it hitting?)

The action in [1] is not intentional and not hitting, while that in [2] is intentional and hitting. Accordingly, the sememe of "da_1" consists of the following essential components, in another word, [3] is the semantic formula of "da_1".

[3] [+ agent] [+ hand] [+ patient] [+ action] [+ inner-control]

To put it another way, "da_1" is the action that the agent deliberately hits somebody or something with his hand. Whereas, is it "da_1"

---

① "撞" is a semantic variety of "da_1" as is in Figure 1.

when an agent deliberately hits somebody or something with his hand? The answer is "No". Because the other senses of "da" also meets the term. For example, the "da" in "打墙₁" (building a wall) satisfies the condition but its meaning differs from "da₁" and can be written as "da₅".

Every word sense is the result of application. Different senses of a polysemic word reflect different situations they had ever been used in. The structure, engendering process and activation of word senses differs with part of speech. "Da₁" is a bi-valenced verb, its semantic structure relates closely to, and is interdependent with, its syntactic structure. Therefore, syntactic terms should be considered if we want to distinguish "da₁", "da₂" and "da₃". The sememe of "da₁" should be described as a "syntactic-semantic" structure, that is:

[4] sb. deliberately hits sb./sth. with his hand or some other part of his body [or uses some instrument at the same time], and the patient is the grammatical object of "da".

The semantic description in [4] can be rewritten as the sememe-syntactic formula in [5] when the fourth item in [3] is changed into [+ object]:

[5] [+ agent] [+ hand] [+ object] [+ action] [+ inner-control]

With this formula, the first five semantic items of "da" in *Modern Chinese Dictionary* [①strike sth. (with hand or instrument): ~门丨~鼓; ②(vessel, egg, etc.) break (when struck): 碗~了丨鸡飞蛋~; ③beat up; attack: ~架丨~援; ④negotiate with sb.: ~官司丨~交道; ⑤construct; build: ~坝丨~墙. [can be described and distinguished as the following matrix:

① [+ agent] [+ hand] [+ object] [+ action] [+ inner-control]

② [− agent] [? hand] [− object] [+ event] [+ inner-control]①

③ [+ agent] [+ hand] [− object hit] [+ action] [+ inner-control]

④ [+ agent] [− hand] [− object] [+ behavior] [+ inner-control]

⑤ [+ agent] [+ hand] [− object] [+ action] [+ inner-control]

4 Allosemes of "Da$_1$"

A synset of a specific sense of a verb oriented to language knowledge and reasoning is, on the one hand, a node in the semantic net, on the other hand, a local area network or a subnet with semantic hooks around it. If the collection of the basic meaning and different additional meanings or particular meanings of a word is regarded as a conceptual node, the conception it reflects is the meaning lexeme② of a lexeme

---

① Actually, the relationship between the second semantic item and "da$_1$" is not polysemic. They are in homomorphism and pronounced in different tones in Wuhan dialect.

② Sememes mirrors conceptions, but sememes of different languages differ. The reason is: Though all the conceptions in every language can be reflected and expressed, some conceptions are reflected as sememes in some languages but as phrases or clusters, even sentences, in other languages.

(or basic lexeme). ① Its synonyms are conceptual variants of the lexeme which are also nodes in subnets.

There are two kinds of allolexes: form lexeme and meaning lexeme. Members of the synsets in WordNet and *Tong Yi Ci Ci Lin* (Synonym Thesaurus) are usually different form lexemes of the same lexeme. And for the sake of reasoning, the superordinate or hyponym conceptions in a wordnet can be taken as the collection of a basic conception (sememe) and its semantic variants. Conceptions of a language are infinite while its semantic items are relatively finite, and the semantic items are relatively infinite while sememes finite. To construct a so-called synset is just to combine those unlimited semantic items into sememes. A synset is just a sememe in a language. It is a technical way to study an unlimited number of semantic items through explaining and describing a limited number of sememes. Theoretically, we get all the sememes of a language when we establish all its synsets, because the number of the sememes in a language equals that of synsets. ②

The biggest problem in constructing a synset is detecting synonyms. The usual way is to replace words in sentences. Suppose, there is a sentence S and it is made up of by word a, word b, word c, word d

---

① When constructing a synset, we take a specific word as the starting point, describing their conceptual components. Those whose conceptual components are slightly different are its synonyms. The process of constructing a synset is just the process of detecting and describing the combinations of these conceptual components (words), and then putting them into the same synset. In "synset-allolex" theory, we call the lexeme that the starting word represents as basic lexeme, and the lexeme its synonym represents as allolex.

② Some words may have no synonym, but they can be regarded as a special kind of synsets, because they have no more members in the synset other than themselves.

and word e. If word b can be replaced by a new word f and the meaning of s does not change, then word b and word f are synonyms. If so, the underlined words in both [6] and [7] are synonyms:

[6] a. 他买了一辆<u>自行车</u>。

(He bought a bicycle.)

b. 他买了一辆<u>单车</u>。

(He bought a bike.)

[7] a. 妈妈，哥哥<u>踢</u>我。

(Mum, brother kicked me.)

b. 妈妈，哥哥<u>打</u>我。

(Mum, brother hit me.)

The two pairs in [6] and [7] are different kinds of synonyms. "自行车" and "单车" are usually called "absolute synonyms" because they refer to the same signified. The relationship between "踢" and "打" is hyponymy when studied isolatedly, but they refer to the same kind of events when used with given nouns. Furthermore, if the speaker of [7]b is a little child, it is possible that he does not know how to utter [7]a. It shows that a child usually knows "da" before "踢" both in expression and cognition. The "da" with a hand is not only the cognitive "prototype" and starting point of the "da-s" with other body parts (e.g.: "踢" with foot, "撞" with body, "抓" with fingers), but also the prototype and starting point of the "da" with hand and instrument. The "da-s" in the expressions from "打皮球" to "打羽毛球/乒乓球/高尔夫球", from "用手脚打敌人" to "用武器弹药打敌人及其工事", the "da-s" from those of general meaning to those of specific meaning, make up of a synset of language cognition, following the order of human cognition. The synset thus made reflects human intelligence and language facts better. Therefore, a wordnet with reasoning ability should have its synsets composed by synonyms as those in [7]. Such synsets arebased on and aim at sememes and their variants, they are made up of by allolexes. To establish such synsets, the most important tasks are to detect sememes and to look for allosemes, and the definition of sememe and its components are the clue and the pilot to look for allosemes.

We learn from [5] that "da_1" has 5 basic and essential semantic components. Words that meet the same semantic formula as "da_1" but have slight differences in component 2 or component 3 make the hypo-synonyms of "da_1". First, "da_1" has two kinds of hypo-synonyms because of the different ways in using hand (and its substitutes) or the different objects [written respectively as $da_{12)x}$ and $da_{13)x}$, they are the abbreviations of $(da_1)_{2)x}$ and $(da_1)_{3)x}$]. The number before X represents component 2 or component 3, and it represents the specific symbols of da_1's synonyms.

For example, because of the difference in the manner, the place or the way (component 2 of "da_1") of hitting some object with a hand, "da_1" has hypo-synonyms as "掴":

①hit (somebody's face with one's palm): "$da_{12)11a}$": 掴 (e. g.: ~了他两巴掌)

②hit (one side of something with one's palm): "$da_{12)11b}$": 拍 (e. g.: ~~桌子|有人~门)

③bend one's fingers and hit somebody (with the finger tips): "$da_{12)12}$": 抓 (e. g.: 别~妈妈!)

If component 2 becomes some other body parts, there are other variants of "da_1":

①hit somebody with teeth: "$da_{12)21}$": 咬(e.g.:这小孩儿打人够狠的,不仅~了小山,还踢了他两脚丨A:打他,怎么打? B:用牙~他呀!)

②hit somebody or something with one's foot: "$da_{12)22}$": 踢(e.g.:A:妈妈,他~亮亮的脚。B:没有,我是~他的鞋丨~足球)

If component 3, i.e. the object hit, differs, there are variants of "da_1" as follows:

(1) The object is a human being and the result is:

①"$da_{13)11}$" 殴打(e.g.:~干部丨~妻子丨~对方; On the contrary: * ~他丨* ~老婆);

②"$da_{13)12}$" 揍(e.g.:别~孩子丨把老婆~了一顿丨这些鬼子存心想挨~)。

(2) The object is a military target:

③"$da_{13)21}$" 攻打(e.g.:三~祝家庄丨~省城丨~城防部队丨~碉堡)。

According to the difference of manner, "gong-da" has its hyponyms:

④"$da_{13)22}$" 剿(e.g.:~土匪)。

⑤"$da_{13)23}$" 炸(e.g.:~碉堡丨~飞机)。①

(3) The object is a group of enemies or an individual enemy, or a natural enemy:

⑥"$da_{13)31}$" 杀(e.g.:~鬼子丨男人们上前线~敌人去了丨~虎

---

① "炸毁"or"摧毁"can not be substitutes of ⑤. Because"打碉堡"and"打飞机"equal"炸碉堡"and"炸飞机",but not necessarily to bomb it out. A possible result of bombing is the blockhouse gets destroyed,but it's not inevitable. Besides,there can be a feint which is also a kind of"da". e.g.:注意啊,你们班打碉堡,是佯攻,不是真的炸毁它,敌人投降后我们还要用呢。

上山).

(4) The object is a natural enemy:

⑦"da_{13)61a}"消灭

⑧"da_{13)61b}"灭(e.g.:消灭四害～麻雀|～蚊子).

(5) The object is some kind of balls or cards:

⑨"da_{13)61a}"玩(e.g.:他～球去了|去～球吧!).

The verb in ⑨ emphasizes particularly on the nature of the activity. The verb will be different if a specific action is focused on:

⑩"da_{13)61b}"出(e.g.:他～了一个八万,我和了).①

Detecting synonymous variants according to the variation of components is the basic mode we use in constructing synsets. Allosemes and their senses are the bases for us to improve artificial intelligence. As long as we give a computer the verbs and their senses, it will in all probability carry out an action and estimate its nature without spending much time in computing.

5 Survey on the Synset of "Da₁"

From the first part we know: the synset in "synset-allolex" theory is an "allolex-synset" composed by the appositional variants, superordinate variants, hypo-variants and adjacent variants of the cognitive "starting sememe". "Da₁" is a sememe which can be written as "/da₁/" or "da_{/1[ji]/}" like phoneme. Its allosemes fall into the following 4

---

① There are more variants of "da₁" when used in "打球". e.g.:抽,削,发,etc. (他经常～擦边球).

kinds:

(1) Appositional variant $da_{10)x}$. e. g. :"击" is its appositional variant in writing. We can see this from the comparison of "打头部—击头部丨打落—击落". The serial number of "击" in the lexeme system is "$da_{10)1}$", and the "0)" in it shows its components are not different from those of "da_1".

(2) Adjacent variant$_{Lx}$ da_1. e. g. :"打架","打斗","斗殴", etc. are neighbours of /da_1/. Their serial numbers are respectively "$_{L11}da_1$", "$_{L12a}da_1$" and "$_{L12b}da_1$". "da_1" refers to unilateral hit, while "打架" bi-lateral. E. g. : If A hits B, B won't accept that he fights with A. Only when B strikes back can we say they are fighting. "厮打" and "扭打" are hypo-variants of "打架", not belonging to the synset of "da_1".

(3) Hypo-variants: "$da_{1m)x}$". The "m" (m > 0) is the mark of basic semantic component. e. g. :"踢" and "杀" are da_1's variants of component 2 and component 3. Their serial numbers are "$da_{12)22}$" and "$da_{13)31}$". The detecting, describing and system setting of hypo-variants of "da_1" are the main parts of synset and synset construction.

(4) Superordinate variants: "da^{1x}". Theoretically, every sememe has its superordinate variants so there should be theoretical and operational spaces for them, but in practice, they will show themselves when all the hypo-variants are detected and described.

Collections of different variants are all synsets of some sememe. If we mark the biggest one with { } and others [ ], the synsets of /da_1/ is: {/da_1/: da_1 + [$da_{1 appositional variants}$] + [$da_{1 hypo- variants}$] + [$da_{1 adjacent variants}$] + [$da_{1 superordinate variants}$]}, and it would be {/$da_1$/: da_1 + [da_{10x}] + [$da_{1m)x}$] + [$_{Lx}da_1$]} if we do not take [$da_{1 superordinate variants}$] into consideration for the moment. Besides, every subset can be either CQa or CQb. For the sake of concision, the synset below will neglect CQa, CQb and superordiante variants.

In figure 1, the blank line at the bottom of every row signifies that the kind of variants is, or is possibly, infinite. Φ signifies the null form in this kind or the same form as "da". The bold line frames the synonyms of "da_1" and the others are words with similar meaning.

Figure 1 Synset of "Da_1"

		Synset of /$da_{1[ji]}$/: {/da_1/}			
Appositional synset [da_{10x}]		Hypo-synset [da_{1nx}]			Adjacent synset [$_{Lx}da_1$]
	Form variants	Meaning variants			①打架 [$_{L11}da_1$] ②打斗 [$_{L12a}da_1$] ③斗殴 [$_{L12b}da_1$]
	Register and style variants [$da_{10)x}$]	Instrument variants (mode variants) [$da_{12)x}$]		Object variants (nature variants) [$da_{13)x}$]	
		Instrument variants (1) [$da_{12)1x}$]	Instrument variants (2) [$da_{12)2x}$]		
Synonyms of "da_1"	Φ [da_{100}]	Φ [$da_{12)10}$]	Φ [$da_{12)20}$]	Φ [$da_{13)0}$]	
	①击 [da_{101}]	①捆 [$da_{12)11a}$]	⑦咬 [$da_{12)21}$]	①殴打 [$da_{13)11}$]	
		②拍 [$da_{12)11b}$]	⑧踢 [$da_{12)22}$]	②揍 [$da_{13)12}$]	
		③推 [$da_{12)11c}$]	⑨撞 [$da_{12)23}$]	③攻打 [$da_{13)21}$]	
		④抓 [$da_{12)12}$]		④剿 [$da_{13)22}$]	
		⑤敲 [$da_{12)13a}$]		⑤炸 [$da_{13)23}$]	
		⑥敲打 [$da_{12)13b}$]		⑥杀 [$da_{13)31}$]	
				⑦消灭 [$da_{13)61a}$]	
				⑧灭 [$da_{13)61b}$]	
				⑨玩 [$da_{13)61a}$]	
				⑩出 [$da_{13)61b}$]	

Admittedly, the advance in algorithm is probably only a tiny progress in the "intelligence" of natural language. However, however, it will bring qualitative leap if explored theoretically. Computational linguistics should attach importance to the theoretical and methodological research in enhancing language processing intelligence.

References

[1] Youqi Cao and Maosong Sun, 2006, *Recent Progress in Chinese Computing*. Beijing: Tsinghua University Press.

[2] Hui Wang, 2004, *A Syntagmatic Study on Noun Senses in Contemporary Chinese*. Beijing: Beijing University Press.

[3] Guozheng Xiao, 2005, *Study on Facts and Theories of Chinese Grammar*. Wuhan: Hubei People's Press.

[4] Guozheng Xiao and Dan Hu, 2007, The Constructive State of & Prospective on the Chinese Semantic Resources of Information Processing, *Yangtze River Academic*, 4(2): pp. 86 – 91.

[5] Guozheng Xiao and Tingting Guo, 2003, The Floating of Negative Factors and the Recognition of Semantic Patterns of HUAIYI Sentences in Mandarin, *Language, Information and Computation*, Singapore: Colips Publications.

[6] Zhiyi Zhang and Qingyun Zhang, 2001, *Lexical Semantics*, Beijing: The Commercial Press.

(原载 *Recent Advance of Chinese Computing Technologies*, Coplis Publications, Singapore, 2008, 与刘苹合写, 英文行文刘苹)

Semantic Composition and Formal Representation of Synonym Set

1 Introduction

As the fundamental resource in language information processing, WordNet has considerable significance both theoretically and practically in various fields including machine translation, information extraction, automatic digest and intelligent retrieval. The construction and semantic description of synonym set are the key linguistic technology in the construction of WordNet and have immediate effects on the accuracy and computational efficiency of WordNet. Xiao (2007) proposed a theory for the construction of verbal synonym set: the "Synset-Allolexeme Theory", which solved the key problem in the construction of synonym set. This paper probes further into the principles and methods of semantic description of synonym set.

2 Cognitive Fundamentals and Principles for the Construction of Synonymous System

Cognitive linguistics states that language does not directly express or correspond to the real world. Instead, language and the real world is connected by an intermediate layer, the "cognitive construction" layer. This viewpoint can be presented as the "reality-cognition-language" mode. Therefore, cognitive rules and cognitive modes are not only the objective rules of individual language acquisition but also the foundations and patterns for the shaping and development of language system itself.

In terms of the expatiation of cognitive mode, linguists hold different views. Rumelhart & Ortony (1980) held that "Schema is the foundation of cognition on which the processing of any information is based. "Schema" is a way of storing information in long-term memory; it is a large information structure around which a common topic or subject is organized. The typical structure of schema is the hierarchy model in which information sub-sets fall into larger concepts". (O' Malley, 1990) In short, schema is "previously obtained knowledge, namely the structure of background knowledge". (Carrell, 1983) While perceiving new things, human being needs to associate them with known concepts and previous experience (background knowledge). In other words, perception of new things needs help from the schemas already existing in the brain.

There exist various schemas in the human brain, each one representing a knowledge unit at a certain level. Vocabulary is also a type of schema. Psychologists call the expression of words in permanent memory mental lexicon knowledge. Mental lexicon is not randomly piled-up, instead, it is a well-organized system, a network constructed by meaning. (Liu, 2003) Each word is a schema. All the words in a language are systematically organized and each one of them is connected to another along paradigmatic and syntagmatic dimensions, despite the enormous number and complex hierarchy of the schemas. Once a new word enters the brain, a new schema has been incorporated into this huge net.

Piaget(1981) holds that assimilation, accommodation and equilibration are the three basic stages of cognitive development. When children perceive new things, they always try to assimilate them. If they succeed assimilating them, they will achieve cognitive equilibration. If they can not assimilate, they will accommodate to them, adjusting existing schemas or creating new ones to accept new things, until they achieve cognitive equilibration. The development of children's mentality is in essence the development and consummation of cognitive schema.

The cognition of language also complies with this psychological rule. When one learns or comes to a new word, a certain schema in the mental lexicon network is activated. If the new word can be assimilated, it will directly enter the mental lexicon and cognitive equilibration will be achieved; if not, the brain will accommodate to it, adjusting existing lexicon schemas or creating new schemas.

Schemas can be superposed or reconstructed so as to create larger "parent-child" schema structures. The process of schema reconstruction is in essence a process of accommodation, the inter-relations between schemas being the basis of reconstruction. Synonymous aggregation is one of the most important ways of reconstruction.

Vocabulary is the lingual expression of concept. In real lingual environment, one concept usually has more than one pragmatic variants corresponding to a group of different words that constitute a synonym set(synset) (Hu and Li, 2007). In cognitive system, this synset is a conceptional parent schema consists of several concept-variant child schemas. Due to difference in cognitive levels, the numbers of variant child schemas of the same conceptional parent schema are not necessarily the same in different cognitive agents. When the human brain receives a new word, it searches in the stored glossary schema system. If a corresponding conceptional schema is found, the found schema will be activated and the new word will be assimilated as a concept-variant child schema; if no existing conceptional schema is found, the new word will be accommodated and become a new conceptional schema of the cognitive system through equilibration, waiting to assimilate other new words.

The precondition of synonymous aggregation assimilation is that there exists a common core sememe between the assimilated word and the activated schema. Take the assimilating process of the synonym set of "ku(哭)" for instance: the *Contemporary Chinese Dictionary* defines "ku(哭)" as "*to shed tears due to pain, sorrow or agitation, sometimes making sound*". From this definition, we can extract three sememes of the word "ku(哭)": action, cause and manner. The action of "ku(哭)" is "*to shed tears*"; the cause is an optional triple: "*pain/ sorrow/agitation*"; the manner is "*making sound*". Among the three sememes, action and manner are necessary and sufficient ones, namely "ku

(哭)" must simultaneously require two elements: [+ shed tears] and [+ pain/sorrow/agitation], and vise versa. Nevertheless, the manner [+ making sound] is not indispensable. The core sememes of "*ku* (哭)" are therefore [+ shed tears] and [+ pain/ sorrow/ agitation]. If there exists in the brain the word "*ku*(哭)", when new words like "*kuqi*(哭泣)", "*haoku*(号哭)", "*tiku*(啼哭)", and "*tongku*(痛哭)" are received, the existing schema "*ku*(哭)" will be activated. Sememe resolution reveals that the core sememes of these new words are identical with that of "*ku*(哭)", and that the differences between these words lie only in the sememe of "manner". Whereas "manner" is not an indispensable sememe, the cognitive system will assimilate these new words by using existing schema "*ku*(哭)" and the synonymous variant set of concept "*ku*(哭)" is consequently constructed through schema regrouping. While new words like "*kuling*(哭灵)", "*kusang*(哭丧)" and "*kuqiong*(哭穷)" are presented, sememe resolution reveals that [+ shed tears] and [+ pain/sorrow/agitation] are not sufficient and necessary sememes of them. The sufficient and necessary sememe of "*kuling*(哭灵)" further include location sememe [+ by coffin/bier]; the sufficient and necessary sememe of "*kusang* (哭丧)" further include environment sememe [+ at funeral]; and "*kuqiong*(哭穷)" does not include sememes [+ shed tears] and [+ pain/sorrow/agitation] at all. Thus, these three words do not share identical core sememes with "*ku*(哭)" and therefore are established as new schemas through accommodation and equilibration instead of being assimilated by existing conceptional schema "*ku*(哭)" through synonymous aggregation.

Among the several variants of a concept, there normally exists a cognitive prototype. The prototype of a concept exists in the vocabulary system as primitive word. The number of primitive words in any language is limited, however enormous the size of its vocabulary is. These primitive words constitute the core skeleton of the vocabulary system, words other than primitive words are variants derived from primitive words by assigning values to attributes of concepts at different dimensions.

The cognitive prototype usually bears the sufficient and necessary sememes of a concept and is the benchmark for a concept to assimilate its variants, as is shown in the aforementioned example "ku(哭)". If the core sememe of a new word is identical with that of the prototype, the new word can be assimilated by the conceptional schema through synonymous aggregation. The accessional non-core sememes of a new word represent the attribute values of a concept at different dimensions, forming different pragmatic variants of the concept(Hu and Li, 2007). The establishment of a concept in the cognitive system starts from the prototype variants of the concept and accordingly, prototype variants are usually first cognized in the cognitive sequence. Admittedly, it is possible that during the sequence of language teaching(especially second language teaching), the non-prototype variant of a concept emerges prior to the prototype variant. In such case, although the learner acquires a non-prototype word, the schema of concept cannot be established in his/her cognitive schema system. Whereas, once he/she learns the prototype word, he/she will reconstruct the cognitive schema system of the word. For instance, in the Chinese as a Second Language learning process, when the word "tongku(痛哭)" (defined as "cry loudly to the top of one's bent" in the Contemporary Chinese Dictionary) is being learnt, if the word "*ku* (哭)" has not been acquired beforehand, although "*tongku*(痛哭)" can establish a lexicon schema in the learner's brain, the conceptional schema of the primitive word "*ku*(哭)" cannot be established. In order to understand "*tongku*(痛哭)", "*ku*(哭)" must be learnt immediately. Even though it is not in the arrangement of the course, the learner will explore the meaning of "*ku*(哭)" spontaneously. Otherwise he/she cannot understand the meaning "to cry to the top of one's bent". In such an acquiring sequence, although the word "*tongku*(痛哭)" comes prior to the word "*ku*(哭)", the establishment of conceptional schema is based on the conceptional prototype "*ku*(哭)". In the assimilating process of lexicon schema through synonymous aggregation, if latter-cognized schema is used to assimilate afore-cognized schema, it is back-assimilation or reversed assimilation.

3 Semantic Formulation

Suppose concept C has a series of attributes $\{A_0, A_1, A_2, A_3, \cdots, A_n\}$, each attribute being a variable assigned a different value. Among these attributes, there must exist an A_0 whose value remains constant. Namely, all variants of the concept must have identical values at this dimension and the value of this very attribute constitutes the semantic core which aggregates all the variants of the concept. And it is the semantic core that substantially distinguishes one concept from another. The values of non-substantial attributes of a concept vary with communicative demands, thus creating multiple pragmatic variants of the concept $\{C_0, C_1, C_2, C_3, \cdots, C_n\}$ (Hu and Li, 2007), among which C_0 being the prototype variant. It needs to be noted that the differences between non-prototype variants could lie in the values of multiple attributes. Therefore, the mapping relation of $\{A_1, A_2, A_3, \cdots, A_n\}$ and $\{C_1, C_2, C_3, \cdots, C_n\}$ is not one-to-one. In the vocabulary system, these variants correspond to a set of synonyms $\{W_0, W_1, W_2, W_3, \cdots, W_n\}$, among which W_0 being the primitive word.

Suppose the substantial attribute of a concept is represented by Ax and the sufficient and necessary sememe of the corresponding word Sx; the non-substantial attribute is represented by Ay and the accessional sememe by Sy, the following semantic formulations stand:

The semantic formulation of primitive word W_0 is: $S(W_0) = Sx_1 + Sx_2 + Sx_3 \cdots + Sxn$

The semantics of non-primitive word W_n consists of core sememes plus accessional sememes and is formulated as:

$S(W_n) = (Sx1 + Sx2 + Sx3 \cdots + Sxn) + (Sy1 + Sy2 + Sy3 \cdots + Syn)$,

which can be simplified as:

$S(W_n) = S(W_0) + (Sy1 + Sy2 + Sy3 \cdots + Syn)$

As such, the semantic formulations of synonym set $\{ku(哭), kuqi(哭泣), haoku(号哭), tiku(啼哭), tongku(痛哭)\}$ are:

primitive word "$ku(哭)$":

$S_{(哭)}$ = sufficient and necessary sememes

= [+ action] [+ cause]

= Sx1 + Sx2

= [+ shed tears] [+ pain/sorrow/agitation], namely:

$S_{(哭)}$ = [+ shed tears] [+ pain/sorrow/agitation]

The semantic formulations of the other non primitive words:

S(W$_n$) = sufficient and necessary sememes + accessional sememes

$\quad\quad$ = [+ action] [+ cause] [+ manner]

$\quad\quad$ = Sx1 + Sx2 + Sy = S$_{(哭)}$ + Sy, thus:

S$_{(痛哭)}$ = S$_{(哭)}$ + ([+ making sound])

S$_{(哭泣)}$ = S$_{(哭)}$ + ([+ making sound] [+ lowly])

S$_{(号哭)}$ = S$_{(哭)}$ + ([+ making sound] [+ loudly]

$\quad\quad\quad$ [+ shouting])

S$_{(痛哭)}$ = S$_{(哭)}$ + ([+ making sound] [+ loudly]

$\quad\quad\quad$ [+ to the top of one's bent])

The relation between Ax and Sx and between Ay and Sy are variables and values. Ax, an open set, describes the substantial attributes of a concept. Whenever new concepts are established, the attribute-describing Ax expands. While Ay describes the non-substantial attributes of a concept, namely the values of the concept at non-core-attribute dimensions which are limited. Therefore, Ay is a closed set. Relative to different word classes, Ay is relatively stable.

For instance, Xiao (2007) studied the modern Chinese verb "da (打)" and concluded that its Ay is closed set { style, aim, tool, manner, place, method, object, degree, quality, fashion }; Hu Dan (2007) studied person-referring nouns in modern Chinese and concluded that their Ay is closed set { Semantic Scope, Related Sememe, Semantic Intensity, Semantic Laterality, Emotional Orientation, Style Color, Collocation Restriction, Zone Variant, Collectivity, Diachronic Identity, Address Competence, Absolute Identity }. It needs to be noted that although these studies are just partial research, the overall view of the non-substantial attribute sets of nouns and verbs have not been systematically reflected due to the limitations on the researching purposes and objects.

4 Formalized Semantic Describing Technology Based on Cognitive Schema

In the psychological vocabulary net, a synonym set is a conceptional schema that consists several concept-variant child schemas. These child schemas are assimilated from parent conceptional schemas in the process of cognitive development. In the construction of WordNet, we can describe synonym sets according to this principle so as to make it as close to the essence of cognitive schema as possible. Therefore, the cognitive schema structure of a synonym set can be presented as:

Take the synonym set｛*ku*(哭), *kuqi*(哭泣), *haoku*(号哭), *tiku*(啼哭), *tongku*(痛哭)｝of modern Chinese word "*ku*(哭)" for instance: refer to the above schema structure, the synonym set can be described with XML syntax as the following:

First, the names and significance of variables are:

Sche: conceptional schema

ScheID: serial number

SemCore: sufficient and necessary sememe

Word0: primitive word

Word: word entry

SubSche: child schema

```
┌─────────────────────────────────────────────┐
│ Conceptional Schema C                       │
│ sufficient and necessary sememe             │
│ =S_{X1}+S_{X2}+S_{X3}···+S_{xn}             │
│        Primitive word=W_0                   │
└──┬──────────────────────────────────────────┘
   │   ┌────────────────────────────────────────┐
   ├───│ Child Schema AC_1(Corresponding Word W_1)│
   │   │ S(W_1)=S(W_0)+(S_{y1}+S_{y2}+S_{y3}···+S_{yn})│
   │   └────────────────────────────────────────┘
   │   ┌────────────────────────────────────────┐
   ├───│ Child Schema AC_2(Corresponding Word W_2)│
   │   │ S(W_2)=S(W_0)+(S_{y1}+S_{y2}+S_{y3}···+S_{yn})│
   │   └────────────────────────────────────────┘
   │   ...
   │   ┌────────────────────────────────────────┐
   └───│ Child Schema AC_n(Corresponding Word W_n)│
       │ S(W_n)=S(W_0)+(S_{y1}+S_{y2}+S_{y3}···+S_{yn})│
       └────────────────────────────────────────┘
```

Action:action

Cause:cause

Manner:manner

With these variables, this synonym set can be described as:

< Sche >

 < ScheID = "V0001001" >

 < SemCore >

 < Action = "shed tears" >

 < Cause = "pain" or "sorrow" or "agitation" >

 < Word0 = "ku(哭)" >

 /SemCore

 < SubSche >

  < Word > "tiku(啼哭)" </Word >

  < Manner > "making sound" </Manner >

</SubSche >
< SubSche >
  < Word > kuqi(哭泣) </Word >
  < Manner > "lowly" </Manner >
</SubSche >
< SubSche >
  < Word > haoku(号哭) </Word >
  < Manner > "loudly" and "shouting" </Manner >
</SubSche >
< SubSche >
  < Word > tongku(痛哭) </Word >
  < Manner > "loudly" and "to the top of one's bent" </Manner >
</SubSche >
</Sche >

In the assimilation of Synonymous aggregation, the Semantic Core of the parent schema is the benchmark for assimilation and can be passed down to subordinate child schemas. Therefore, each child schema only describes the accessional sememe and leaves the Semantic Core to the computer which automatically inherits the Semantic Core from parent schemas through simple algorithm.

5 Conclusion and Future Work

This paper reveals the cognitive process of synonym acquisition in the psychological vocabulary net based on the schema theory in the field of cognitive psychology and proposes a semantic formulation describing method for synonyms. The purpose is to explore semantic formulation describing technology that matches the cognitive principles of Synonymous system construction. The key merits of such technology is that it can: 1) establish a concise, efficient and logic-tight attribute set to describe all words and 2) enumerate all primitive words (which is a limited closed set). With these qualifications, the establishment of a scientific and high-efficiency semantic description system is possible, which is our near future work based on this study.

References

[1] Carrell, P. L. , 1983, Schema Theory and ESL Reading Pedagogy, *TESOL Quarterly*, Vol. 17, Number 4/ December

[2] Dan Hu and Yaxiong Li, 2007, On Concept and Alloconcept, in Yanxiang He et al, (eds.) *Recent Advance of Chinese Computing Technologies*, Coplis Publications, Singapore.

[3] Dan Hu, 2007, *The Study on Constructing a Modern Chinese Conceptual Semantic WordNet Based on the Description of Multi Feature Dimension of Concepts*, Doctoral dissertation, Wuhan University, Wuhan, China.

[4] O' Malley, J. M. et al. 1990, *Learning Strategies in Second Language Acquisition*, Cambridge University Press, Cambridge.

[5] Rumelhart, D. E. 1980, Sehemas: The Building Bloeks of Congition, In R. J. Spiro, B. Burce. & W. E. Brewer (eds.), *Theoretical Issues in Reading and Comprehension*, Hillsdale, NJ: Erlbaum.

[6] Liu Fengming, 2003, On the Psychological Cognitive Process of English Vocabulary Learning, *Journal of Xi'an International Studies University*, (3).

[7] Xiao Guozheng, 2007, Constructing Verb Synsets for Language Reasoning

based on Synset-Allolexeme Theory, in Yanxiang He et al. (eds.) *Recent Advance of Chinese Computing Technologies*, Singapore: Coplis Publications.

[与胡惮合写，英文由胡惮行文，原载 *Proceedings of International Conference on Asian Language Proceesing 2008 (IALP 2008)*, Chiang Mai, Thailand, 2008]

Ontology 的类型及汉语词网的 ontology 结构

  Ontology 一般认为最初起源于哲学领域,并在很长一段时期都是哲学研究的一个分支。发展到今天,其覆盖的领域很多,如哲学、人工智能(AI)、知识工程等各个领域。并且在不同的领域、不同时期和不同方面,它有不同的含义、关注点和构成。为推动语言信息处理和人工智能研究,对 ontology 进行跨学科的研究、思考、分类和界定,十分必要。本节结合汉语词网研究,从本源、联系及工程需要的角度,阐述了哲学 ontology,确立和定义了技术 ontology,建构和论述了语言 ontology,并在此基础上介绍了面向自然语言理解的汉语通用词网("汉词通")ontology。一种术语内涵及外延的界定,代表了一种认知和努力。同一术语的不同界定,是内容相关、特征相关或思路相关认知发展的表现和记载。科学发展到今天,对 ontology 的过去进行梳理,结合新的研究任务给予新的界定,是科学研究发展的需要。并且只有认识了哲学 ontology,剖析了技术 ontology,确立了语言 ontology,才能全面推进语言词汇语义网的进一步研究。其实,Ontology 是一种思维方式和方法,随着其应用领域的延伸,会有新的不同类型的 Ontology 产生。

一 哲学 Ontology

　　一般认为，Ontology 一词来自哲学，其词首 o 小写，汉语通常译作"本体"、"本元实体"或"存在"。这种翻译与存在在认识中的位置的哲学观点有关。Ontology 的词首 O 大写，一般译作本体论、实体论或存在论，为哲学的一个分支，研究客观事物存在的本质，与研究人类知识的本质和来源的认识论（Epistemology）相对。简言之，即本体就是客观存在，本体论是对客观存在及其范畴的观点、解释和研究。

　　哲学对于存在问题的探索可追溯到古希腊，古希腊哲学家亚里士多德（Aristotle）曾把 Ontology 定义为"对世界客观存在物的系统的描述，即存在论"。为研究客观世界的存在问题，亚里士多德、莱布尼茨（Leibniz）、康德（Kant）、皮尔斯（Peirce）、怀特海德（Whitehead）等哲学家广泛讨论了用 Ontology 如何对现实世界进行分类、怎样描述其中的物理实体、如何定义客观世界的抽象，以及空间与时间的关系等问题。

　　引起普遍重视的却是近代西方哲学，而理论类型多元和观点纷呈则是西方当代哲学。当代西方哲学的主要本体观可概括为现象学本体论、自然本体论、分析本体论和社会本体论四类。[1]

---

　　[1] "分析本体论"是笔者为表述方便建立的术语，其他几类及关于西方哲学本体论可参见俞吾金《本体论研究的复兴和趋势》，《浙江学刊》2002 年第 1 期。

二 技术 Ontology

与哲学 Ontology 直接相对的应该是技术 Ontology，也可说是 Ontology 一词被赋予了新的含义或增加了义项。技术 Ontology 是一个属于特定领域、服务特定目标、符合特定指标要求的语义表达系统和工具。或者说，是一套能让计算机读懂和运用自然语言的软件程序、表述方式或机器"方言"系统。和哲学 Ontology 比，这类 Ontology 是工具性的，具有应用性和技术实现构成。技术 Ontology 的形成可大致描述如下。[①]

1991 年 Neches 等人最早在信息科学中给出 Ontology 的定义是："给出构成相关领域词汇的基本术语和关系，以及利用这些术语和关系构成，规定这些词汇外延规则。" 1993 年 Gruber 把技术 Ontology 的定义表述为"概念模型的明确的规范说明"。[②] 1997 年 Borst 进一步完善了技术 Ontology 的定义，表述为"共享概念模型的形式化规范说明"，增加了"共享"和"形式化"两个限定语。1998 年 Studer 等人在对 Gruber 和 Borst 的定义进行了深入研究后，将技术 Ontology 进一步表述为"共享概念模型的明确的形式化规范说明"，并从此形成了目前信息学界对 Ontology 概念比较一致的看法。[③]

[①] 可参见何海芸、袁春风《基于 Ontology 的领域知识构建技术综述》，《计算机应用研究》2005 年第 3 期。

[②] Thomas R. Gruber. Ontolingua, "A Translation Approach to Potable Ontology Specification", *Knowledge Acquisition*, 1993, 5 (2): pp. 199 – 200.

[③] Borst W. N., *Construction of Engineering Ontologies for Knowledge Sharing and Reuse* [D], PhD Thesis, Enschede: University of Twente, 1997.

Studer 等的定义概括起来有四个要点（或曰四个技术参数）：1. 概念模型（Conceptualization），意即通过客观世界中一些现象（Pheno-menon）抽象出相关概念而得到的模型，并且其表示的含义独立于具体的环境状态；2. 明确（Explicit），即所使用的概念及使用这些概念的约束都有明确的定义；3. 形式化（Formal），即 Ontology 是计算机可读的和可处理的；4. 共享（Share），即 Ontology 中体现的是共同认可的知识，反映的是相关领域中公认的概念集，其面对用户是群体而非个体。并且把 Ontology 的目标定位为：捕获相关领域的知识，提供对该领域知识的共同理解，确定该领域内共同认可的词汇，并从不同层次的形式化模式上给出这些词汇（术语）和词汇之间相互关系的明确定义。

此外，Fonseca 等人（1998）则从具体的建模元语把描述 Ontology 定义为"一个理论，它从特定的角度使用特定的词汇去描述实体、类、属性和相关的函数"[①]。William 等人（1999）从特征和形态方面把 Ontology 定义为"用于描述或表达某一领域知识的一组概念或术语，可用于组织知识库较高层次的抽象，也可以用来描述特定领域的知识"[②]。

技术 Ontology 的核心本质是其与哲学 ontology 的对立和学科职能。这一点从上面的定义表述中不难看出，Ontology 定义的表述者们，不管他们的表述有怎样的不同，但大家对技术 Ontology 的性质和功能认识是基本一致的，即：特定领域和范围内不同主

[①] Nicola Guarino, *Formal Ontology and Information Systems* [C], Proceedings of FOIS'98, 1998, pp. 3 – 17.

[②] William S., *Austin T*, *Ontologies* [J], IEEE Intelligent Systems, 1999 (1/2): pp. 18 – 19.

体（人、机器、软件系统等）之间进行交流（对话、互操作、共享等）的语义工具和"人工语言"系统，或曰面向人工智能的机用元语言及其系统。换句话说，"机器智能元语言"是技术 Ontology 本质的核心。

由于技术 Ontology 主要服务对象是计算机，且由于机器并不能像人类一样理解自然语言中表达的语义，截至目前机器还只能把文本看成字符串进行处理，因此技术 Ontology 研制和建构中的一个重要问题，是带有针对特定目标（包括单目标和多目标）的技术实现"语言"。这是技术 Ontology 在技术实现方面的一种构成，这一点既不同于哲学 ontology，也不同于语言 ontology。关于这一点可进一步参看关于语义网（Semantic Web）的处理目标及技术实现的介绍。

语义网是万维网的发明者蒂姆·伯纳斯－李（Tim Berners-Lee）提出的又一个概念。蒂姆·伯纳斯－李认为，当前的 Web（因特网）是供人阅读和理解的，它作为一个越来越大的文件媒体，并不利于实现数据和信息的自动化处理。新一代的语义网将不仅仅为人类而且能为计算机（信息代理）提供语义内容，使计算机（或信息代理）能够"理解"Web 意义信息，进而实现信息处理的自动化。蒂姆认为语义网是对当前 Web 的扩充，在语义网中，语义信息经过完好的定义，能够更好地促进计算机和人之间的相互与合作。为此需要提供一种计算机能够理解的、结构化的语义描述机制，以及一系列的推理规则以实现自动化推理。语义网的挑战在于提供一种"语言"，它能表述数据和在数据中进行推理，并能够将目前存在于知识表述系统之中的规则应用到 Web 上。在蒂姆的语义网框架中，这种"语言"（技术 ontology 的技术实现构成）主要包含 XML 和 RDF（S）。

XML（Extensible Markup Language，可扩展标记语言），与

HTML 一样，都是 SGML（Standard Generalized Markup Language，标准通用标记语言）。XML 是 Internet 环境中跨平台的依赖内容的技术，是当前处理结构化文档信息的有力工具。具有独特的命名机制，允许用户定义自己的文件类型和任何的复杂信息结构，在语义网中处于重要的地位。但 XML 只具有语法性，不能说明所定义结构的语义。

RDF（Resource Description Framework，资源描述框架）是一个处理元数据的 XML 应用。所谓元数据如 Web 页面的标题、作者和修改时间，Web 文档的版权和许可信息，某个被共享资源的可用计划表，等等。并且将"Web 资源"（Web resource）这一概念一般化后，RDF 可被用于表达关于任何可在 Web 上被标识的事物的信息，即使有时它们不能被直接从 Web 上获取。比如关于一个在线购物机构的某项产品的信息（例如关于规格、价格和可用性信息），或者是关于一个 Web 用户在信息递送方面的偏好的描述。一个 RDF 文件包含多个资源描述，而一个资源描述是由多个语句构成，一个语句是由资源、属性类型、属性值构成的三元体，表示资源具有的一个属性。资源描述中的语句可以对应于自然语言的语句，资源对应于自然语言中的主语，属性类型对应于谓语，属性值对应于宾语。由于 RDF 能够表示陈述句，并且主语、谓语和宾语的三个组成元素都是通过 URI 所标识，所以它具有语义表述的特性。但语义网的要求还远不止于此，语义网还需要加入逻辑功能：语义网需要能够利用规则进行推理、选择行动路线和回答相关问题，这些功能需要语言实现。

综上，技术 ontology 可简单地表述为：语言 ontology 联系计算机的工具或软件系统。其构成有两部分：（1）定义、描述语言 ontology 的"机器智能元语言"；（2）实现特定智能目标的软件及软件组。在哲学 Ontology、语言 Ontology 和技术 Ontology 三分的 Ontology 系统中，技术 Ontology 直接定义和表述的不是自然语言，而是自然语言的 Ontology。人工智能或语言信息处理的目标实现，应从单一软件直接联系自然语言过渡到通过 ontology 联系语言。这才是人工智能和语言信息处理的高级阶段。关于这个问题及技术 ontology 比较复杂，需要专文论述，也需要很多同行共同论证。

三　语言 Ontology

应该说，面向语言处理和人工智能的工程研究，涉及三个世界：哲学世界、语言世界和计算机软件技术世界。跟不同的世界相对应，Ontology 就有哲学 Ontology、语言 Ontology 和技术 Ontology。语言 Ontology 是关涉语言实体、范畴和属性的人机共用的特殊表述框架。

由于语言有不同范畴和层面，语言 Ontology 也有不同类型。从一个方面——语言实体角度看，语言就应有语音 Ontology、词语 Ontology、句子 Ontology、句联（句子连接体和连接群）Ontology、篇章 Ontology，等等。从另一方面——语义看，语言应有义元 Ontology、义素 Ontology、词位 Ontology、义丛 Ontology 和事件（或剧本）Ontology，等等。并且在这个意义上，面向语言处理和人工智能的语言研究是 Ontology 语言研究，或 Ontology 语言学（比较结构主义语言学、语料库语言学、心理语言学）。

语言 Ontology 的几个基本要素（学术参数）：哲学基础、基元意识、可多侧面解读、技术实现基础（即能为技术 Ontology 定义和表达）。

哲学基础首先体现在 Ontology 中由范畴显示的概念体系，在这个意义上，哲学 Ontology 是语言 Ontology 的一种参照基础。如亚里士多德就曾把存在（"本体"）区分为不同的模式，建立了一个范畴系统（system of categories），其范畴有：实体（substance）、质量（quality）、数量（quantity）、关系（relation）、行动（action）、感情（passion）、空间（place）、时间（time）。这个概念体系可称为本体"范畴"体系。同类的体系又如冯志伟先生在日汉机器翻译的研究中设计的知识本体系统（ONTOL-MT），该体系其初始概念有事物（entity）、时间（time）、空间（space）、数量（quantity）、行为状态（action-state）和属性（attribute）六个范畴。在这六个初始概念范畴之下，又有不同层次的下位范畴。如：

［事物］（entity）：［物］（thing）｛［具体物］（concrete）［抽象物］（abstract）｝［事］（affair）
［时间］（time）：［时点］（time-point）［时段］（period）［时间属性］
［空间］（space）：［场所］（place）［距离］（distance）［途径］（way）［方向］（direction）
……

与之实体范畴体系相对，德国哲学家康德的 Ontology 概念体系，应属于认知"特性"（"特征"）体系，具体讲是特征基元体系。康德认为，事物的本质不仅仅由事物本身决定，也受到人们对于事物的感知或理解的影响。并提出这样的问题："我们的心智究竟是采用什么样的结构来捕捉外在世界的呢？"为了回答这个问题，康德对范畴进行了分类，建立了康德的范畴框架，这个范畴框架包括四个大范畴：quantity（数量）、quality（质量）、

relation（关系）、modality（模态）。每一个大范畴又分为三个小范畴。Quantity 又分为 unity（单量）、plurality（多量）、totality（总量）三个范畴；quality 又分为 reality（实在质）、negation（否定质）、limitation（限度质）三个范畴；relation 又分为 inherence（继承关系）、causation（因果关系）、community（交互关系）三个范畴；modality 又分为 possibility（可能性）、existence（现实性）、necessity（必要性）三个范畴。根据这个范畴框架，我们的心智就可以给事物进行分类。从而获得对于外界世界的认识。例如计算语言学家"冯志伟"的概念特征是：unity，reality 和 existence，即：冯志伟是一个"单一的、实在的、现实的"实体。[①] 这种认知或称心智范畴从另一角度讲就是哲学认知基元，通过这些基元可以描述不同概念。在词网建设中，我们可以根据康德的方法给义项或概念建立一些范畴，从而根据这些范畴来标注词义、管理数据。

黄曾阳的 HNC（概念层次网络理论）就是通过建立概念基元来描述和管理概念的。HNC 设立的概念基元有 5 个，其基元"动态 v"、"静态 g"解决类似词类的语义，"属性 u"、"值 z"和"效应 r"解决概念特征、联系及相互关系，同时辅以联想脉络（概念语义网）和作用—效应链，来揭示不同的概念。可看下面几个词及所带的概念表达式：

思考 vg80　　思维 g80　　想法 r80　　概念　r800　　观点 z800

这五个词后面的概念表达式（形式化语言）代表的意思是：

---

① 参见冯志伟《词汇语义学与知识本体》，《应用语言学前沿讲座》，中国传媒大学出版社 2005 年版。

这几个词分别是"同一内涵"的 vg 型概念、g 型概念、r 型概念和 z 型概念。所谓"同一内涵"是指这几个词都表思维，其中"vg 型概念"是说这个概念既是 v 型概念又是 g 型概念，粗略地说，就是"思考"这个词既有动词用法的动态性，又有名词用法的静态性；"思维"、"概念"、"想法"、"观点"则都是非动态性的，即 g、r、z 都是表达静态的名词，但是不同的是，它们代表着因果两极："思考"、"思维"是起点（"因"，作用），"概念"和"想法""观点"是思考和思维的终点（"果"，效应），在结果中，"观点"是"想法"的取值。其阿拉伯数字的意思是 8 行的概念，表心理活动，但是 80 表示的是上一层（即上位）的概念，800 则是其下位概念。①

与上面两类特征基元体系不同，美国普林斯顿大学的词网（WordNet），是以词性为纲以词类次范畴为目的的语法特征概念体系。如名词经过整理之后的初始范畴（整个 ontology 的次范畴）有 11 个：entity（实体）、abstraction（抽象）、psychological feature（心理特征）、natural phenomenon（自然现象）、activity（活动）、event（事件）、group（集体）、location（位置）、possession（所属）、shape（外形）、state（状态）；动词的初始范畴有 14 个：motion（运动）、perception（感知）、contact（接触）、communication（交际）、competition（竞争）、change（变化）、cognition（认知）、consumption（消耗）、creation（创造）、emotion（情绪）、possession（占有）、body care and function（身体保健和功能）、social behavior（社会行为）、interaction（交互）。

---

① 参见黄曾阳《HNC（概念层次网络）理论》，清华大学出版社 1998 年版。

目前某个领域的 Ontology，其范畴性质大多类同 WordNet 名词部分的 sub-ontology。比如语义网的 Ontology、Gene Ontology，从一方面看就是一个类同 WordNet 名词部分的概念及其知识系统（次系统）。换句话说，语言 Ontology 的核心部分就是一个具有层次结构的概念及其范畴体系。此外，技术的可实现性应该是语言 Ontology 不可或缺的隐性特征和必要条件，有的甚至就直接带有技术实现的软件（局部的技术 Ontology）。比如语义网研究者在 RDF 的基础之上，发展了 RDFS。RDFS 借助几个预先义的语词（如 rdfs：resource，rdfs：class，rdf：property，rdfs：subclass of，rdfs：subproperty of，rdfs：domain，rdfs：range）来对概念之间的关系进行有限的描述。为了更方便全面地实现 Ontology 的描述，W3C 在 RDFS 的基础之上，借助 DAML 和 OIL 的相关研究，还积极推进了 OWL（Web Ontology Language）的应用，2004 年 2 月 10 日 OWL 已成为了 W3C 的一个推荐标准。

四 基于语言理解的"汉词通"的 Ontology 结构

在讨论了哲学 Ontology、技术 Ontology 和语言 Ontology 之后，再来讨论基于自然语言理解的汉语词网的 Ontology，可以说是奠定了可以"对话"（作者和读者相互理解）的理论、背景及相关基础了。并且由于目标、功能、团队优势等各方面的不同，汉语的词网可以有许多种，为区别于其他已经建立和未来将建立的汉语词网，本词网命名为"汉语通用词网"，简称"汉词通"。

"汉词通"首先是面向语言理解的工具，但不能把理解和生成、语言和言语混为一谈。要区分不同意义，用语言义安排节点，用语言加规则控制言语。虽然萧国政（2001）曾说："语言组合是语言理解的逆运算"[①]，但这里要进一步补充的是，那样讲只是从性质和原理上表述的，并不是说内容上完全等于将 A 改写为-A，或者反过来理解。就词而言，语言的理解（阅读）和生成（造句）对词义的使用是不尽相同的。比如就说"理解"一词，在语言生成时我们一般使用的是近乎词典中的词义。《现代汉语词典》【理解】：懂；了解。并且动词的词义一般是对其作谓语典型用法意义的概括，例如：互相～｜加深～｜你的意思我完全～。但是在其他句法位置和其他作谓语的句子中，"理解"所负载的意义是不全同于词典义的。如：

（1）他的理解很深刻　（2）你理解得比较片面

在（1）中"理解"负载了"对问题的理解"的意义，例（2）的"理解"负载了"理解的内容"的意义。由此可见不能把词义和句中言语负载义混为一谈，不能把生成简单地理解为理解的逆运算。正确客观的选择是词网节点的义项填写根据词典义，言语理解附加理解的语法规则，揭示负载义。至于面向语言生成的词网知识建设是第二步的工程。

其次，"汉词通"是意义为纲、义素特征为目的认知范畴语义网，对词性和词义的处理时依据词义，连带词性。即按词义安排节点，附带注上词性。在汉语里，有些词性不影响词义。如："建设"一词《现代汉语词典》所注的词义是：创立新事业；增加新设施。其用例是：经济～｜组织～｜～家园｜～现代化强

[①] 见萧国政《汉语语法研究论》，华中师范大学出版社2001年版。

国。前两例是指称用法,相当于名词;后两例是动词用法,用于陈述。但不论是用于动词还是名词,都不改变其词义。相反,词性不同词义相同的词及义项构成同义词群,是放在同一节点上,属于同一"词位"。不同的词是该词位不同的词位变体。如副词"已"、"已经"和助词"了1"是同一词位的不同变体,"已"、"已经"是同一词位的状位语法变体,"了1"是谓词和谓语后语法变体;"已"和"已经"是同一词位、同一句法位置的不同语体变体。因为"已完成＝已经完成＝完成了",消除同类项,语义上"已＝已经＝了"。因此,"汉词通"是词群—词位变体特色的语义范畴体系。

再次,"汉词通"是词语内外结构 Ontology 化的复合智能网。Ontology 的智能化的第一个指标是外结构智能,包括词网体现的词义之间的上下位关系、整体部分关系、同义反义关系。这些都是词语外结构智能。比如有关文献对语义网智能的描述是:最典型的 Ontology 具有一个分类体系和一系列的推理原则。其中,分类体系定义对象的类别和类目(或类/子类)之间的关系,还可以为某个类添加属性来定义更多的类目关系。这些类目关系提供了推理的基础。如可以在一个地理 Ontology 中加入这样一条规则,"如果一个城市代码与一个省代码相关,并且一个地址利用了城市代码,那么这个地址就与相应的省代码相关"。通过这一规则,程序可以推理出中国科学院文献情报中心在中关村,应当在北京市。① 这里的分类体系和推理,实际上就是利用了词网词义关系的一种。

"汉词通"除了外智能结构外,还研制了内智能结构。即"汉词通"的网络节点是带内结构"钩"的,每个义位都"钩"

---

① 可参见 http://baike.baidu.com/view/550299.html《Ontology》。

着一个有主干义素构成的内词义结构。比如：老师、教师、教员、教书匠等构成/教师/同义词群，其词义结构由"人"、"职业"、"教书"三个主干义素构成，在书面上可描述为：{教师、老师、教员、教书匠……}［人→职业→教书］，结构式的意思是：/教师/词群表示的意义是：教书为职业的人，或这类人的职业是教书。除词义可用要素表述外，其每一个要素都是可与搜索关键词或扫描特征相连，如搜索关键词或扫描特征是"人"、"教书"、"职业"中的任何一个或两个，都能得到"教师"词位节点（或/教师/词群）的所有成员。又如"骨折"这个词是"疾病"的下位概念，单个占据词网上一个节点的位置（词位），这个词位的意义结构是：［疾病→折/断/碎/裂→骨头］，[①] 其义素的智能功能类同"教师"的义素。

最后，"汉词通"的 ontology 结构的主体是与人的语言心理范畴基本一致的层级系统，基本内容如下：

时空：时间、空间
实体：物、事、社群、人
行动：行为、动作、活动
性状：性质、状态、过程
关系：判断、指代、事理、表达、具有
存现：出现、存在、消失

六大一级范畴没有交叉关系，它们共同构成了语言认知的基本内容体系。其下不同数量的次范畴、次次范畴，与其对应的一

[①] 可比较《现代汉语词典》中该词的词义：由于外伤或骨组织的病变，骨头折断、变成碎块或发生裂纹。

级范畴均具有上、下位关系。囿于篇幅，次次范畴及以下未列在这里。

（与姬东鸿、肖珊合作，原载《长江学术》2007年第2期）

信息处理的汉语语义资源建设现状分析与前景展望

一 引言

机器理解自然语言的根本前提,是我们应该首先告诉机器足够多的语言知识。因此,语义资源建设是自然语言处理技术取得进步的重要基础。中文信息处理历经了字处理、词处理、句处理的阶段,经过几代学者的努力,取得了辉煌的成就。目前中文信息处理已经全面进入了语义处理阶段,新的一轮学术发展高潮正在逐步掀起。在这种背景下,作为汉语语义计算立根之本的大规模语义知识库资源的建设,受到了学界的广泛重视。

内系统的汉语语义资源建设工程,最早起步于 20 世纪 90 年代初期。经过十多年的辛勤建设与开发,已经建成了一批初具规模的语义资源,为中文信息处理事业作出了巨大的贡献。本节拟对现有成果作一个基本梳理,选取若干学术水平高、开发时间长、具有一定规模并在国内外中文信息处理领域形成了广泛影响的汉语语义知识库,作一些具体介绍与简要评估,并在此基础上讨论语义资源建设进一步努力的方向。

二 汉语语义资源的基本类型及概况

目前,国内优秀的语义资源包括:北京大学计算语言学研究所的语言知识库(其中的现代汉语语义词典、中文概念词典和语义标注语料库部分)、清华大学计算机科学与技术系的现代汉语语义知识库(包括现代汉语述语动词机器词典、现代汉语述语形容词机器词典、现代汉语名词槽关系系统、信息处理用现代汉语语义分类词典等四个资源)、中国科学院计算机语言信息工程研究中心董振东先生开发的知网、中国科学院声学研究所黄曾阳先生创立的 HNC 理论中的语义知识库、台湾中研院的中英双语知识本体词网。此外,还有上海师范大学和山西大学联合开发的汉语框架语义知识库。

根据这些资源的结构特征、功能和应用价值,可以将它们分为系统方案型、基础词库型、知识本体型、语义关系型和语料库型等五种类型。现一一分述如下。

(一)系统方案型资源

以知网和 HNC 为代表的这一类资源并不仅仅是简单的语义资源,而是以语义表达为核心的、具有严密哲学体系的理论系统。这两种理论都是国内学者原创的理论,是中文信息处理领域最为引人注目的成就。

1. 知网(HowNet)

虽然其研发者董振东先生一再声明"知网并不是一部语义/义类词典",而将其定义为"一个以汉语和英语的词语所代表的概念为描述对象,以揭示概念与概念之间以及概念所具有的属性之间的关系为基本内容的常识知识库"[1]。事实上,知网确实是国内最早的大规模可计算的汉语词汇语义资源系统。

知网用"义原"来描写概念。义原是最基本的、不易于再分割的意义的最小单位。假定所有的概念都可以分解成各种各样的义原,所有义原构成一个有限的集合,义原通过组合构成一个无限的概念集合。知网就是通过这一有限的义原集合,来描写概念。如对概念"男人"用"human|人,family|家,male|男"三个义原加以描述。知网一共采用了1500多个义原,描写了24089个概念,包含中文词语81062个,英文词语76526个(2005版)。

知网还描写了上下位关系、同义关系、反义关系、对义关系、部件—整体关系、属性—宿主关系、材料—成品关系、施事/经验者/关系主体—事件关系、受事/内容/领属物等—事件关系、工具—事件关系、场所—事件关系、时间—事件关系、值—属性关系、实体—值关系、事件—角色关系、相关关系等共16种关系。

知网认为,世界上一切事物(物质的和精神的)都在特定的时间和空间内不停地运动和变化,它们通常是从一种状态变化为另一种状态,并通常由其属性值的改变来体现。知网的运算和描述的基本单位是:万物(其中包括物质的和精神的两类)部件、属性、时间、空间、属性值以及事件。部件和属性这两个基本单位在知网体系中占有重要的地位。每一个事物都可能是另外一个事物的部件,同时每一个事物也可能是另外一个事物的整

---

[1] 董振东、董强:《知网导论》(http://www.keenage.com/Theory and practice HowNet/03.pdf)。

体；而任何一个事物都一定包含着多种属性，事物之间的异或同是由属性决定的，没有了属性就没有了事物。① 整个知网系统就是基于这样一种哲学思想而建立的。

知网就是通过对这些概念、概念之间的关系以及属性与属性之间的关系的描写，来构建一个词汇知识系统的。

2. HNC 词语知识库

HNC 理论是"Hierarchical Network of Concept"（s 概念层次网络）的简称，是中科院声学所黄曾阳先生原创的关于自然语言理解处理的理论体系，它以概念化、层次化、网络化的语义表达为基础，所以称它为概念层次网络理论。HNC 理论把人脑认知结构分为局部和全局两类联想脉络，认为对联想脉络的表达是语言深层（即语言的语义层面）的根本问题。② 局部联想是指词汇层面的联想，全局联想是指语句及篇章层面的联想。HNC 理论出发点就是运用两类联想脉络来"帮助"计算机理解自然语言。③

HNC 知识库为自然语言理解处理积累知识资源，提供理解处理所需要的语言知识，是 HNC 语言信息处理技术的重要支撑。HNC 知识库由常识及专业知识库、语言知识库、概念知识库三部分构成，其中 HNC 词语知识库（语言知识库的主体）是 HNC 知识库的核心部分。HNC 词语知识库对知识进行了提纲挈领式的表示，从概念和语言两个层面，对语法、语义、语用和世界知识进行综合、抽象、提炼，对概念之间存在的关联关系有清晰的

---

① 董振东、董强：《知网导论》（http://www.keenage.com/Theory and practice HowNet/03.pdf）。

② 黄曾阳：《HNC 理论概要》，《中文信息学报》1997 年第 11 卷第 4 期。

③ 苗传江：《"自然语言理解"的新进展——简评黄曾阳先生创立的 HNC 理论》，《科技导报》1998 年第 3 期。

描述。它对知识的表示是概念化、数字化的，不是用自然语言描述自然语言。① 例如（以"感谢"为例）：

［1］ v，ug（概念类别）

［2］ v43e61＄v6502（HNC 符号）

［3］ X20J＝X2B＋X20＋XBC（句类代码）

［4］！0；！11（格式代码）

［5］ XBCB：p；pe.（句块知识）

［6］！11 E＝EQ％＋E EQ：v232.｜表示；深表（语义块知识）

［7］｛ug，Q H：｜信｝（角色及局部联想知识）

（二）基础词库型资源

基础词库型语义资源旨在为语言信息处理提供丰富翔实的词汇语义信息。一般的做法是在传统的词典信息的基础上，按照信息处理的需求重新划分义项，② 然后以义项为单位逐项标注各种语法和语义信息，并格式化成机器可读的数据库形式。这类语义资源是汉语信息处理领域通用的基础工程，在汉语分词、语音和文字识别的后期处理、语言理解和生成、机器翻译、信息检索、信息抽取、自动文摘等语言信息处理的各个领域都有广泛的应用。这一类型的典型代表是北大的现代汉语语义词典（CSD）。

现代汉语语义词典（CSD）是一个面向汉英机器翻译的大规

---

① 唐兴全：《HNC 词语知识库简介》（http：//tangxq1977.spaces.live.com/blog/cns！1600b965a6f7478a！167entry）。

② 参见吴云芳《信息处理用词语义项区分的原则和方法》，《语言文字应用》2006 年第 5 期。

模汉语语义知识库,它以数据库文件形式收录6.6万余实词,不仅给出每个词语所属的词类、语义类,而且以义项为单位详细描述了它们的各种语义搭配限制,目的是为计算机语义自动分析、词义消歧等任务提供强有力的支持。CSD建立了汉语语义分类体系,按类描述每个词的语义类、配价等丰富的语义组合信息。[1] 它继承了现代汉语语法信息词典(GKB)的数据模式,依据词义理解的需要设定多个不同的特征属性,依据属性值的不同即可辨别出不同的义项。而且CSD描述的语义知识和GKB描述的句法知识采用统一的描述形式,并增加了"义项"字段,"词语"+"词类"+"同形"+"义项"构成CSD的主关键项,"同形"和"义项"两个属性字段共同构成一个词语的意义编码。[2] CSD有对应的英译词,可直接应用于机器翻译等。样例如下表(对动词"冲"不同义项的描写)[3]:

词语	词类	同形	义项	语义类	释义	英译	配价	主体	客体	与事
冲	V	A	1	创造	冲茶	make (tea)	2	人	固饮	
冲	V	A	2	促变	冲胶卷	develop (film)	2	人	材料	
冲	V	A	3	促变	冲盘子	rinse (plate)	2	人	器皿	
冲	V	A		位移	冲锋	charge	1	动物		

---

[1] 王惠、詹卫东、俞士汶:《现代汉语语义词典的结构及应用》,《语言文字应用》2006年第1期。

[2] 参见俞士汶《汉语词汇语义研究及词汇知识库建设》,第七届中文词汇语义学研讨会特邀报告,台湾交通大学(新竹),2006年5月23日。

[3] 同上。

虽然该词典最初的设计定位是面向机器翻译应用，但事实上它也可以直接应用于多种汉语信息处理系统的语义分析中。

（三）知识本体型资源

包括北大的中文概念词典（CCD）、清华大学的现代汉语语义分类词典和台湾"中央研究院"的中英双语知识本体词网（SinicaBOW）。CCD 和 SinicaBOW 都是在英语 Wordnet 的基础上开发的、通过汉化和概念节点调整形成的双语词网，两者在细节上各有千秋：CCD 加入了汉语特有的特征属性和词义分析必要的组合关系；SinicaBOW 则将所有概念节点跟 SUMO 进行了映射，更便于多语种的对应转换。而汉语语义分类词典则可看作是一个简化版的语言知识本体，是在多个语义分类体系的基础上兼顾汉语的特点综合而成的。它反映了严格的概念上下位关系，而省略了同义、反义、部分整体等语义关系。这类资源对于语义距离计算具有极其重要的应用价值，是下一代汉语语义网络（Semantic Web）的核心支持骨架。

1. 中文概念词典（CCD）是一个英汉双语对应的 WordNet。CCD 直接复用 WordNet 的理论、方法、技术，是全球 WordNet 资源建设的组成部分。CCD 不仅仅是双语 WordNet，而且是面向中文信息处理的需求，根据汉语的特点作了相应的调整，包括：对概念、概念关系有调整和发展（汉语有"叔父，伯父，姑父，姨夫，舅父"，英语中没有分别对应的概念，CCD 的解决办法是让这些概念对应英语中的"uncle"）；增添汉语特有的特征属性（褒贬义、汉语反义词的音节限定特征等）；增添词义分析必要的组合关系，如搭配信息等。CCD 目前约包含 10 万个汉英双语概念，对 WordNet1.6 的覆盖率在 94% 以上，基本符合概念对应的语义指导原则。①

2. 中英双语知识本体词网（SinicaBOW）也是一个双语词汇语义资源。它以英语 WordNet 为蓝本，将 WordNet 的十万多个概念一一过滤，找出它们最好的（兼顾概念表达与语言使用）中文翻译。当双语对译找不到两个表达概念完全相同的词时，则根据两种语言概念系统的差异进行调整（如利用其上、下位节点概念对应）。在此基础上再将词网概念与 IEEE（美国电气电子工程师学会）颁布的 SUMO（Suggested Upper Merged Ontology，建议上层共享知识本体）的节点建立映射关系。SinicaBOW 同时有中英双语互查，以及由任一种语言检索知识本体的功能。也就是说，可以由任何一个中文或英文词汇的词义，查到在 SUMO 的概念架构上属于该词的概念节点。这提供了由语言到知识架构的接口。在语言学习上，也可以帮助建立以知识体系及相关概念为基础的学习系统。②

3. 现代汉语语义分类词典是清华大学现代汉语语义系统的一个重要组成部分。该词典参考了国内外众多语义分类体系，自行独立研究与设计了更符合汉语信息处理需求的分类体系，包括超类、事、物、时空、部件五大类，目前已对 7 万多现代汉语常用动词、形容词、名词的 11 万多个义项进行了分类整理，是清华大学其他三个机器词典的语义分类依据。③

---

① 参见俞士汶《北京大学的语言数据资源及其建设经验》，学术报告，日本大阪外国语大学，2005 年 3 月 2 日。

② 黄居仁：《语意网与中文信息化的前瞻：知识本体与自然语言处理》，载孙茂松、陈群秀主编《自然语言理解与大规模内容计算》，清华大学出版社 2005 年版，第 1—11 页。

③ 陈群秀：《一个现代汉语语义知识库的研究和实现》，载曹右琦、孙茂松主编《中文信息处理前沿进展》，清华大学出版社 2006 年版，第 172—182 页。

（四）语义关系型资源

包括清华大学的现代汉语述语动词机器词典、现代汉语述语形容词机器词典、现代汉语名词槽关系系统和山西大学的汉语框架语义知识库（CFN）。前三者是一个有机的整体，在统一的论旨网格理论框架下对动词、形容词和名词进行了详细的句法和语义信息描写，并系统描写了论旨角色内部的语义组合关系，以及多项式定语与名词中心词之间的语义关系。CFN 则采用框架语义学的理论来描写汉语。这类资源十分重视语义角色之间的组合关系和制约条件的描写（虽然其他资源也重视关系的描写，但此类资源不同的是把关系当作主要描写对象），符合语义系统研究的大潮流，是汉语信息处理的有益尝试。

1. 现代汉语述语动词机器词典以原则参数语法作为理论指导，以论旨网络（theta-gird）方式对每个动词的组合关系从"论元属性"（argument）、"论旨属性"（thematic property）、"句法范畴"（category）（即论旨角色的语类）、"论旨角色的句法功能"（syntacticfunction）作详尽描写，包含有关动词的词法、句法、语义、语用等丰富的信息。它描述的动词信息包括词形、拼音、动词类型、论元数目、义项数目、义项序号、释义等词汇信息，包括论旨模式的基本式及句例、变换式及句例、论旨名称、语类、句法功能、语义分类、语义特征、论旨标记、论旨实例等论旨属性（语义、句法、语用信息），也包括动词的否定式、时态、语义指向动词的后状（可充当动补成分的动词和形容词）、抽象意义的趋向动词、论旨模式的扩展式等其他句法和语义信息。"动词类型"将汉语动词分为他动词、自动词、外动词、内动词、系属动词、领属动词六类；"论元数目"系指该动词的基本论旨模式的必要论元个数;"论旨名称"是指该动词该义项下各基本式中必要论旨角色的称呼。论旨角色除必要论旨角色之外,还包括论旨模式扩展式中的可选论旨角色。论旨角色共定义了施事、当事、领事、系事、受事、客事、分事、与事、同事、结果、基准、数量、范围、工具、材料、方式、依据、原因、目的、时间、处所、方向22个。

2. 现代汉语述语形容词机器词典用论旨网格方法,从词法、句法、语义、语用多角度全面描述述语形容词的信息,重点是语义信息。描写项包括词形、拼音、释义、论元数目、义项数目、义项序号等词性和论元属性,也包括形容词类型的语义分类属性。把形容词分为感情形容词、感觉形容词、属性形容词、其他形容词四种语义类型。感情形容词是表示感情、心理活动,感情色彩比较强的形容词,例如"高兴、愉快、可爱、痛苦、绝望、有趣、可怜、悲哀、伟大、可敬、可恨"等词。感觉形容词是指身体、皮肉、骨头、五脏六腑、眼、鼻、嘴、舌、耳等的感官感觉和对周围环境的整体感觉(除去明显的属性之外),例如"渴、甜、苦、香、痛、干燥、阴冷、麻木、明亮"等。属性形容词是指表示事物的各种属性的词,例如"大、小、宽、窄、深、浅、干燥、薄、厚"等物理属性和"幼稚、成熟"等生理属性。其他形容词是除感情、感觉、属性之外的形容词,例如"凑巧、过分、平等、得当、少见、独到、得体"等词。此外,还具体描述了形容词其他一些相关的语义句法信息,如:同义/近义词、反义词、可否作定语(及句例)、可否作状语(及句例)、可否作补语(及句例)、重叠方式、否定方式、可以用以限制的程度副词、可以使用的时态等。

3. 现代汉语名词槽关系系统描写以汉语常用名词为中心的

槽关系，即论旨角色内部的语义组合关系，以及多项式定语与名词中心词之间的语义关系。它描述的项目有词形、拼音、语义分类、论元数目、义项数目、义项序号、释义、词组实例、定语、语类、槽类型、槽类型顺序、可能顺序、槽关系表达式联想等。槽类型（槽类）系指槽关系的语义类型，即词组实例i的第j个定语与中心名词之间的语义关系。槽类型设计的基本思想或依据是：定语对中心词的修饰作用无非是说明中心词的属性、状态或关系，因此槽类型的顶层应该有属性、状态、关系。属性包括有事域、事情、领属、来源、去向、数量、顺序、频度、指量、空间、时间、内容结构情节等共有的属性，也包括物理属性、化学属性、具体物社会属性、生物属性等；状态包括事情状态、具体物状态、时空状态；关系指社会关系、位置关系等关系。因此第一层槽类型有21种，第二层槽类型为状态、关系和部分属性的细化，有49种。两层共70个槽类型。

4. 汉语框架语义知识库（CFN）是由上海师范大学和山西大学合作开发的汉语语义描述系统。该知识库以Fillmore的框架语义学为理论基础，参照加州大学伯克利分校的FrameNet，对汉语语义进行形式化描写。CFN包含三个子库：框架库、句子库和词元库。目前共对汉语1760个词元（一个义项下的一个词）构建了130个框架，涉及动词词元1428个，形容词词元140个，事件名词词元192个，标注了8200条句子（截至2006年11月）。[①]

框架库包括框架释义、框架参与元素、框架关系和所含词

[①] 刘开瑛、由丽萍：《汉语框架语义知识库构建工程》，载曹右琦、孙茂松主编《中文信息处理前沿进展》，清华大学出版社2006年版，第64—72页。

元。其基本结构如下表①：

框架		框架的名称	
释义		像传统词典一样，对该框架的含义进行描述	
框架元素	元素名称一	对该元素的含义和句法表现形式进行描述	例句
	元素名称二	对该元素的含义和句法表现形式进行描述	例句
	元素名称三	对该元素的含义和句法表现形式进行描述	例句
	……	……	……
框架关系	父框架	该框架的上位继承框架链接	
	子框架	该框架的下位继承框架链接	
	总框架	该框架的上位总框架链接	
	分框架	该框架的下位分框架链接	
	总域	该框架所属的域框架链接	
	分域	如果框架本身是一个域，则填充其下属各框架，并建立框架链接	
	原因	因果关系中该框架的原因框架链接	
	导致	因果关系中该框架可能导致的结果框架链接	
	参照	相似框架链接	
词元		该框架涉及的词语及其词性	

每一个词元都和一个语义框架联系起来，按照语言理解者理解词义时所依赖的场景把语义组合性质相近的词语汇集在一起。CFN 提供的框架元素数量多、类型细化，仅［位移/Motion］就有 13 个框架元素。

句子库的标注针对每一个句子给定一个词元和该词元所属的

---

① 范开泰、由丽萍、刘开瑛：《汉语框架语义分析系统研究》，载孙茂松、陈群秀主编《自然语言理解与大规模内容计算》，清华大学出版社 2005 年版，第 161—167 页。

框架，给框架元素所在的成分标记框架元素名称、短语类型和句法功能三种信息。词元库描述每一个词元的词义，并根据句子标注结果形成标注报告。

（五）语料库型资源

在传统的语料库中加入语义标注，对机器学习而言是不可多得的重要资源。目前此类研究尚处于起步阶段，以北大的现代汉语语义标注语料库 STC 为代表。该语料库以现代汉语语义词典中的语义知识为基础，在语料库中标注词语的义项，形成现代汉语语义标注语料库。目前已经在《人民日报》1998 年、2000 年 630 余万字的语料上标注了 55328 个词语（token）的同形—义项编码，是当今规模最大的现代汉语词义标注语料库。STC 正力争成为现代汉语词义消歧研究训练和测试的基准语料，成为现代汉语词语语义学研究的宝贵资源。

三 问题与反思

（一）信息处理需要什么样的语义资源？

目前汉语语义资源建设的理论与方法可谓百花齐放，各有千秋。大家都已经明确意识到了语义资源建设的重要意义。然而，随着计算技术的发展，未来自然语言理解所需要的语义资源究竟应该是什么样的？哪种理论更接近自然语言的本原理性？哪些描写是必要的？哪些描写是冗余的？哪些描写是不足的？这是需要我们不断深思的问题。

(二) 标注的规范问题

各个研究机构在建设语义资源时都比较注重自己的学术特色，而对通用性关注不够，表现为术语体系和标注符号体系的兼容性普遍较差，不利于资源的共享。随着资源的数量越来越庞大，共享的矛盾也将越来越突出。我们也许需要未雨绸缪，启动专门的课题来研究语义标注的通用规范问题。

(三) 资源描述的形式化问题

目前汉语语义资源在数据表达的形式化方面尚有很大的发展空间。现有的资源在被其他程序，尤其是 WEB 程序（可以预言，未来语言信息处理的很多成果都是需要通过 WEB 应用体现出来的）调用方面还存在很大困难。要解决这个问题，一方面我们需要积极转换和调整现有资源的数据格式和表达框架；另一方面在开发新的资源时应该从一开始就要直接采用最新的知识表达框架。

四 展望

随着语言信息处理技术的不断发展，计算机专家和语言学家互相之间的沟通和理解也越来越深入，我们即将迎来汉语语义资源建设的新高潮。在短时期内我们可望至少在如下两个方面取得突破：

(一) 语义知识颗粒度的进一步细化

现有的资源，在语义关系的共性描写方面，无论是聚合关系还是组合关系的描写，都已经比较完善了。但是，对于作为系统内部独立个体的概念和语义单元，我们对其本身的区别性特征的关注还远远不够。而对语义的精确理解和把握，往往是由这些概念的个性来起决定作用的。所以语义资源建设下一步的重要工作，将集中精力关注概念在语境中的具体表现，更为详尽地描写概念的内涵个性特征。

(二) 语义表达的形式化手段进一步提高

汉语语义资源的建设普遍经历了漫长的过程（一般在十年左右）才形成了今天的规模。在这十年中计算技术有了翻天覆地的发展，而这些资源建设最初采用的知识表达体系已经不能满足计算的需要。随着语义网时代的到来，新的资源描述框架（RDF）理论已经越来越成熟，标准通用置标语言 SGML（Standard Generalized Markup Language）正逐步成为语言资源库的标准描写技术。在开发新的语义资源时，这些技术和工具可以为我们提供通用的平台。我们也可以通过技术手段改造现有资源的表达格式。正如冯志伟先生指出的，我国语言资源建设"将一定会采用通用置标语言作为描述语料库的元语言"[①]。这样一来，语义

---

① 冯志伟：《中国语料库研究的历史与现状》，*Journal of Chinese Language and Computing*, 2002, Vol. 12, No. 1, pp. 43 – 62。

资源将可为语言信息处理和未来智能化的语义网络建设发挥更加重要的作用。

（与胡悼合作，原载《长江学术》2007年第2期）

手持嵌入式系统应用中的自然语言处理关键技术[*]

一 前言

自 20 世纪 90 年代以来，随着信息技术革命的不断深入，社会的发展对信息技术的依赖越来越强，人们开始考虑如何将客户终端设备变得更加智能化、数字化，从而更加轻巧便利、易于控制或具有某种特定的功能。因此计算机、通信和消费产品的技术得到了深度融合，并通过因特网进入千家万户。以此为标志，人类社会进入了所谓的后 PC 时代。后 PC 时代对移动计算的广泛需求，使得嵌入式技术脱颖而出，迅速成为 IT 领域的技术主力军。经历了桌面系统的成熟发展和空前繁荣之后，嵌入式系统的发展正风起云涌，成为当今 IT 界最有发展前途的领域之一，已广泛进入到工业、军事、通信、运输、金融、医疗、气象、农业以及个人便携信息处理终端等众多领域，具有无限广阔的商业价

---

[*] 本研究得到广东省、教育部、科技部产学研重点项目（又称"两部一省项目"）"嵌入式多语言文本信息交互系统"的资助。

值和应用前景。嵌入式系统指微计算机内核（嵌入式计算机）专门嵌入到特定对象体系（含PC机），实现对所嵌对象的智能化功能，它是既具有计算机功能但又不称为计算机的设备或器材。该系统一般由三部分构成：（1）硬件（嵌入式微处理器、存储器、通用设备接口和I/O接口等）；（2）软件［实时多任务操作系统（RTOS）、文件系统、图形用户接口（GUI）、网络系统及通用组件模块］[①]；（3）介入硬件和软件中间，起分离和连接二者作用的"硬件抽象层"（HAL）或板级支持包（BSP）。根据IEEE（国际电机工程师协会）的定义"devices used to control, monitor, or assist the operation of equipment, machinery or plants"，嵌入式系统是"控制、监视或者辅助装置、机器和设备运行的装置"。例如各种带"电脑控制"的家用电器、工业控制领域中的智能化工具、设备，仪器仪表领域中的智能装置等。在我国嵌入式系统一般被定义为"以应用为中心，以计算机技术为基础，并且软硬件可裁剪，适用于应用系统对功能、可靠性、成本、体积、功耗有严格要求的专用计算机系统"[②]。

嵌入式系统是微型机时代诞生的概念，随即走上了单片机的独立发展道路，用于传统电子系统的智能化改造。这一时期的嵌入式系统，侧重突出的是嵌入性，它嵌入对象如电冰箱、洗衣机、微波炉等都是独立的商品。单片机应用系统的嵌入，替代了早先传统的电子系统，实现了嵌入对象的智能化。

随着信息时代的到来及数字化生活方式的普及，嵌入式系统由辅助设备升格为可主导设备，成为能直接构成独立实现某些知识行为能力的应用系统，继而诞生了一系列便携式电子产品，如

---

① RTOS是嵌入式应用软件的基础和开发平台。
② 范学英等：《嵌入式系统概述》，《自动化技术与应用》2008年第2期。

手机、科学计算器、电子词典、电子书、掌上电脑、MP3/MP4（数字音乐/视频播放器）、GPS（卫星导航仪）等。这些由嵌入式系统直接构成可随身携带的消费类电子产品，弱化了嵌入式系统的辅助性，显现了其作为独立系统的主导性。[①] 本节所要讨论的嵌入式系统，就是这类具有特定主导性的能独立运用的嵌入式系统，可称为手持主导型嵌入系统（简称"手持嵌入系统"）。本节所说的自然语言处理中的关键技术，是指用于该类系统的相关技术。自然语言处理技术是当今信息处理基础技术之一，是手持嵌入式系统应用中必不可少的关键技术。其不可或缺和关键性是由该嵌入式系统的特殊需求和系统局限决定的。本节先阐述手持嵌入系统的"应用需求"和"局限性"，再结合项目研究阐述自然语言处理的几项关键技术，展望这些技术的前景。

二 手持嵌入式系统应用对自然语言处理的需求

跟真正嵌入其他设备或系统中用于自动控制的嵌入式系统不同，手持嵌入式系统是直接面向用户的各种专门或通用的移动信息处理终端，因而需要通过特别设计的用户界面（User Interface，UI）甚至需要嵌入式操作系统（Embedded Operating System，EOS）来与用户进行交互。这些 UI 和 EOS 都不可能使用全图形的界面，而必然会用到自然语言的字符和词汇。而且相对而言，语言符号是一种更直接、高效且经济的人机交互手段。因

[①] 何立民：《从嵌入式系统看现代计算机产业革命》，《单片机与嵌入式系统应用》2008 年第 1 期。

此，自然语言是所有手持嵌入式系统中最基础的、必不可少的应用要求。而某些专用的手持嵌入式系统，比如电子词典、电子书等，其所处理的对象本身主要就是语言文字，因此对自然语言处理技术的要求更高更全面。根据功能设计的差异，我们可以将手持嵌入式系统对语言的需求分为基本交互和高级应用两个层次。

1. 基本交互。几乎所有的手持嵌入式系统都具备不同复杂程度的人机交互功能，这是用户对手持设备进行操作以实现预定功能的前提和基础。简单的人机交互往往不需要输入文本，用户通过交互界面的按钮或菜单对设备进行操作，但这些菜单或按钮经常会使用文字、符号或图案作为标识。而文本反馈是系统运行结果的一种最常用、最主要的反馈方式。因此要求系统具备不同程度的（全字符集或限定字符集）自然语言文本字符输出能力。除此之外，限定短语集的语音反馈也是一种常用的交互手段，这就要求系统具备简单的语音输出能力。更复杂的人机交互，用户使用时需要输入任意字符（如掌上电脑、电子词典、GPS定位仪等），这就要求系统具备文字输入（数字键盘输入或触摸屏手写输入）能力。而对于一些通过语音进行操作或控制的系统，还需要具备一定的语音分析能力。

2. 高级应用。对于一些高端的手持嵌入式系统而言，比如掌上电脑（PPC）、手持电脑（UMPC）、智能手机（Smartphone）等，其运算效率和数据处理能力已经达到早PC的水平，这些设备能够实现各种更高级、更复杂的应用，因而对自然语言处理的要求也更高。语音识别、语音合成、照相文字识别、机器翻译、信息检索等自然语言处理等多个领域的高端系统中，自然语言更是以各种各样的形式得到应用。

三 手持嵌入式系统的局限对自然语言处理的特殊要求

受制于其功能、体积、成本、功耗、可靠性等方面的特殊要求，在嵌入式系统中，操作系统和应用软件常被集成于硬件系统之中，使系统的应用软件与硬件一体化，以便于系统的硬件与软件能高效率地协同工作，从而在同样的系统配置上实现更高的性能。[①] 因此与通用的桌面计算机系统相比，手持嵌入式系统在软、硬件方面都具有一定的局限性。认识这些局限性是我们了解手持嵌入系统对自然语言处理特殊要求的基础。

1. 处理器频率方面：目前各种主流的手持嵌入式系统其处理器的主频一般在 200Mhz 左右，即使是最高端的智能手机和掌上电脑，也鲜有超过 600Mhz 的（采用笔记本电脑 CPU 的 UMPC 除外）。这与桌面系统动辄 2Ghz 以上的 CPU 频率相比，简直是天壤之别。虽然嵌入式系统高度集成的优点使其具有更高的运行效率，但二者的运算速度和处理能力依然不可同日而语。

2. 存储器容量方面：与桌面系统使用的硬盘等大容量存储介质不同，嵌入式系统中常用作主存的存储介质有 PROM、EPROM、NORFlash 等，外部辅助存储介质有 NANDFlash、CF 卡、MMC 和 SD 卡等。随着材料科学和微电子技术的发展，这些存储介质的容量虽然在不断以几何级数更新，但还远远不能与同时期的桌面系统相提并论。

3. 操作系统方面：嵌入式操作系统经过了高度精简和优化，

---

① 赖政：《嵌入式系统要素构成及特征研究》，《硅谷》2008 年第 6 期。

系统内核很小。这固然有利于系统的移动应用，但其性能也受到了影响。

4. 输入输出外设方面：手持嵌入式系统主要输入设备为数字键盘和触摸屏，虽然某些产品也带有全键盘，但由于按键太小，使用并不方便。输出设备主要为显示面积十分有限的液晶屏幕。

自然语言处理技术，尤其是面向较高层次的复杂应用，所需要实时处理的数据量比较大，运行时系统资源开销往往也是相当可观的。而手持嵌入式系统软硬件资源具有种种局限，这就对面向嵌入式应用的自然语言处理技术提出了更高的要求，即要求在编码、压缩、检索、存储、输出等各个环节有更经济、更高效的算法和技术方案。

四　手持嵌入式系统应用中涉及的关键性自然语言处理技术

综观国内外的相关内容，结合我们项目研究的具体实践，手持嵌入式系统应用中涉及的自然语言处理技术，可概括为以下五个方面。以下分项说明和论述。

1. 字库设计及其调用技术

字符是嵌入式系统中传递信息最重要的方式之一，要顺利使用字符，就需要在嵌入式系统中打包字库。对西方拼音文字而言，字符的数量有限，一般处理器的 ROM 或 Flash 存储空间足以存储其全部字模。比如一个包含常用的 95 个 ASCII 码字符西文字库，每个字符分别存储 12 点阵、16 点阵、20 点阵、24 点阵四种字模，该字库总大小约 16K。而对于汉语而言，这个问题就要复杂得多。汉语的字符数量繁多，要完全显示所有汉字字符对嵌入式系统有限的存储空间而言是一个很大的挑战。比如一个具有以上四种点阵规格 GB2312 字库的（包含 6763 个汉字和各类符号）汉字字库，其容量达到约 1.4MB 字节，在不扩展外部存储器的情况下，仅用内部存储空间，一般的处理器无法实现。[①]

越来越多的嵌入式系统或设备上需要应用多种中、西文文字，开发自定义的用户点阵字库，需要选择合适的字符编码，要从已有的字库中提取所需的字模，要考虑字模扫描方式，[②] 还需要合理安排字模的存储以及快速的字符检索方法。

对于一些在嵌入式系统下的应用程序，特别是实时性强的应用程序，可以将菜单或程序提示中的汉字放在一个专用汉字库中，而不必使用系统中标准的汉字库，从而节省程序开销，提高运行速度，由于用到的汉字数量很少，所以建立一个小型的汉字库是比较容易的。[③] 而对于大多数手持嵌入式系统而言，比如电子词典、智能手机、掌上电脑或具有音乐歌词和电影字幕的同步显示功能的 MP3/MP4 播放器，一般需要显示不确定的汉字字符集，而这种汉字的不确定显示往往需要系统提供完整的字库。对于 16×16 点阵的汉字字模，如果采用 GB2132 的编码技术，共需要 $6763 \times 32 = 216416$ 个字节，约 216K。如果将其全部读入内存，无疑是对系统的极大浪费，因为有些生僻字符几乎很少用到，而如果每次需要汉字字模的时候都到磁盘里去读取的话，会

---

① 余辉、张志俊：《多种字库在嵌入式系统中的应用》，《武汉工业学院学报》2008 年第 2 期。

② 描述字符点阵信息的二进制代码集称为字符的字模。

③ 杨凤霞：《基于嵌入式系统的汉字显示方案》，《软件导刊》2007 年 9 月号。

降低系统的效率,增加能耗。在这种情况下我们一般可以采用定义缓冲区的方法,将常用的汉字字模读到缓冲区。①

2. 字符显示技术

字符的显示和硬件电路有很大的关系,不同硬件电路有不同的显示方式。通常的情况下可以采用在液晶屏幕上直接将字模的点阵打印出来的方法来显示字符。

以汉字字符的显示为例。汉字的输出是将汉字的笔画离散化,用点阵来表示。点阵中的每个点位只有两种状态:有笔画(1)和无笔画(0)。所有汉字和符号的点阵信息就组成了汉字库。点阵字库文件已经给使用者提供好了,关键在于如何取得汉字的图形,即汉字的点阵字模。

首先需要取得汉字的区位码。计算机在处理汉字和 ASCII 字符时,使每个 ASCII 字符占用一个字节,而一个汉字占用两个字节,其值称为汉字的内码。其中第一个字节的值为区号加上 32(20H),第二个字节的值为位号加上 32(20H)②。这样,通过汉字的内码,就可以计算出汉字的区位码。根据区号和位号可以得到汉字字模在文件中的位置。字模的表示顺序为:先从左到右,再从上到下,依此类推,画满 16×16 个点。这样,一个 16×16 点阵的汉字总共需要 16×16/8 = 32 个字节表示。因此,当显示 16×16 点阵的汉字时,只要根据区码和位码计算出该汉字点阵在 ROM 中存放的起始地址,然后从此地址连续地取出 32 个字节的汉字点阵,并写入 LCD 模块对应的地址中,就可以在

---

① 刘新东等:《嵌入式系统中多国语言显示的一个解决方案》,《工业控制计算机》2006 年第 3 期。

② 为了与 ASCII 字符区别开,表示汉字的两个字节的最高位都是 1,也就是两个字节的值都加上了。

屏幕上显示出该汉字[①]。

3. 文字输入技术

用户在手持设备中处理电子邮件、编辑通信录、收发短信、使用记事本等应用时，首先面对的是文字输入问题。文字输入技术是中文手持嵌入式系统的重要组成部分，对手持设备本地化和产业化的形成、发展与壮大有着举足轻重的作用。

手持嵌入式系统中的文字输入与桌面计算机原理类似，但又有自己的特点。目前手持嵌入式系统中的文字输入方法主要是手写和编码输入，语音输入目前还只是用于辅助完成一些命令的选择。

在手持嵌入式系统中采用编码输入的方法，首先要解决的是编码的效率问题。因为很多手持设备不具备全键盘，而采用数字键盘。这在手机上表现得非常典型。对于全字库字符输入和显示而言，可以说手机上的应用是整个手持嵌入式系统应用的典范，解决了手机上的输入问题，其他系统的输入就简单多了。

除了编码问题，输入法要解决的关键问题还包括词库与词频问题、个性化动态调频问题、输入输出字符变形问题（有些语言是从右向左书写的，输入的字符要经过变形才能正确显示）等等。

比较令人遗憾的是，目前在手持设备上的汉字输入法很少，而且绝大多数都是国外开发的。作为《数字键盘汉字输入国家标准》的首席起草单位——广东国笔科技有限公司开发的国笔输入法，拥有多项专利技术，支持超过45个国家与民族的语言，适用于各种嵌入式平台。国笔输入法具有整句输入、多级联想、

[①] 王伟、卢博友、刁修慧、刘平等：《基于嵌入式系统的LCD汉字显示》，《微计算机信息》2008年第17期。

自动学习等功能，其文字快速切换专利技术实现了中文、英文、数字、符号输入模式无缝切换功能。近年来国笔输入法从国外技术垄断巨头手中夺回了不少市场份额，为我国民族产业的振兴和中文信息处理技术本地化发展作出了重要贡献。

4. 语音处理技术

语音处理技术在嵌入式系统中的应用包括语音识别和语音合成两个方面，如手机上的语音拨号功能和 GPS 上的语音导航功能等。语音处理技术在嵌入式系统上的应用是当前的热点和难点。

实验室环境下的语音识别算法已经基本成熟，主流的基于隐含马尔可夫模型（HMM）的非特定人连续语音识别系统在标准发音和安静环境的条件下可以取得令人满意的识别正确率。但是，应用于小型便携的嵌入式产品，基于 HMM 的非特定人连续语音识别系统还存在识别性能与识别速度、识别性能与内存消耗的尖锐矛盾，成为当前语音识别应用的技术瓶颈之一。[1] 其计算的复杂度对于一些内部不带有浮点运算单元的嵌入式微处理器而言是很难胜任的。因此在实际的手持嵌入式应用中往往根据具体的应用要求对识别功能进行裁剪和简化，如采用特定人、孤立词、小词汇表的语音识别，可以取得良好的效果。针对具有浮点运算能力的嵌入式系统的非特定人连续语音识别技术的实验性研究也取得了不少进展。随着嵌入式芯片技术和语音识别技术的不断发展，这种方案必将成为手持嵌入式系统语音识别应用的主流。

语音输出实际上有预录播放和语音合成两种方案。对于需要

---

[1] 刘斌等：《嵌入式语音识别系统性能分析》，《微计算机应用》2008 年第 7 期。

输出的语音比较固定、简单的场合，一般可以采取预先录制好语音，需要时再直接调用的方法。该法技术简单，语音流畅自然，但不能适应复杂的应用需求。所以在很多系统中需要用到语音合成技术，以达到输出任意词句语音的要求。语音合成一般采用文语转换（Text to Speech，TTS）技术来实现。[①] TTS 系统内置有包含全字符集的标准语音数据库。对需要输出的结果系统预先处理成文本形式，然后对文本进行语言学分析，将字符串转换成语言学的表述，最后从语音库中调出相应的数据合成标准的词句语音输出。

5. 文本检索与数据抽取技术

我们认为，手持嵌入式系统高级的应用模式是以高性能掌上电脑为平台的个人信息助理（Personal Information Assistant，PIA）。PIA 重要的功能之一就是可以根据用户的需求随时随地从内置的数据库或网络上检索信息。目前智能手机和掌上电脑联网检索信息的功能主要是对桌面电脑网络搜索的模拟，反馈给用户的是一大堆网页链接信息。这种工作模式有三个明显的弊端：（1）用户不能直接得到所需的结果，而需要对反馈的离散信息人工进行二次筛选判断；（2）手持嵌入式系统显示面积一般很小，用以浏览本来是为桌面系统设计的网页，自然十分吃力；[②]（3）得不到对反馈结果的评价。

为了解决这些问题，使 PIA 真正成为用户口袋中具备专家辅助决策功能的高效、实时的信息处理终端，国笔公司正在致力于

[①] 张丞昭、冉立新：《嵌入式 TTS 语音系统的设计与实现》，《电子技术应用》2005 年第 2 期。

[②] 虽然目前网上也有很多专为手持设备开发的 WAP 网页，但其信息的容量毕竟十分有限，要想获取尽可能丰富、准确及时的信息，主要还是依靠大量的通用网页。

打造一套结合多项文本检索与数据抽取技术的"掌上生活信息智能检索系统",预计于2009年上市。届时将开启一个手持嵌入式系统智能信息处理的崭新时代。

五　结语

可以预言,3G时代的来临将带来手持嵌入式设备井喷式的市场需求,新的功能和应用需求在不断翻新。良好的人机交互界面和高端的智能应用都离不开自然语言处理技术。而且随着市场的普及和应用的深入,手持嵌入式系统对自然语言技术的要求也会越来越高、越来越广泛。进一步完善嵌入式系统应用中现有的自然语言处理技术,并不断拓展、开发新的语言技术,是学界和业界都面临的迫切课题。不断加强和深入该领域的产学研合作,是新时代赋予学者和实业家共同的神圣使命。

（本书与高精錬、姬东鸿合作,原载《长江学术》2009年第2期）

第四章

应用语言学及文化语言学视角

我国语言文字应用研究的开拓与进取

——《语言文字应用研究》创刊五周年[*]

进入 20 世纪 90 年代的第三个年头,我国第一个应用语言研究的重要刊物《语言文字应用》(以下简称《应用》),经过长期的酝酿和准备,终于在设立于国家语委的语言文字应用研究所创刊。它的诞生,标志着中国的应用语言研究开始进入一个新的里程。

五年来,《应用》不仅给我国应用语言研究开辟了一个展示成果的大型园地,而且卓有成效地配合国家语委和学术社团,把我国分散的语言应用研究力量,初步地集结成有松散联系的浩荡研究大军,拉开了中国学者共同向语言应用研究的几个重要领域进军的序幕,并开始展现出一代新的语言研究学风。

《应用》的五年,代表和体现了我国语言文字应用研究领域里开拓与进取的五年。这五年不仅杂志办得越来越充满生机,为创建我们的应用语言学打下了一个基础,而且为主办学术杂志创造了一套宝贵经验。

---

[*] 本文在写作过程中得到邢福义先生的指点。

综观五年的杂志及其代表的语言应用研究,其成功的经验及其开拓进取,主要反映在以下几个方面的导向作用及其关系的处理。

一 理论与应用

语言文字应用研究在内容上要考虑两头:一头是理论,一头是应用。两头不应该是割裂的,而应该是一种有机的结合。当然,"结合"并不是说在具体研究中就不能够有所侧重,侧重于理论或侧重于应用,都是实际可行的有利于学术发展的做法。我们觉得,五年来的《应用》较好地处理了理论与应用的关系,注意了两者的结合:讲理论,其理论是生发于事实的能指导应用的理论;讲应用,其应用是有理论基础的或能生发出理论、给人以理论启示的应用。

就理论而言,有两个层次,一是基础理论,一是应用理论。《应用》高举的虽是"应用"的大旗,但并不忽视基础理论问题,因为应用问题的研究需要基础理论的支持,基础理论的研究可以促进应用研究的深入。作为对语言本质的看法的语言观是基础理论中一个带根本性的问题,它直接影响到人们对于语言应用问题的认识。索绪尔的语言观虽然奠定了现代语言学的基础,具有不可磨灭的历史功绩,但社会在发展,科技在进步,语言本身也在变化,在今天看来,索绪尔的语言观已经暴露出某些局限和缺陷,有重新检讨的必要。《深化对语言的认识,促进语言科学的发展》(王希杰,94.3)、《重新认识语言,推动语文规范化》(94.1)、《语言观与汉语规范化》(95.2)等文章就对语言观问题进行了有益的探索,认为"语言是作为人类最重要的思维工具、交际工具、文化载体的，一种复杂的开放的，具有自我调节功能和非系统特征的，具有缺漏性和交际不自足性的，处在不断地从无序向有序运动过程之中的，动态平衡的多层次的音义结合的符号系统"。这种认识是否就已切近语言的本质，当然还可以再讨论，但它至少从一个方面深化了人们对于语言本质问题的认识，而这种深化不是出于一种纯理性的思辨，而是源于对语言应用实际的考察。有了这种认识，人们就有可能用新的眼光来重新看待一些语言应用问题。比如在语言规范化工作中，我们就可能会采取更现实更客观的态度，因势利导，顺应语言内部的发展规律，发挥语言的自我调节功能，而不是违背语言内部的发展规律，同语言的自我调节功能相对抗。

如果说过去还有人认为语言文字应用研究只是语言学基础理论的应用，本身没有理论的话，那么现在人们已基本取得共识：应用本身也有理论，也有自己的规律、方法和原则；而且应用理论可以对基础理论进行检验、修正和补充。从五年来《应用》所刊发的文章中我们可以明显地感觉到，《应用》对应用理论的研究是很重视的，有相当数量的文章分别从语言学习与习得、语言运用、语言文字教学、语言文字规范、汉字简化、语言立法、词典编纂、语言文字信息处理等方面探讨了各自的规律、方法和原则。如《教师教学语言艺术讲座》（第1—6讲，庄文中等，94.3—95.3，96.1）探讨了教学语言运用的规律；《儿童识字方法的理论探讨》（佟乐泉，96.1）从心理学的角度比较了"集中识字法"、"分散识字法"、"注音识字，提前读写"等的利弊长短，提出了更高层次的把识字教学和能力培养结合起来的思路和方法；《新词语的判定标准与新词新语词典编纂的原则》（王铁昆，92.2）提出了新词语的四条判定标准和编纂新词新语词典所应遵循的三条原则（时限性原则、描写性原则和实用性原则);《汉字字形规范的理论和实践》(苏培成,92.2)、《现代汉字的部件切分》(苏培成,95.3)分别提出了汉字标准字形确定和汉字部件切分的原则。这些应用理论来自语言文字应用的实际,因此对实际应用具有很强的指导作用。这样的理论也正是社会所呼唤的理论。

就应用而言,也有不同的层次,领域广泛,天地宽阔。《应用》中有相当比例的文章是有关具体应用问题的研究的,涉及语言文字应用的诸多方面:有对语言文字教学现状的考察(如李宇明《师范大学学生的语言文字状况及其教学问题》,94.2;李子云《语文教学与语言文字应用》,94.2),有对社会用语用字规范的调查(如龚千炎等《北京市三条繁华大街社会用语规范调查报告》,93.1;陈松等《北京市城区公共场合繁体字出现原因分析》,96.2),有对广告语言的探讨(如邵敬敏《论广告创作的定位策略》,95.1;郭龙生《广告用语的更换》,95.3;李胜梅《广告文稿的叙述方式》,95.3),有对艺术语言的分析(如王英《从〈围城〉看新潮小说语言超常现象》,93.2;骆小所《论艺术语言的弹性美》,95.4),还有对儿童语言习得过程的描述(如周国光等《儿童语言中的被动句》,92.1;孔令达等《儿童动态助词"过"习得情况的调查与分析》,93.4),等等。可以看出,这些有关具体应用问题的研究往往是在一定的理论指导下展开的,而且总能给人一种理论上的启发。特别值得一提的是,五年来《应用》刊发有关计算语言学的文章多达33篇,这充分表明《应用》对计算语言学这一新兴应用学科的重视。计算语言学的进步,语文的现代化,必将带动科学的发展,极大地提高语言的使用效益,因此需要全社会投放更多的力量。

二 宏观与微观

在研究视角上,语言文字应用研究既可以着眼于宏观,也可以着眼于微观,但宏观应该是有微观事实支持的宏观,而微观应该是有宏观理论思考或宏观理论背景的微观。

就我国目前的语言文字应用研究来说,宏观的理论固然值得探讨,但微观的事实更需要考察。由于诸多方面的原因,过去我们对语言文字的应用问题重视不够,研究不多,有不少薄弱领域和空白地带,有很多的具体问题有待我们去研究。我们应该多注意实际问题,哪怕是极其细小的问题。虽说着眼于微观,但眼界要高远,思路要开阔,要能指向宏观,从微观的考察中挖掘到或引发出相关的理论。这就要求我们对于应用事实的考察不能只是停留在就事论事的感性阶段,应该由近及远,由小见大,多作理论上的发掘,多作宏观上的思考。一滴水也能映照出太阳,个别反映着一般,应该说,微观事实都是蕴涵着某种理论的,问题是我们要用心去挖掘,善于去引发。

从《应用》上的文章来看,有的是侧重于宏观上的探索,更多的则是侧重于微观上的考察,但我们看到,宏观的探索中并没有忘记微观的挖掘,而微观的考察中往往渗透着宏观的思考。《汉语规范化中的观察、研究和语值探求》(储泽祥,96.1)是从宏观上探讨汉语规范化的理论问题。文章对这一问题的探讨不是从观念出发,而是从单音形容词的 AABB 差义叠结这一有争议现象的剖析入手,通过对其结构规律和语用价值的深入考察,看到这一格式确实有它独特的表意作用,是其他格式(如"AB-AB""又 A 又 B""AA 的,BB 的"等近义格式)所不能够替代的，有它存在的价值和必要，不应视为规范的对象。由此认为，汉语规范化必须坚持三项原则：以充分观察为基础，以深入研究为保证，以语值探求为依据，尤其是对待新生的或正处在发展中的语言现象，更应如此，而不应轻率地加以否定。《从语言不是数字说起》（邢福义，95.3）是从微观上考察一个具体事实。歌剧《白毛女》中有一句唱词："有钱人结亲讲穿戴，我爹没钱不能买"；可到了舞剧《白毛女》，"没钱"被改成了"钱少"。理由大概是：既然没钱，怎么能买红头绳？既然能买红头绳，又怎么能说没钱？文章就抓住"没钱"这样一个看似细小的问题，"小题大做"，进行深入的挖掘，从中引发出一系列的理论思考。文章指出，语言不是数字，说话不等于做算术，语言有它自身的表述系统。语言表述系统中的"没"或"无"可能是"零"，也可能不是"零"。在语言运用中，词语的含义又是受语境规约的，而语境的规约因素是多种多样的，有时表现为显性或隐性的相关词语，有时却可能只是人们的一种心理预设或情绪氛围。由于受到特定语境的规约，"没钱"的实际含义往往就是钱少或钱不够。我们看到，文章对"没钱"的考察，不是停留在现象的孤立分析上，而是放在动态的具有内在规律性的语言运用体系中来考察，经过一步步的提升，发掘出相关的富有说服力的理论。虽说是"实"，但"实"中有"论"，是"实"和"论"的和谐统一。当然，我们也注意到《应用》中有个别微观考察的文章在宏观思考上做得不够，缺少由事实向理论的升华。

三 求实与拓新

语言文字应用研究是随着社会的发展和科技的进步而发展和

进步的。诚然，作为一门在我国兴起时间不长的学科，其研究对象、范围、原则、方法和规律究竟如何，目前尚未形成定论，但它是一门应用的学科和边缘的学科则已成共识。因此，它必须注意社会价值和本学科理论价值两头，具体而言就是一是看有没有满足社会的需要，二是要看本学科有没有发展，这是一番要接受实践检验的事业，因而脚踏实地、讲求实效和超越自我、开拓新路就显得尤为重要。

求实就是使研究对象贴近社会语言生活，立足于自然观察、社会调查和科学实验，以使研究成果能够解决实际问题，有效地指导语言文字的应用，取得功在国家利在人民的社会价值。拓新就是打破传统语言研究的藩篱，向语言学的边缘即交叉学科进军，使交叉学科的原则、方法、理论与传统发生碰撞，在碰撞中显现学科理论价值。应该说，求实与创新是相辅相成的，是兼顾社会价值和学科理论价值的理想状态。

我们欣喜地看到，几年来，研究者们在这方面进行了有益的探索，取得了可喜的成果。他们中间，有的从社会用语的角度，直接观照语言现实，如《北京市三条繁华大街社会用语规范调查报告》（龚千炎等，1993.1），《品名、企业名对专名的移用及其规范问题》（徐国庆，1993.2），《当代中国商号命名的问题与对策》（陈妹金，1995.2）等，有调查，有分析，讲策略，讲实效，显示了强烈的学术责任感和社会价值观。有的抓住社会语言生活中最活跃、最富动态的新词新语新用法的脉搏，既分析其来龙去脉，如《从方言吸取营养——普通话新词语产生的重要途径》（于夏龙，1992.2），《寻求新的色彩，寻求新的风格——新词语产生的重要途径》（刘一玲，1993.1），又探讨《新词语的判定标准与新词新语词典编纂的原则》（王铁昆，1992.4），还引申到《整理汉语新词语若干思考》（语用所"新词新语新用法"课题组，1993.3），"确定突出语言应用的特色，词典应该是资料加语言学功底加思想，要提高它的知识附加值和思想附加值"，正是具有这种超前意识，此项研究就不再仅仅局限于被动地收集整理，而是可以把准脉搏，主动出击，大胆而有效地进行《新词语的预测》（周洪波，1996.2），其价值不仅在于以编年形式为社会生活出了几本词典，更在于"建立起覆盖面更广、解释力更强、更具有预测能力的词语发展理论，使新词语的研究进一步科学化"的学科理论，这应该看作正确处理求实和拓新关系的典范。还有的研究者对儿童语言习得和聋童声母获得状况进行分析，有的对广告语言、广播影视语言、法律语言、公文语言、艺术语言进行研究，尤其是《计算语言学对理论语言学的挑战》（冯志伟，1992.1），拉开了语言文字应用研究向交叉学科迈进的序幕，引发了相当数量的学者群起应战，已形成方兴未艾的大气候，在使汉语语法研究的重点逐渐地从描写的立场转移到解释的立场的同时，也为走向世纪之交的中国应用语言学研究开拓了一个前景广阔、大有作为的新天地。

我们也看到，在求实与拓新两个方面，求实相对容易实现，尤其是在边缘性研究方面，率先进入者常常由于"发人之所未发"，或兼以天时地利，因而"拓荒"较易，如对于广告语言的研究，火了好几年，风气之先，文章较好作；而时至今日，真正要拿出有创见、有新意、超越自我或前人的"拓新"精品则较难。《语言文字应用》1995年第1期和第3期以"广告语言"为板块，共推出13篇文章，平心而论，有些文章还达不到精品水平。这一现象提请我们注意的是，在我们将研究由本体学科转向交叉学科时，怎样才能做到在"拓荒"伊始，就能抢占高起点、高品位、高附加值的制高点，早出精品，快出精品。

四 主张与争鸣

学术研究的目的,就是产出自成体系的学术思想和学术成果,这样才可能形成学派,而研究者为形成学派而勇于进行有创见性的探索,敢于提出有建设性的主张,善于展开有学术性的争鸣,都是具有学派意识的表现,都是值得肯定和提倡的。《语言文字应用》在1992年第1期创刊号中就明确提出:将认真贯彻"百花齐放,百家争鸣"的方针,学术上不搞"一言堂"。不同观点的文章,只要言之有理,论之有据,都可以在本刊发表。不同的学派可以在本刊争鸣。真理是愈辩愈明的,学术也只有在讨论和争鸣中才能得到发展。……除了论文外,我们也非常注重书评。我们把论文和书评同样看作是推动和引导我国语言文字应用研究的重要手段。(《我们的设想》,龚千炎)事实表明,创刊至今,这一宗旨得到了较充分的实现。

不搞"一言堂",就是可以各抒己见,自作主张。某些主张有理有据,可以得到赞同;某些主张失之偏颇,自会引起争鸣。在争鸣中,反思是一种高层次的方式。"冷眼向洋看世界,热风吹雨洒江天"。在某个方面的研究产生轰动效应并形成热潮时,反思可以帮助人们冷静下来,用比较客观的眼光去评估得失,激浊扬清。《关于中国文化语言学的反思》(邵敬敏,1992.2)对涉及中国文化语言学的若干理论问题进行反思,提出文化语言学属于解释语言学的范畴,批评了"唯文化论"的观点,指出多元型、渗透型、发散型、开放型是中国文化语言学健康的发展方向。汉语规范化问题由来已久,几起几落,当前又成为社会的热点,语言学家对此当然负有使命,而重新认识语言的本质,作为语言的研究者重视同语言保持和谐的关系,《汉语的规范化问题和语言的自我调节功能》(王希杰,1995.3)这篇文章,既是对汉语规范化多年实践的反思,又对语言文字工作者提出了转变观念、辩证思维的主张。《汉语规范化问题断想》(黄佑源,1995.3)一文"站在今天的历史高度,去看待过去的汉语规范化工作",对1955年召开的"现代汉语规范问题学术会议"的文件中的一些论断,形成这些论断的理论支柱,从事汉语规范的容纳或剔除的两种思路,进行了反思,并且提出了"尊重语言规则,尊重规范意识,首先就得尊重千百万群众的富有创造力的语言实践"的主张。这些带有强烈思辨色彩的意见,值得我们深思。

在一些重大理论问题方面,也展开了有益的争鸣。《语言属于生产力范畴——再谈语言和"吃饭"的关系》(奚博先,1993.4)一文,详细阐述了"语言具有生产力特性、语言属于生产力范畴"的命题,批驳了"语言和'吃饭'问题没有关系"的说法,并且着重分析了斯大林的"语言什么也不生产"说,指出了此说的谬误。作者由此阐发的关于这一理论问题的五个方面的意义,尤其发人深省。

在提出主张、展开争鸣的同时,还需要十分注意学风和文品,而文品是学风的具体表现。

毋庸讳言,语言学界有过而且现在也还存在不良文品,20世纪60年代前后表现为"威逼型",在讨论问题时不是以理服人,而是借某种外力威逼对方;20世纪80年代以后出现了"夸说型",主要表现是自我夸大,动辄吹嘘填补学科空白,创建了多少门新学科。"威逼型"现在还阴魂不散,有人打着争鸣的幌子,压制不同意见甚至进行人身攻击;"夸说型"在不同年龄层次中都有表现。在当前,在我们的研究队伍又处于新一轮

"接力"的关键时期，应该尽快清除这些阻碍学术发展的不良因素，发扬优良学风，处理好人己成果的关系，避免"抄袭"文品；处理好意见相左的关系，避免"霸道"文品；处理好求信存疑的关系，避免"僵化"文品。（《文品问题三关系》，邢福义，1996.3）以使我国的语言研究保持繁荣昌盛的势头，蓬勃健康地向前发展。

五年来，《语言文字应用》发表了多篇书评。一般而论，都是说好话的多，道不足的少，这也是时下书评的通例。最欣赏的是那篇《汉语现代风格的建筑群——读四部有关的新著》（于根元，1992.2），好就好在它对于出自四位作者之手的同是研究汉语现代风格学的四部专著相提并论，使人读来既可对这一专题获得全面了解，又能在比较中品评精粗，鉴别源流。此外，在评书的同时，作者还提出自己的见解，如对于语言规范的重新认识，规范是分层次的，语言呈亚稳态，内核部分相当稳定外层部分很活跃，风格类型有不同，同一类型里有量级不同，风格是动态的，发展的，等等，并且能很中肯很深刻地指出所评之书的问题，用上"不够"、"也不够"、"不很新"、"不很深"之类词语，这在时下是难得一见的。

五　刊内与刊外

《应用》一个十分突出的特点是非常注重刊内建设和刊外建设相结合，用刊内引导刊外，用刊外推动和促进刊内，探索了一条宝贵的使学术刊物富有导向功能和学术生机的办刊经验。

刊内，编者十分注意文章内容和学风建设的学术导向。一般来说，杂志总是有一定的导向作用的，但是《应用》这方面的功能发挥得特别突出，或者说，《应用》是以学术导向作为刊内建设的重心来对待的。《应用》的导向工作有两个主要支点，一个是基本栏目的固定支点，一个是临时栏目的活动支点。固定支点，在一定程度上，反映着杂志编者对应用语言学基本内涵和外延的理解，显示着我们的应用语言研究一个时期的主攻方向。从1994年起，《应用》在前两年努力的基础上，设立了若干基本栏目，每期的侧重有所不同。从基本栏目"语言（文字）应用理论、语言教学、计算机和语言文字、广告语言、普通话、汉字、词汇和词典、语言与社会"及其所发的文章看，《应用》对应用语言学的理解有自己的思考和探索，既注意吸收国外的理论和成果，又不把我国的语言应用研究挂靠于国外某一学派或局限在国外某一学派对应用语言学所定义的范围内，其内容是开放的、务实的、面对中国活生生的语言应用实际和语言社会生活的，因而这种追求和导向的意义也是不言而喻的。有位学者如是说：如果不特别苛求理论性和系统性，可以说，以《应用》现有的探索编一部中国的应用语言学教材，其实用价值、受欢迎程度、市场效应，可能会超过目前已经在国内出版的任何一部应用语言学著作。

临时栏目的活动支点体现出两种比较明显的导向作用，一是表明应用语言研究的对象应该向本栏目的内容扩展，二是发挥着调整研究方向、指引研究道路的作用。前者如1995年发过一篇《主持人即兴口语特点探讨》（吴郁，95.2）、一篇《试谈公文语言的口语化和形象化——论公文语言发展的一个新走向》（袁辉，95.3）、一篇《论艺术语言的弹性美》（骆小所，95.4），虽然不同内容都只有一篇文章，但每篇文章都单设了一个栏目，其栏题分别为"广播影视语言"、"公文语言"和"艺术语言"。后者如1994年第1期的特稿《语言文字应用研究的天地广阔》

（禹永平），笔谈《关于语言规划理论研究的思考》（仲哲明）、《立足现代　面向未来　分清缓急　统筹安排》（王均）、《语文生活调查刍议》（陈章太）、《关于语文教学若干问题的思考》（王建华）、《研究新时期人民群众的语言活动》（陈建明）、《中国计算语言学研究的世界化刍议》（冯志伟），1995年第1期的笔谈《寄厚望于应用语言学》（许嘉璐）、《加强对"教师口语"课程的研究工作》（孟吉平）、《形势喜人　任重道远》（程棠）、《加强对"字"的研究，推进中国语言学的发展》（徐通锵）、《面向未来，必须加强语文规范化工作》（李行建），1996年第3期的学风与文风思考《文品问题三关系》（邢福义）、《关于语言研究的要求与文风的思考》（吴继光）等。

　　《应用》得心应手的稿件内容组织，是和编者走出编辑部，深入全国各地大量的"刊外"座谈调研、邀兵请将工作分不开的。可以说，显示和引导中国应用语言研究和语言研究的文章在"刊内"，重于刊内工作若干倍的工作是在刊外，并且是这种浩繁的刊外工作，才使《应用》较为自如地导引和推动我们应用语言研究的不断开拓和进取。

　　从杂志发表的文章看，近两年来《应用》走出编辑部，在北京和外地组织和参与的座谈会发了纪要的就有七次之多：《重新认识语言，推动语言规范——第四次语法学修辞学学术讨论会择要》（94.1）、《北京市部分中学语文教师座谈会纪要》（94.2）、《索绪尔语言观在中国的传播与中国现代语言学的发展——"现代语言学在中国"座谈会纪要》（郭伯康，94.3）、《语言观与汉语规范——第五次语法学修辞学学术座谈会发言纪要》（朱景松，95.2）、《世纪之交的语言应用研究之走势——华中师范大学语言学研究所"语言文字应用研究的现状与展望"座谈会纪要》（萧国政，95.4）、《迎接新的世纪，作出新的贡献——上海师范大学语言研究所"世纪之交汉语语言文字应用研究"座谈会纪要》（齐沪扬、左思明，96.1)、《中国语文工作者的使命——"语文现代化问题"座谈会纪要》（郭伯康，96.3)。这些座谈，不论是座谈内容之重要、参与座谈学者之广泛，还是座谈纪要之内容，都引起语言学界的极大关注。邢福义先生在谈《应用》特色时好几次都说道："主编和编辑走出编辑部，发动广大的学者参与办刊，是个创举。它为学术刊物创造了一条开放型办刊的好经验。"

办刊抓刊内是常规，相对来说好办一些；可抓刊外并做到目前这种状况，是需要眼光、胸怀、责任心、胆略和组织能力的。《应用》能如此，它使我们悟到：办好一个刊物，并不只是"人"、"稿件"和"经费"的简单相加，还需要编辑、编辑的领导们，具备一些特殊的素质和品格。编辑和领导确实不易，一个编辑，仅就编稿而言，面对的是5尺平静的斗桌、半尺彩色屏幕、叠叠无声的稿件，而胸中却展开的是研究思潮翻滚的五洲四海和纵横捭阖的万马千军，取舍编排，沥血呕心；一个杂志的上级领导，工作千头万绪，却得忙里偷闲，给杂志以一些偏爱，经费捉襟见肘，却不得不忍痛割"爱"，来接济学术研究的成果。这里请允许我们代表广大作者和读者，向《应用》和所有语言学杂志的编辑和上级，表示崇高的敬意和深深的谢意。

六　定位与发展

《应用》是在新的形势下创刊的，在我们看来，它创办之初就面临着三个问题：一是和《中国语文》《语文建设》怎么分工与合作，二是下属国家语委，是语委的喉舌性理论刊物还是语言文字应用的学术刊物，三是作为语委（含其下属机构）的学术园地还是语委的学术机构主办的全国性学术期刊。三个问题的实质是怎么给杂志作角色定位的问题。而角色定位对于一个杂志，可以说是它能否成功的第一关。这个问题处理不好，即使暂时办了起来，其前景恐怕终究不会很妙。值得欣慰的是，这些难题没有难倒国家语委的学者们，他们（也包括我们所有的作者）都成功了，《应用》创刊来的五年表明，杂志在不断适应我国语言学和应用语言学新的形势中，经过几年的摸索、调整，终于给自己确立了一个比较合理的、符合我国学术国情的"刊位"，现在不仅杂志越来越办出了特色，促进和推动着我国应用语言学的开拓与进展，而且还开始显示出其蓬勃的生命力和旺盛的学术青春。

《应用》与发展有关的定位，主要有以下几点。

（一）立足应用，给杂志奠定了"安身立命"的第一块基石。《应用》从一方面是使它同《中国语文》有了明确的分工，从另一方面看也是一种语言研究的互补性的合作。从分工一面看，按照汉语使用者的理解习惯，"应用"和"基础"相对，在这个意义上，这种定位使《应用》一开始就与所有以基础研究为宗旨的语言学杂志二分着中国的语言学天下。弄得好会产生杠杆效应，四两拨千斤；弄得不好，可能是红花点缀绿草。但是五年的《应用》使我们看到的是杠杆图，之所以如此还得力于互补一面的发挥和以下三个定位。

不局限于应用，同时着眼学风建设，就是互补一面的充分发挥。其他杂志不怎么好做这项工作，但是《应用》能做敢做，并且立出专栏，其客观效果上体现出国家语委学术机构，对语言研究和语言应用研究的战略性思考和建设性贡献。

（二）着眼探索，保证了杂志的学术性质、学术活力和学术地位。着眼探索，不仅使它确立了学术刊物的重要地位，而且使它的学术研究充满活力。在这块园地里，奉行的是"理""实"

为本,不是以"洋"为是,中西理论在这里受到平等的礼遇。一方面,《应用》不囿于某一理论概念,也不固守某些传统的做法和通行的结论,语言应用问题之所在,就是其应用语言研究之所至。当语言应用研究和语言规范的发展和深入,受到索绪尔语言观和其他语言观羁绊时,语言观问题就成为《应用》的探索对象,杂志多期展开了对语言观的论争(文章上面已列)。现在,在这块中国语言学园地里,你不会再感到有什么为所谓的理论性而跪着做学问的屈辱,感到的只是为语言科学平等探索研究与独立思考创造的奔放。有位海外学者形象地说:《应用》是让中国的语言学研究和海外语言学研究,以同等身份站着对话的刊物(大意)。关于我国的语言研究和国外语言学的关系以及语言学的探求问题,季羡林先生给中国语言学丛书序中的一段话值得我们思考。他说:"不管他的《文通》能不能像西文语法那样让人真'通'——我看是通不了的;但是他毕竟开始了中国语言学现代化之新风。我们现在都认为,所谓'现代化'其实就是'西化',马建忠又提供了一个具体的例证。……中国语言学的探求期才20年的历史。下一个世纪的前20年,甚至在更长的时期内,都是我们的探求期。我们必然能够找到'中国的特色'。只要先'擒'这个'王',我们语言学的前途,正未可限量。只要能摆脱西方理论的影响,充分发扬我们自己的语言和理论,我们必然能够一反现在无声的情况,在世界语言学界发出我们的声音,而且是洪亮的声音。在21世纪100年中,同现在这100年比,我们必然能取得辉煌的成果。我认为,这就是中国语言学界未来的任务,这就是我们探求的方向。"(《序》,见邢福义《汉语语法学》,东北师范大学出版社1996年版)

另一方面,《应用》对于语言政策和语言立法的问题,也进行了一些理论的探索,为我国语言政策的制定和修改,为我国语言立法，提供了决策的理论依据。关于语言立法的文章如《有关语言立法的几个问题——记专家学者语言文字立法研讨会》（国家语委宣传政策法规室，95.1）、《试论语言文字的法制建设问题》（王铁昆，95.3）。

（三）抓住科技，架起了语言学界和科技界连接的桥梁，并开始攻占语言应用现代化和现代化中语言应用的时代桥头堡。杂志多期发表的计算语言学的文章就表明了这一点。

（四）组建队伍，为中国和世界语言研究和语言应用研究奠定千秋大业，为无数学者的成长与进步铺石修路，使学者隐隐感到杂志在学术研究中间接地执行其"国家语言文字领导机关"的"组织—指导—关怀"的职能。关于组建应用语言学术队伍，杂志从四个方面进行了工作：一是作者队伍面非常宽，从国家语委、科研机构到大专院校、中专、中学以及能联系上的语言应用工作者和管理工作者，形成庞大的常规军；二是利用约稿和组织座谈会的方式，把语言基础研究方面学者的应用研究潜力开发出来，使他们成为强大的机动部队；三是发表计算语言学和其他带学习指导性的文章，提高和补充新一代语言应用研究者的科技水平和有关知识；四是发表专门的理论文章对组建队伍进行论证和指导［《语言应用研究的队伍建设》（于根元，96.1）］。

《应用》虽然创办才五年，但是无疑已成了我国语言学界一块生机勃发、令人瞩目的园地。

相信这个刊物会越办越好。

相信再一个五年之后，我们一定能看到《应用》更新的面貌。

（本节与李向农、汪国胜合写，原载《语言文字应用》1996年第4期）

世纪之交的应用语言学学科定位
——迎接语言应用研究新世纪

对于应用语言学的学科定位，已有很多思考和成果。笔者在读了这些文献和参加了中国社科院应用语言研究所于根元等先生组织的若干讨论后，觉得在这即将进入21世纪的世纪之交上，有必要从更广阔的角度和视野来观察和思考"应用语言学"，并认为这种观察和思考，不仅对于语言学，而且对于人类的发展都是极为重要的。为了使本讨论具有可把握性，本文从"应用"、"语言学"和"应用语言学"的学科战略地位三个方面进行了论述，认为我们正在以前所未有的豪气，迈步跨入语言应用研究的新世纪。

一 应用语言学"应用"的内涵与外延

应用，通常与理论相对。如：他是搞（基础）理论的，我是搞（技术）应用的。又如：弟兄俩，一个读理论物理，一个读应用物理。但是，"应用"通常和理论相对，并非全部或只能与理论相对。如商务印书馆《现代汉语词典》（修订本）第

1514页给"应用"列出的义项和用例是:"①使用:~新技术｜这种方法~得最为普遍。②直接用于生活或生产的:~文｜~科学。"从词典列举的义项及用例看,除了最后一例"应用科学"外,其他三例的"应用"并不直接与理论相对,并且有的不与理论相对。后者如"~新技术"的"应用"就不能解释为理论的使用,因为没有一个"理论技术",技术都是应用性的,并且应用是技术的属性。我们使用的语言,从本质上讲,与技术同类,只有应用属性。事实上,就没有与理论对立的应用语言部分,虽然可以建构其理论形态。① 而语言学是有理论部分和应用部分的,就像其他学问(如物理学、化学)一样。因此,应用,从对象看,有理论的使用,也有非理论的使用。也可能由于这个原因,于根元先生在《应用语言学理论纲要》(第6页)中说:应用语言学包括"应用语言｜学"和"应用｜语言学"。即:应用语言学的应用内容,或者说,应用语言学"应用"的外延,或曰应用语言学的研究对象,包括语言的应用和语言学(语言理论)的应用。从理论上讲,我们宜于把应用语言学的"应用"的内涵(即性质)定位在"使用",把外延定位在语言的应用和语言学的应用。

语言的应用,其内容是十分丰富的。它包括语言符号系统结构规则的应用、语言交际规律和规则的应用。结构规则、交际规则和规律,是语言的客观形态,是没有条件可讲的"硬"道理,凡语言的使用者是必须恪守的。因此,对语言应用的研究,从性

---

① 索绪尔以来的语言研究,所研究的语言,其终点不是实际的"言语",而是一种理论"语言"。从语言到言语是应用,反过来,从言语到语言是理论抽象。(可参见于根元《语言哲学对话》,语文出版社1999年版,第115—133页)因此,20世纪以来的所谓语言学,实际上是理论语言学,即语言的理论形态研究。

质上讲，是对语言强制性、强制方式和强制内容的一种研究。即使是语言使用达到十分艺术的程度，你也只是感悟到语言产生艺术效果的规则和规律并能自如地使用。否则，即使是登峰造极的艺术档次的表达，也是没有人能理解的。没有人理解也就失去了存在的前提和真实性，因而这种不以规则与规律为依托的艺术表达，事实上也是不存在的。这里我们可以用王希杰和于根元先生的"潜显理论"和"占位理论"，来表达一般规则、规律同艺术程度的规则与规律的关系，现有规则同将有规则关系。[①] 或者说，我们可用这两种理论来建立一个"规则—规律"系统的"性质与关系"的假说。即：语言的规则和规律，是一个以一定的方式和方法开放着的系统，它的具体内容是无限的，人类无论怎么发展，语言科学无论怎么发达，它都是取之不竭，揭示不尽的。它像一个无比璀璨的艺术品，一经产生，就永远吸引人们去使用它、迷恋它、探索它和拥有它。

但是，语言的规则和规律又是以"潜"、"显"两种方式"占位"存在的。其"潜"的内容是无限的，其"显"的内容是有限的。不过，由于通常规则的"自然"（非人为）主导性和人们心理"内存"（memory）的有限性，在共时的语言规则系统中，固定显位规则比可让位的显位规则，所占的比例要多得多。

潜、显构成一个连续统。当某个"显"的规则和范畴被舍弃时，一个新的潜规则或范畴就移位进入显的状态。其中也不排斥一个潜、显规则并存的短暂期。一般认为修辞是超常搭配，或认为某个作家语言是"违法"构造，其实这些所谓超常和异常（不包括口误、笔误和勘误），是把人们通常置于潜"位"的规

[①] 关于王希杰的潜显理论、于根元的占位理论，可参见郭龙生《语言潜、显理论》，载于根元《应用语言学理论纲要》，华语教学出版社1999年版，第七章。

则,显"位"化了。对于一种语言来讲,那些谙熟语言使用的人,一般是熟练地掌握了显位规则,同时又不同程度悟到了潜位规则,并能把它显位化的人。但是我们又不能对这些人期望太高。因为就像有些天才表演家,他(/她)一举手一投足就是那么回事,可你要他们教别人达到他们的层次却无能为力一样,那些创造了语言艺术表达的人,其艺术表达一般只能让你"意会",而把"言传"的使命留给了语言应用研究的学者们。这就仿佛是上帝事先有分工似的。因而仅就这个方面讲,应用语言研究,使命光荣、紧迫,并且任重道远。

语言理论的应用,对于应用语言学来讲,目前似应着重考虑理论理解、理论甄别、理论改造和理论实践等一些方面。

语言理论应用,首先要区分基础理论和应用理论,其次要区别可应用理论和纯基础理论。应用语言学的应用理论,只能是应用研究和基础研究成果中的"可应用"部分。不能认为,基础研究的成果就是理论,更不能认为理论研究的成果就是应用语言学的可应用理论,也不能认为应用研究的理论都是可用的。一种研究能否算作可应用理论,是由应用对象及应用领域决定的。并且,即便是可应用理论,还要对其可用度进行甄别,对不合理的部分,对可用而不好用的地方(如果有的话),必须进行改造。

总而言之,应用语言学"应用"的含义是使用。"使用"是应用的内涵。应用什么和怎样应用,是应用的外延。应用语言学作为一门学问,首先要明确"应用"的内涵——这门学问的性质,及"应用"的外延——这门学问的研究对象。因此,凡是与语言使用有关的问题,都是应用语言学研究的对象。

我们这样提出问题和认识问题,并不是学科对象的人为"扩张",而是该门学问性质的客观需要及其理性决定的。至于历史上和现实中,哪些问题由谁研究,哪些问题不由谁研究,那是另外的问题，个中包含许多历史因素和人为因素。应用语言学的研究对象与其他学科的研究对象有交叉，也没有关系，因为很多交叉是一种客观存在的事实，我们不能为了迁就暂时的学科现实或社会现实而刻意改变它。

二 应用语言学的"语言学"定位

"应用语言学"与"语言学"的关系，可以有各种理解和各种理论模式。模式不同，应用语言学所在的学术坐标点不同。笔者以为以下三个观察基点和模式类型特别值得注意。

第一，理论基点，"主—辅"模式。即应用语言学的"语言学"，是关于语言的科学，它的起点是语言理论或语言的理论研究，理论的诞生和发展是应用，其应用语言学是语言理论的应用（包括教学）。这种"语言学"是由基础研究"主"体和应用（研究）"辅"体两个下位学科构成。这种模式中的应用语言学，其地位和发展，是可想而知的。

第二，学科基点，"并立"模式。即：语言学＝语言哲学＋规律学（本体语言学＋应用语言学）。在这种模式中，首先"哲学"和"规律学"并立，其次是规律学中的"本体语言学"和"应用语言学"并立。①当语言哲学不考虑或未诞生时，本体语言研究和应用语言研究，平行对等。如果从我国应用语言学的发展看，可以说，通过许多学者、有关同志，国家语委及许多单位、部门的共同努力，应用语言学已从"主—辅"模式进入

---

① 语言学的这种模式理论及其内部关系，可参见于根元《应用语言学理论纲要》，华语教学出版社1999年版，第263页。

"并立"模式。

从下位学科的角度讲，这种变化是来之不易的，也是十分值得珍惜的。但是，从上位学科看，这两种语言学的定位模式，都是学科的共时内部分工或地盘分割。因而"主—辅"模式和"并立"模式都是共时下位模式。如果站在世纪之交，俯瞰整个语言学以及其他学科的发展，我们可以探讨和走向"历时"特色的上位理论模式。

第三，时代基点，特征模式。即：世纪之交和21世纪的语言学，是语言研究的历史发展中以应用为特征和特色的语言学，是语言学的新阶段、新纪元。和这种模式的语言学相对的，是前几个世纪以工具为视点的"语文学"，20世纪末和21世纪以本体为中枢的理论语言学。[①] 也就是说，语言学从漫长的工具语文学走来，经过了一个多世纪的本体语言学历程，现在正昂首阔步地进入应用语言学新纪元。纵观历史，语言研究从语文学进入语言学，从一个角度看是语言学从附庸走向了自立，但是从另一角度看，是语言研究作为一个历史的整体工程，自身的必然发展。在"时代—特征"模式的语言学中，应用研究与原本体研究融合在一起，从第二模式中"并立"的两翼，共同走向语言学最核心的部位——主体。因此，可以说，"时代—特征"模式的应用研究，是语言学的"新主体"研究。

语言学是人类对于语言的科学认识和学科研究。在其早期，当人类三分世界为天、地、人的时候，语言是这三者之外的第四者——工具，人们对它的制造和研究，也只能是个别的、零散的。当语言已经很发达且人们的研究已经积累到一定程度的时

[①] "本体"是指语言本身，因此，语言本体研究，是指研究语言符号（系统）本身。

候，历史的列车正从19世纪呼啸开往20世纪的时候，学者们惊觉地发现：语言是一个符号系统，内部交织着共时和历时两张网，任何语言的部件都是系统中的部分，任何语言的表现，都是历时发展和共时系统共同作用的产物。要真正弄懂语言的实质和性能，必须对语言本身进行系统的研究。可能是为了把学科的划时代认识的新的研究方向定格在这一点上，20世纪的语言学被定义为对语言本身进行研究的科学。语言学的这种定格和定位，带来了一个语言学系统本体研究的新纪元。在语言系统本体研究的一个多世纪时间里，语言学产生了几乎和它前几个世纪等同的汗牛充栋的成果。

但是，就像工具—语文学孕育着本体语言学一样，本体语言学也孕育了应用语言学。因为研究者们在进行本体研究中越来越发现：语言是一个动态系统，并且这种"动"主要不是历时的变动，而是现实的"用动"。一种语言用才有生命，用就发展。语言也只有"用"才需要规则和规律，并且语言的各种要素、规则和规律都是为"用"准备的，也都是"用"的结果。语言历时的变化，只不过是"用"长期积累所呈现的阶段性差异。离开了共时的用，也就没有历时的变。所以今天语言的一切研究，21世纪的语言学，应定位为从用的角度和为说明用而进行的科学探索。它的对象和任务应该为：（1）为"用"所控制的语音系统、语汇—语义系统、语法系统和语用系统及其使用规则、规律，变化规则和变化规律；（2）语言使用者（包括人和机器）的语言学习和语言使用的类型、方式、规律以及它们对语言的影响及其语言计划（含教学大纲）和语言政策（含语言规范）的研制；（3）语言交际研究；（4）语言职业、语言市场和语言产业的研究、论证和实践；（5）语言哲学、语言研究手段及语言学的学科派生与专业派生，等等。

我们应该看到：

（一）《语言文字应用》杂志的创刊和发展，中国应用语言学会的成立及其几届年会的召开，语言哲学对话的开展，一批语言应用研究成果的问世，北京广播学院应用语言学系诞生，都在从不同的角度向我们昭示：一个应用语言学的新世纪正绽开笑脸向我们迎面走来。

（二）中国学者的研究和认识，已为应用语言学新世纪的到来，做好了多种准备。应用研究方面的准备且不论，就是本体研究最核心的部分——现代汉语法研究，其"三个平面"理论，就把语法研究的对象从语形、语义扩展到语用；① 其"两个三角"理论中的"小三角"，把语言观察的触角，从语表、语里伸到了语值；② 其"隐性语法范畴"的思考，把语法规则，从组形规则、释义规则推进到传信规则及其相互制约的探求；③ 尤其是汉语功能语法和语言的认知研究，用许多新的成果和事实不断宣告"语言是一个非自足的系统"，很多制约在语言符号系统之外。所有这些，都共同表明，中国语言本体研究的应用研究趋向和趋势，已十分醒目。

（三）在应用语言世纪，中国有可能成为世界语言研究的几个最重要的中心之一，甚至有可能领先。这一点除了语言学界的

---

① 关于语法研究的三个平面，可参见施关淦《关于语法研究的三个平面》，《中国语文》1991年第6期；胡裕树、范晓《有关语法研究三个平面的几个问题》，《中国语文》1992年第4期。

② 语法研究的两个三角是指"普—方—古"大三角和"表—里—值"小三角。小三角的"值"是指句子的语用价值。参见邢福义《汉语语法学》，东北师范大学出版社1997年版。

③ 语法隐性范畴的思考，参见萧国政《现代汉语的隐性语法范畴》，《华中师范大学学报》1999年第2期；袁毓林：《定语顺序的认知解释及其理论蕴涵》，《中国社会科学》1999年第2期。

主观努力和良好素质外，主要是由于以下三个方面的因素：

（1）国家发展需要。中国的改革开放、经济建设，是在当今高科技背景下展开的，语言文字处理、信息产业、对外汉语教学，不仅对我们国家的发展具有紧迫性，而且具有战略性。许嘉璐先生说："随着社会科学、科学技术的急剧发展，语言在社会各个领域，特别是在数字化技术（包括计算机技术）领域的应用，对语言规律和语言理论的需求也越来越迫切。这正是语言学发挥作用的时刻，也正是语言学家观察语言变化、从应用中发现语言学理论努力方向的大好机会。"① 江蓝生先生在《开拓新世纪的中国语言学》中写道："当今互联网的使用和快速发展已使之成为一个具有巨大潜能的新产业，发达国家特别是美国利用其信息优势向发展中国家进行信息和文化渗透，又从中获得巨额利润。如何迎战西方网络文化的侵袭，在信息化的道路上扩大汉语阵地，向我国科技界提出了新的难题。""在下个世纪，我国仍将处于社会转型期。语言学将继续受到商品经济大潮的挤压与挑战。"②

国家发展需要语言的应用研究这一点很多学者都感受到了。不仅《中国语文》《语言文字应用》《语文建设》等杂志发表的应用研究倾向的文章表明了这一点，就是北大和中国社科院语言所这些语言研究最本体的单位组织的 98 国际汉语语法学术讨论会，其主持人大会的主体发言——《汉语语法研究所面临的挑战》提出的两个挑战，也旁证了这一点。③ 该发言的第一挑战，题目就是"来自应用方面的挑战"；第二挑战虽然题目是"来自

---

① 许嘉璐：《面对新世纪的我国语言学》，《中国语文》1999 年第 5 期。
② 江蓝生：《开拓新世纪的中国语言学》，《中国语文》1999 年第 5 期。
③ 陆俭明：《汉语语法研究所面临的挑战》，《世界汉语教学》1998 年第 4 期。

理论方面的挑战",但其中有些内容从一方面看是本体的,而从另一方面看也是属于应用的。可以说,国家需要,是我们在语言学世纪新的走向中,成为世界重要研究中心之一,甚至走在世界前列的有利条件和学科驱动力。

(2)思想文化条件。汉语和世界其他发达语言一样,有过自己辉煌的语文学时期,产生了丰富的成果和经验。就是到了近代,第一部系统仿西文的语法著作《马氏文通》,也是为教学而写作的。语言学指向应用,在我国有着深厚的思想文化渊源和学科基础。近年的语言哲学对话,伴着我们改革开放的思想步伐,吹响了语言研究"思想解放"的号角,对我国语言研究走向应用新世纪,做了和正在做着高层次的理论准备。历史和现实结合,给我国在语言学世纪新的走向中,成为世界重要研究中心之一,奠定了和奠定着不可或缺的思想理论基础。

(3)汉语语言特点。这是我们在语言应用纪元,使汉语的语言研究有可能走在世界前列的客观优势。虽然不全是"风水轮流转",但事实是:在语文学的语言世纪,汉藏语和印欧语谁也不比谁有优势;但是,在语言的本体研究,语言的符号系统,尤其是语法系统,主要是建立在形态和形式上,这样汉语明显没有优势;可到了语言应用研究世纪,汉语则不然了,汉语可不受形式的缠绕而直逼语言应用的规则与规律,并且很可能汉语的语法主轴在语用规则和规律。①

总之,我们对语言研究走向应用语言学世纪,对汉语研究能迎来一个大有作为的新纪元,充满了信心。我国的语言工作者应该负起时代和学科的责任,在这世纪之交,为应用语言学的

---

① 江蓝生在《开拓新世纪的中国语言学》,《中国语文》1999年第5期上说"中国语言学的人文性十分浓厚,这跟汉语自身的特点与我国语文学传统有关"。

"语言学"选择一个最为合理的定位,加速把语言学推向和定位在崭新的应用方向。可以说,这也是世界语言学应共同选择的方向。

我们还应有一个较高的近期目标,在 21 世纪的前 10—20 年,在新的语言研究方向上,让中国的语言学在理论方法上努力做到不依赖进口,并逐步争取走向出口。季羡林先生在给东北师范大学出版社出版的中国语言学丛书写的序中说:"中国语言学的探求期才 20 年的历史。下一个世纪的前 20 年,甚至在更长的时期内,都是我们的探求期。我们必然能够找到'中国的特色'。只要先'擒'这个'王',我们语言学的前途,正未可限量。只要能摆脱西方理论的影响,充分发扬我们自己的语言和理论,我们必然能够一反现在无声的情况,在世界语言学界发出我们的声音,而且是洪亮的声音。在 21 世纪 100 年中,同现在这 100 年比,我们必然能取得辉煌的成果。我认为,这就是中国语言学界未来的任务,这就是我们探求的方向。"[①] 这里笔者应该指出的是,季先生对中国语言学所提出的殷切希望,只有在语言应用研究的时代和方向上,才有可能真正变为现实。

三 应用语言学的"学科"定位

应用语言学,是语言学的第三个历史世纪。如果从语言学与其他学科的关系看,其语文学世纪是附庸学科世纪,其本体语言学世纪是独立学科世纪,而现在将要进入的应用语言学世纪是"综合学科"世纪。这里的所谓"综合学科",是中枢学科、母

[①] 见邢福义《汉语语法学》,东北师范大学出版社 1997 年版,序。

体学科和领先学科的意思。就是说，21世纪的应用语言学，将处于若干学科的中枢地位，能派生许多新的交叉学科和分支学科，能引导和启发许多学科走向更理想的未来。

给应用语言学这样的学科定位，其根据主要有以下几点：

第一，语言学的链接力和向心力。现在一般都认为数学是理科的语言学，语言学是文科的数学。语言学的性质使语言学处于文科的中枢地位，文、理科的桥梁地位。在信息化时代，其他文科研究信息化、数码化和智能化，可通过语言学方法与手段来实现。但语言学要发挥好这个作用，还要作这方面的专门研究，其他学科也要作一些满足各自转化需要的特殊研究。

第二，应用语言学的概括力和胶合力。21世纪被认为是生物和信息世纪。这里的生物学不只限于仿生、合成和克隆（colon），还应包括生物语言与生物交际。动物、植物，甚至非生物的传信破迷，人类与非人类（包括无生物）的交际沟通，是人类未来特别具有战略意义的课题。而语言和语言的应用，从一个方面隐喻着这种沟通实现的前景。一个人是一个小天体，星球是一个大天体，小天体可以用语言组织起来，大小天体也应是如此，人与生物之间就更不待言了。应用语言学的语言应用研究，具有天然的对人与非人交际沟通、理想相处的潜在概括力和胶合力。当然，应用语言学要充分发挥这个方面的作用，应加强这个方向的交叉研究和前沿研究。

第三，语言和语言学"应用"的蘖生力。站在最现实的角度向内看，语音和语音学的应用、语义和语义学的应用、语法和语法学的应用、交际和语用学应用的开发，市场前景十分可观；从外向看，语言应用和其他学科合作，产生的交叉学科，其前景也十分乐观。

总之，从更哲学的角度看，语言学的综合前景、超学科前景和超人类前景,是十分诱人的。人类已在不理解和不理会他类(含他星球)语言和表达的思维模式中,生活若干万年了,现在是否到了思考换一种模式对待自然和宇宙的时候?如果这样,那么,应用语言学的应用的划时代意义,将是无与伦比的。

笔者十分赞同下面的一段话:"我们要有学术自信心,相信语言学具有独立的不可替代的学术地位和社会功能,另一方面要调整自己,反思自己,以适应社会的需要。……一个时代有一个时代的使命,一个时代有一个时代的学问。"[①]

参考文献

桂诗春:《应用语言学》,湖南教育出版社1988年版。

胡裕树、范晓:《有关语法研究三个平面的几个问题》,《中国语文》1992年第4期。

季羡林、邢福义:《汉语语法学·序》,东北师范大学出版社1997年版。

江蓝生:《开拓新世纪的中国语言学》,《中国语文》1999年第5期。

陆俭明、郭锐:《汉语语法研究所面临的挑战》,《世界汉语教学》1998年第4期。

施关淦:《关于语法研究的三个平面》,《中国语文》1991年第6期。

萧国政:《世纪之交的语言文字应用研究之走势》,《语言文字应用》1995年第4期。

萧国政:《现代汉语的隐性语法范畴》,《华中师范大学学报》1999年第2期。

萧国政、李向农、汪国胜:《语言文字应用研究的广阔天地》,《语言文字应用》1996年第4期。

邢福义:《汉语语法学》,东北师范大学出版社1997年版。

[①] 江蓝生:《开拓新世纪的中国语言学》,《中国语文》1999年第5期。

许嘉璐：《面对新世纪的我国语言学》，《中国语文》1999年第5期。

许嘉璐、于根元等：《语言哲学对话·序》，语文出版社1999年版。

许嘉璐、王福祥、刘润清主编：《中国语言学现状与展望》，外语教学与研究出版社1996年版。

于根元：《二十世纪的中国应用语言研究》，书海出版社1996年版。

于根元等：《语言哲学对话》，语文出版社1999年版。

于根元主编：《应用语言学理论纲要》，华语教学出版社1999年版。

袁毓林：《定语顺序的认知解释及其理论蕴涵》，《中国社会科学》1999年第2期。

（原载《汉语学报》2000年第1期，又见于根元主编《世纪之交的应用语言学》，北京广播学院出版社2000年版）

社会用语与社会脉象的语言文化透视

随着人类学、文化学、社会学、语言学及其交叉学科的发展，人们逐步认识到，语言不仅是人类最重要的交际工具，而且也是人类社会发展的活的化石。尤其是语言中的一些有关词汇和日常用语（这里合称语言用语），更是社会现实和历史的活的切片，语言对社会的同步反应主要是靠词语来实现的。因而，一部语言用语的发展变化史，就是一部最真实的社会发展史。

语言用语类型以及发展变化的研究，还是我们观察社会变化、把握社会脉搏的一个重要的途径和方面；社会语用的语言文化思考，是我们从更深层次认识、把握和控制社会发展的重要途径。为了充分地发挥语言文化的社会认知功能，我们很有必要进行社会用语的文化思考及其反映的社会脉象变化方面的研究，以促进思想文化建设，服务社会发展。限于篇幅，本文仅从以下三个方面简要阐述社会用语的文化理解及其相关问题的语言文化透视。

一 社会用语的语言文化理解

社会用语的语言文化理解，是对社会上普遍使用的词、短语等进行文化内容和社会功能的思考。这种思考的起点是语言，终点是文化，目标是社会。其基本内容，包括所指对象的文化坐标定位、文化内涵剖析、文化外延扫描以及文化运动特点和规律的展示等。下面我们以"改革"一词为例来说明社会用语之语言文化理解的基本内容和思维方式。

首先，在文化的系统坐标上，"改革"是一种政治文化现象，究其实质，改革是文化更替的手段。人类文化虽然总是在以各种方式改变着自我的形式和内容，但在通常的情况下，一般是通过现有体制内部量的渐进来实现的。而改革则是使用外在力量，使文化发生质的突变和飞跃，因而"改革"是利用外在作用完成文化突变的手段。不过，"改革"一般不追求政权的质变，只求得文化内部的和谐统一和蓬勃生机。并且一般来讲，"改革"是以调整部分文化内容、最大限度地解放生产力为追求目标。因此，改革的阶段性结果，是文化因素或文化形式的新旧更迭和交替。这种文化要素和形式的更迭与交替，就是"改革"的基本文化内涵。

"改革"或曰"文化更替"的实现方式，一般有三种：一是"自创"，即在原有基础上进行由量变到质变的升华，或者在原有文化系统内作新的选择和综合；二是"引进"，即搬用其他系统的文化；三是"融合"，即把甲文化和乙文化进行综合、选择和改进，或直接对其他文化进行改造。改革实现的这三种方式就是"改革"从一个角度显现的文化外延。如果我们只是对"改革"一词的社会文化外延求得一个大致的了解，那么，外延的揭示一般也可以止步于此。但是，如果我们要透彻理解"改革"并进行"改革"的话，那么我们还要了解这三种方式的适用对象和条件的不平衡性。从适用对象看，"引进"对物质文化和技术文化最富魅力，也最简便，但对深层文化就不怎么适用了。不过比较起来，即使是物质和技术文化的更迭，最理想的方式还是融合，因为融合不论对于更迭者还是对于人类文化的发展都具有更积极的意义。不论是从日本引进他国技术和产品看，还是从我国引进的情况看，这一点都是很明显的。不过，要采用融合方式并不那么简单。其一要有民族文化的自信心和对民族文化的透彻了解，其二要有选择改造的水平和能力，其三要有一整套的政策措施。因此，如果从整体文化效果看，最有成效的改革应是融合方式占优势的文化更替。

"改革"作为一种社会文化现象，它又具有自己的运动特点和规律。尽管"改革"本身并不是带有非分欲望的文化更替，但文化更替要受文化内部运动规律的制约，并且常常是牵一发而动全身。有时表面看来只是表层文化的微不足道的变迁，然而它却对原有文化（母型文化）体系及文化秩序具有灾难性的破坏力。比如对澳大利亚的伊尔－约龙特人来说，石斧是他们主要的工具，也是神话的象征之一。这种石斧在他们那里是部落图腾与男性气质的象征，并且在伊尔－约龙特人的宇宙观中具有重要的地位。石斧是一年一度的部落正式集会中的重要贸易品，非常稀少，只有地位很高的人才会拥有这种东西。可是，几十年前，一些好心的牧师送给伊尔－约龙特人以铁斧，慢慢地，铁斧越来越多，连妇女孩子都有。这样一来，铁斧消除了人们对石斧的需求，石斧作为男性气质的象征也不复存在，再加上铁斧与部落图腾无关，因而伊尔－约龙特人以贸易石斧为重要目的的一年一度的部落集会减少了，部落的观念系统开始瓦解，整个社会结构基础也随之被削弱以至动摇。可是，伊尔－约龙特民族代替旧秩序的新文化却未出现。这种局面是初始接受铁斧的伊尔－约龙特人所未曾预料到的。因此，社会用语的语言文化思考提醒我们，人类发展到今天，人们已经从单一运用语言的逻辑思考、政治思考进入到语言文化的综合思考里程了。当我们的社会生活中出现一个"新词语"的时候，或某个词语的使用频率特别大的时候，我们不能只是了解这个词在词典里的词汇意义，还要进行语言文化的思考和说明，充分估计这个词所代表的对象可能引起的文化连锁反应，预变于未始，防患于未然。

"铁斧"在伊尔－约龙特人中出现是一种文化引进。"引进"是上述改革的第二种方式，以这种方式进入约龙特人部落的铁斧，在其文化中发生作用是一步一步由表入里的，它遵循文化引进的运动规律。文化引进一般首先是表层文化（物质文化）最先为其他文化社会所接受，其次是中层或心物的夹层文化（如制度、技术、理论、思想等等），最后是里层文化即文化心理状态（包括价值观念、思维方式、表达方式、信仰等等）。这是一个由物质表层到心物夹层再到心态里层的由"表"及"里"的文化渗透过程。一般来讲，文化接触都会产生这样的三个阶段。有意思的是，这种三层接受模式在中国近代史上刚好表现为三个历史时期：（1）物质上和技术上接受洋枪洋炮，"师夷长技以制夷"的洋务时期；（2）变革社会制度和政治制度的戊戌变法和辛亥革命时期；（3）解决文化心理问题的五四新文化运动时期。从文化更替的难度看，这三个时期是不平衡的，并且越往后越难，这种难和易是由文化的性质决定的。就拿明末清初意大利传教士到中国传教的情况来看吧，当时意大利传教士利玛窦来到中国，他带来了钟表、呢绒、天文历法和天主教，并希望这些都被中国人所接受。可是，钟表一类最先被接受，天文历法经过十几年才被接受（尽管它超过了当时的中国天文理论）。而他最想宣传的天主教，即使放宽了许多尺度，由于接触到文化的心理层，成效最小。和中国近代史上文化引进的三层三步模式相类似但又不尽相同，被约龙特人接受的铁斧不是分别属于三种层次的文化，但却先后影响了三个层次的文化，虽然影响他们不同层次文化的阶段并不是同样明显，但过程是相同的，并且一旦它影响到文化的深层，约龙特人的文化危机就到来了。

由此不难看到，一种文化要想在文化接触和交流中推迟危机的到来或避免危机的产生，一方面最好是采用"融合"的改革方式，另一方面要注意发挥母型文化的主导控制作用。因为在改革中，一种文化因素的更替并不是孤立进行的，它往往受到其他文化因素的制约，尤其要得到母型文化的认可。因此，在很多情况下，人们宁肯蒙受损失而固守原有的文化。如在一个以制水罐为业的制陶区，有段时间旅行社劝几位有艺术爱好的姑娘生产烛台、小雕像和动物雕塑，这本是件好事。可是其中有个姑娘曾有过三个求婚者，但结果没能结成婚，原因就是那几个男孩子的家长严肃考虑了这个姑娘的可靠性之后，放弃了原来的安排。这种挫折使这位心灵手巧的姑娘在22岁时做出了不再制作雕塑的决定，而决心和大家一样生产同样的水罐。后来当她生产出了头等质量的水罐而拿到集市上去出售时，公众舆论很快就改变了，并且很快接到第四次求婚并结了婚。从此，她再也不做收入高得多的玩具和塑像了。[①] 从这里我们不难看到，母型文化的力量是不可估量的。如果要使改革成功，首先要设法克服母型文化这个强大的阻力；如果要防止母型文化的危机和有害文化的渗透，我们又要充分地利用母型文化这个法宝。因此，对母型文化功用的研究是改革成功必不可少的一个重要方面。

以上就是我们对"改革"一词所进行的语言文化理解的演示，其中包括分析也包括证明。"改革"一词如此，其他词语的

[①] 参见[美]威廉·A. 哈维兰《当代人类学》，王铭铭等译，上海人民出版社1986年版，第565—566页。

语言文化理解可以类推。①

二　称呼用语反映的人际关系类型

虽然没有谁在那里作语言形式与人际关系关联的硬性规定，但社会却在那里做了一种不以个人意志为转移的约定和选择，并且称呼用语及其使用也总是毫不掩饰地反映着人际关系的"社会类型"及其变化。这里讨论的称谓是对称（当面称呼）。

人际关系可大分为两类：亲属关系和非亲属关系。这种分类是人际关系的自然类分，反映到语言称谓上，不同的社会关系有不同的语言称谓用语，中国与西方相同。但是，具体有哪些称谓，以及怎么称呼，中国与西方社会又有不同，其不同主要有三：（一）非亲属关系套用亲属关系称呼。比如西方文化"叔叔、大伯"、"哥哥、姐姐"只能用来称呼亲属，而我们则可以用来称呼爸爸、妈妈的同事，哥哥、姐姐的同学或朋友等。（二）同一辈分的称呼严格区分长幼。汉语中，比自己年长的男性称"哥哥"，年幼的称"弟弟"，英语却是只用同一个词 brother；汉语中比父亲年长的弟兄要称"伯伯"，年幼的则称"叔叔"，英语不分长幼统称 uncle。女性也是如此，比自己年长的同辈女性要称"姐姐"，年幼的则称"妹妹"，英语不分长幼用同一个词 sister，等等。（三）长辈称呼中分父系和母系。英语不论是爸爸还是妈妈的兄弟都称 uncle，爸爸和妈妈的姐妹都称 aunt，

---

① 至此，应该说，社会用语的语言文化理解和思考，不仅是社会观察、社会理解和社会研究的一条重要途径，而且它也给词典编撰提供了一种新的内容——社会理解与社会认知。

汉语则分两套。父系：伯伯、叔叔和姑妈；母系：舅舅、姨妈。中西称呼的这些差异可能是众所周知的，现在需进一步思考的是，称呼语的社会定位功能、文化重构功能，以及称谓变化反映的社会心理结构及其变化。

从语言的角度看，实际关系是 A 我们称为 A，这是利用语言的反应功能进行社会关系的直接定位；实际关系为 A，我们却称为 B，这是利用语言的建构功能，是给社会关系进行新的文化重构。用亲属称谓来称呼非亲属，是在用语言称呼重构人际关系和社会关系，是一种十分值得注意的社会文化行为。这种用称呼进行的文化重构，从整体看是把若干家庭重新组构为一个大家庭，从而形成更有凝聚力的社会力量。从"大家庭"与整个社会的关系看，好像是拉帮结派，划分势力范围，实则这种家庭关系是模糊的，并且由这种称呼组构的家庭几乎是整个社会。从个体的角度看，这种用亲属称谓称呼非亲属，是让每个人在称呼建构的语言文化圈里身处一个"人人是亲人，处处有责任"的情责交织的相互依赖、相互帮助、相互制约的社会氛围里。[1] 一般来说，用亲属称谓称呼非亲属，于社会于个人是利大于弊。但是在某些特殊情况下，比如要划清界限或拉大关系距离时，则是弊大于利了。比如邻居犯案了，你自己是审案人员，而被审在受审中还称你"哥呀、叔呀"什么的（就像纪实电视片《燕赵刑警》中见到的那样），你就会很尴尬。

语言称呼的重构功能，又是与语言称呼的认同功能连在一起的。很多人都有这样的体验，当你是一个人的哥哥或姐姐的时候，他（她）却不肯以哥哥或姐姐称呼你时，你总会有一种说

---

[1] 这种社会关系网，并非始于今天，它有着中国人民长期接受"老吾老以及人之老，幼吾幼以及人之幼"传统教育的历史积累。

不出的涩味。如果这种称谓是标志你与他的哥哥或姐姐的恋爱关系时，称谓的认同功能就更为突出。称呼认同的实现又是双向的。如果你叫某姑娘姐姐，是希望通过这个称谓明确她与你哥哥的恋爱关系，她不答应，你的这个认同就不能实现；相反，该姑娘想通过你叫她姐姐确立与你哥哥的关系而你不叫，这个认同也不能实现。非恋爱称呼的社会实现，也是双向的。因此，称谓是人们社会心态和人际关系的一种语言试金石。

一般来讲，非亲属称谓有两种基本类型：客观反映型和主观重构型。西方的非亲属称谓属于前者，我们主要属于后者。说主要属于后者，是因为首先非亲属有熟人和非熟人之分，其次我们称熟人也有用非亲属称谓的。并且近几年称熟人也出现一种比较强烈的由"主观重构型"向"客观反映型"发展的趋势，即由亲属称谓向职务或身份称谓演变。在这方面其邻里称谓最具代表性。过去邻里熟人，见面一般是称对方"大叔"、"阿姨"、"大哥"、"姐"或加姓氏称"张大叔"、"刘阿姨"、"王大哥"、"李姐"什么的，而现在则一般改称"张老板"、"刘处长"、"王总"、"李经理"什么的。换个称呼看起来仅仅是一个社会用语改变，其实是整个社会深层文化结构的变化：人们由重亲情到重地位，从重"合众相处"到重"社会权力"和"社会财富"的占有与划分。社会现象也是种瓜得瓜种豆得豆，不同称谓的社会结果是不相同的。中国社会身份称、职务称如此发展下去，可能要不了多少年，具有传统特色的亲情文化社会就可能会解体，等级分明、感情冷漠的经济文化社会就会随之成型。这里十分值得注意的是，虽然不同的社会文化模型都有它各自的利弊，但是，如果不及时加强国家意识和法律意识的培养，那么原来文化模式的解体给社会风气和社会凝聚力留下的文化空洞是不可轻视的。长期以来，华夏民族起心理胶合作用的，是一种摸不着但却看得见的深层社会纽带——传统的社会价值观与亲情文化结。

从非亲属的非熟人称谓看,中国社会的文化转型也十分明显,这在问路时表现得最为充分。从20世纪60年代到现在,其主流称谓先后用过"同志"、"师傅"、"老板"。如一个人在不同的时代走在中国的大街上:

同志,请问中山南路怎么走?(60—70年代初)
师傅,请问中山南路怎么走?(70—80年代初)
老板,请问中山南路怎么走?(80—90年代初)

称"同志"是阶级斗争的产物,称"师傅"是"文化革命""工人阶级领导一切"的结果,称"老板"是"让一部分人先富起来"的时代导向。总之,称"同志"、"师傅"、"老板"都和中国的主流国情和国家导向相联系。现在问路怎么称呼人,进入了一种多样化的时代,情况相对复杂得多,不仅让会汉语的外国人感到困惑,就是中国人自己也常常犯难。问路的称谓是社会主流心态的反映,没有公用或公认的问路称呼,是社会主流心态不明确的表现。[①]

前些年,有人对北京长辈非亲属熟人使用的亲属称谓作过调查。50岁以上的人,普遍使用的是"大爷、大妈、大叔、大婶、姑、姨"等。表面上看"大爷、大妈"用来称呼上一辈中比自己父母年长的熟人,用"大叔、大婶"来称呼上一辈中比自己

---

① 社会主流形态的形成,由许多因素制约,如果仅仅解决问路的称呼问题,这里有两条经验好像比较管用:一是沿用传统的亲属型称谓;二是权用前一时期的通用称谓(比如社会流行"老板"称谓时你用"师傅",社会流行"师傅"称谓时你用"同志")。相比而言,亲属称谓的生命力和时代客串力要强大一些。

父母年纪小的熟人。其实，这两对称谓中，"大妈"和"大婶"都是从属于"大爷"和"大叔"的，即只要她是大爷或大叔的妻子，不论其年龄是否比自己父母大或小，一律要依其丈夫年龄与自己父亲的年龄大小关系来称"大妈"或"大婶"，即使大叔的妻子比自己母亲年长，也只能称"大婶"而不能称"大妈"。这种男性参照或男性轴心的称呼约定，遵循的是中国传统文化中"夫为妻纲"的文化思维准则，并且在这种思维准则下的男女社会地位的类型是"男主女从"型，使用这种称谓的群体，人们的深层意识中妇女不论在社会上还是在家庭里，其地位都是从属于男性的。但是，随着被调查人年龄的年轻化，你会发现称谓类型明显发生了变化。不仅在北京，而且在许多城市已出现了"偏男或偏女的挂靠型"模式或"男女混轴模式"。以前小孩对父亲的兄弟姐妹分别称"伯伯、叔叔"和"姑姑"，对母亲的兄弟姐妹分别称"舅舅"和"姨妈"，而现在的小孩则不分父亲还是母亲的兄弟姐妹，一律使用一组统称"伯伯、叔叔、阿姨"，或者"伯伯、叔叔、姑姑"。这种称谓反映着该类称谓使用社群及相关族群中，妇女在家庭以及社会上开始具有和男子同样重要的轴心地位。

　　与男女轴心地位变化相连的是"长幼有序"的衰亡。现在女性长辈称呼中大多不分长幼统称"阿姨"，男性开始不分长幼混称"叔叔"，较前卫的青年中，还开始出现不分哥姐弟妹以名相称。这种现象表明，中国传统文化三纲五常中的长幼有序的"长幼"这对社会参数，其社会作用在削弱和消失，同辈人的伦理关系准则进入新的时期。

三 社会用语折射的社会问题

社会用语是社会生活的直接反映。不同的社会用语折射着不同的社会问题。当一种用语在整个社会普遍使用开来的时候，如果这些词语反映的问题是对社会不利的，那么就是值得注意的社会流行问题了。流行病会破坏人的肌体，流行问题会对我们的社会健康造成危害。

20世纪80年代初，当一些"性病"广告初现偏僻小巷的时候，敏感的学者就曾经指出：改革开放，泥沙俱下，性病这种几乎绝迹于新中国的丑恶疾病时隔多年又卷土重来了。跟其他疾病不同，这种疾病是跟社会问题关系极大的"色情行为和色情行业"相联系的。10多年过去了，性病广告不仅上了大街，而且上了新闻媒体。从这些用语和广告出现阵地和范围变化不难看到色情行为和色情行业的泛滥和严重。与此相关，"第三者"、"感情服务"一些词语的创生，"包二奶"、"三陪小姐"的频繁使用，"贪污腐败"、"行贿受贿"的屡见报端，无不反映出社会问题的严重性。

如果说上述词语是比较直接地反映着社会的问题，那么像"扫黄"、"打黑"、"反贪局"是比较隐蔽地折射着社会问题。这些用语虽然没有直接说黄色淫秽、黑帮势力、贪污腐败，但它们却更沉重地告诉人们问题的严重性，因为没有黄色淫秽的东西泛滥就用不着"扫黄"，没有黑帮势力横行也用不着"打黑"，没有贪污腐败的猖獗就根本用不着成立一个"反贪局"来反贪。

社会用语折射的问题，有的还更深，因为这些问题是一定的用语与一定人相结合产生的，并且和文化形象连在一起。比如说

"小燕子"这个词语及其文化现象吧。今年（2002年）全国政协和人大开会期间魏明伦先生就指出：现在青少年当中，很多人将"小燕子"当作偶像，从几岁的儿童开始，就将"小燕子"当作仿效的对象。"小燕子"风行的作用是潜移默化的，现在还看不到负面效应。但"十年树木，百年树人"，以后会发现这个问题是比较严重的。"小燕子"形象说白了就是一个以无知、没文化为荣，因无知而无畏并带有一些痞子性的一个女孩子。《还珠格格》的主题歌《有一个姑娘》就是"小燕子"的白描："有一个姑娘，她有一些任性、还有一些嚣张，她有一些叛逆、还有一些疯狂。没事吵吵小架，反正醒着也是醒着，没事说说小谎，反正闲着也是闲着。……整天嘻嘻哈哈，看到风儿就起浪，也曾迷迷糊糊，大祸小祸一起闯。……"这就是"小燕子"的人生观。"小燕子"形象通过电视进入千家万户，进入上亿少年儿童心中。很多幼儿园的小朋友都迷"小燕子"，整天迷迷糊糊扯点小谎，从小就成了一个小痞子。哀莫大于心坏，我们说的很多社会弊端都是由"心坏"引起的。正如魏明伦先生所说，日本也是通过电视、动画片培养下一代，他们为下一代塑造的形象阿童木是勇敢、正义的化身，一休是智慧的化身，排球女将通过艰苦地拼搏出成绩，阿信具有创业精神。如果我们的下一代都是"小燕子"，而日本的下一代都成为一休、阿童木，可以想象那将会是什么局面。这不是危言耸听！

魏明伦先生的一段话，从一方面看，是有分析有理论的参政议政建议，从另一方面看，就是一种语言文化分析和对文学创作的评论。这类问题可统称为"小燕子"语言文化问题，从语言文化观察和语言文化思考的角度看，一个时髦艺术人物名称总是和一定的文化影响、文化效应连在一起的，就像"铁斧"对于伊尔－约龙特人的文化影响一样，"小燕子"对于我国青少年成长和民族未来的副作用是不能漠视的。我们应亡羊补牢，采取一些措施，就像魏明伦先生所建议的，一方面，拍续集时小燕子的表现可以节制一些；另一方面，我们的文学家艺术家要塑造出取代"小燕子"的形象。一个国家一个民族的成功，不仅要在政治、经济和科学上有成就，而且还要在思想文化上立于不败之地。

总的说来，语言用语的文化分析和社会脉象透视，是语言文化分析新的方向，是语言与文化学、语言与社会学的深层结合，是以语言为观察点的文化分析和社会思考。语言每时每刻都在我们身边发生，我们每天都在和语言打交道，我们希望一切有积极社会意识的学者、政治家和思想家，关注语言社会问题，进行语言文化思考，推进我们国家和民族的语言文化建设，使我们的社会更加健康稳定地向前发展，使我们的民族永远立于世界强盛民族之林。

参考文献

[美] 威廉·A. 哈维兰：《当代人类学》，王铭铭等译，上海人民出版社 1986 年版。

邢福义主编：《文化语言学》（增订本），湖北教育出版社 2000 年版。

庞朴：《文化的民族性与时代性》，中国和平出版社 1988 年版。

罗常培：《语言与文化》，语文出版社 1989 年版。

马克思、恩格斯：《马克思恩格斯全集》第 20 卷，人民出版社 1971 年版。

马克思、恩格斯：《马克思恩格斯全集》第 3 卷，人民出版社 1972 年版。

摩尔根：《古代社会》，商务印书馆 1971 年版。

陈原：《社会语言学》，学林出版社 1983 年版。

[苏] 什维策尔：《现代社会语言学》，卫志强译，北京大学出版社

1987年版。

郭熙:《中国社会语言学》,南京大学出版社1999年版。

萧国政:《文化语言学的方法》,《华中师范大学学报》1991年第1期。

萧国政:《文化对语法的影响》,《黄冈师专学报》1999年第2期。

萧国政:《文化语言学与当今社会》,邢福义主编:《文化语言学》(增订本)。

(本节原载《华中科技大学学报》2002年第5期)

汉语法特点和汉民族心态

语言是人类的一种特殊的文化现象。语言既是文化的一个组成部分，又是反映文化其他部分的一面镜子。作为文化的一个组成部分，语言与其他文化现象互相影响、互相制约；作为文化的镜子，语言映照出民族文化乃至人类文化的种种特征。

正如各民族的文化各呈异彩一样，各民族的语言也是多彩多姿的。传统语言学，特别是历史比较语言学很早就注意到各种语言的差异和分歧。但为什么各种语言会有这些差异和分歧，这种差异和分歧同文化的关系怎样，则未曾全面系统地研究过。人类学和文化语言学"为了解释各种语言之间的分歧"，"把语言和文化的其他方面之间可能存在的相互作用作为研究的主要对象"①，进行了大胆而富于创造性的探索，得出了很多发人深思的结论。美国人类学家卡·恩伯夫妇说："一方面，如果能够表明文化会影响语言的结构和内容，那么语言的分化至少部分是由于文化分化的结果。另一方面，文化和语言之间相互影响的方面

---

① 参见 C. 恩伯、M. 恩伯《文化的变异——现代文化人类学通论》，杜杉杉译，辽宁人民出版社 1988 年版，第 131 页。

也可以逆转，即是说语言结构也可能会反过来影响文化的其他方面。"①

不过，在研究语言和文化的关系时，人们一般只把注意力集中在词汇和文化的关系上，认为"目前我们能收到的大部分实例都说明文化对语言的影响主要表现在生活环境中可见事物的名称上。而文化在语法结构方面对语言的影响，所能找到的证据就不那么广泛和有说服力了"②。

我们认为，文化本身是一个包含多种层次的结构系统。这个系统的表层是物质文化，包括人类创造的各种可见的事物；其深层是看不见摸不着的文化心态，包括人们的思维方式、价值观念、审美趣味、道德情操等等。在最深层和表层之间又有若干连续的中介层次，比如在表层文化中体现出的科学技术以及精神文化的外在表现形式，如社会组织、制度规范、风俗习惯等等。如果说语言的词汇能直接反映文化的表层及一部分中介层的话，那么语言的语法系统则主要反映了人类的文化深层——心态。因为作为语言结构规则和方式的语法是人类长期抽象化思维的成果和人们进行思维的工具，它在反映思维成果时也必然反映和体现着文化的深层心态特征。反过来，作为文化的产物，语法又受制于人类的文化，使不同民族的语法呈现各自不同的特点。本文拟讨论汉语语法和汉民族文化的深层——文化心态的特点及其相互间关系，借以加深对汉语语法和汉民族文化心态的认识，尝试深层文化研究的方法。

---

① 参见 C. 恩伯、M. 恩伯《文化的变异——现代文化人类学通论》，杜杉杉译，辽宁人民出版社 1988 年版，第 135—136 页。

② 同上。

一 汉语语法的意合性和汉人思维的领悟性

与印欧语等形态丰富的语言相比,汉语的一个突出特点是意合性,汉语词、短语和句子的构成不注重形式上的标志,而依靠构成成分之间的意义关联。

在构词上,汉语不像印欧语系的语言那样有丰富的派生词(词缀＋词根),有大量的词缀(词头、词尾等),汉语的合成词则以复合(词根＋词根)为主。汉语的词类也不像印欧语那样有明确的词类标志,有丰富的构形法〔(如英语的名词有数的变化,动词有时态变化,形容词有程度变化(比较级、最高级)等等〕。和古代汉语相比,现代汉语虽然多了一些构词形式,但这和印欧语不同,既缺乏普遍性,又缺乏强制性,在很多情况下是可有可无的。如名词表复数很少加"们",动词、形容词经常可不用时态助词表示,复句内部的关联词语也常常可略去不用。汉语的句法关系主要靠词序和语义关系来表达。各种句法结构由于缺乏形式标志往往界限模糊不清,如主谓结构与状心结构,述宾结构与述补结构,状心结构与定心结构,偏正结构与联合结构等等,都有一些纠缠不清。因此,汉语的歧义结构特别多。例如:

{我们要学习文件(偏正结构),请帮我们带来。
{我们要学习文件(述宾结构),没时间陪你啦。

$\begin{cases}这篮苹果重五斤（主谓结构），每斤一元三角。\\ 这篮苹果重五斤（述补结构），那篮苹果轻些。\end{cases}$

所以汉语结构关系的确立、句子意义的理解，要通过语境（上下文和口语背景）去分析，去揣摩，去领悟。其领悟方式就是所谓"读书百遍，其意自见"，因此，不仅常常是"得鱼忘筌，得意忘形"，而且由于揣摩领悟时见仁见智，好些因不同理解造成的文字官司成了千年公案。就是以往的汉语研究也摆脱不了"悟"的方法，只是增加了语境的客观性，如所谓"字不离词，词不离句，句不离篇"则是之谓也。即便是现今的语法研究也同样不能免于"悟"性的意义思维，所谓从形式上找到验证的"变换"，其基本精神还是两个语言形式之间的意义联系，一个形式（变换式）只不过是作为另一个形式（原式）的意义之"悟"的佐证。简言之，"变换"没有代替"悟"，只是改进了"证"。总而言之，汉语理解和汉语研究永远不能摆脱"悟"，"悟"的思维方法是意合的汉语语法决定的。

上面是从语言方面看的，如果反过来看，我们又可以说，汉语语法的意合性是由于汉人的民族文化心态决定的，这种文化心态不仅体现在语法的领悟性上，而且渗透于汉文化的各个方面。

中国古戏服饰脸谱是十分讲究的，但布景和一些大型道具却不用。演员演进出门只用手脚比划，并不做一方木门于台中，而是让观众想象有一幢房屋。尤其是演骑马赶牛一类戏，更不牵真正的马和牛上台，只是挥鞭示意，让人揣摩联想。山水画可谓是中国之国粹，可是丹青老手只用很少笔墨点染，而留下大片空白，让读者的悟性之马去驰骋纵横。

悟性思维是一种具象思维，这种思维和理性抽象思维不同，它依靠直觉上的联想和类比，在思维方式上不是从个别到一般，而是从个别到个别。因此，习惯于悟性的具象思维而略于理性的抽象思维的中国人认识事物主要靠经验、联想、体会和领悟，而不注重对事物进行理性的抽象，所以中华民族虽然历史悠久，文化灿烂辉煌，但发展为系统理论的成果并不多见。中医可谓是中国文化乃至人类文化的瑰宝之一，可是中医学千百年来一直处于一种技艺阶段，尚未发展为严密系统的科学理论，中医的传授学习很长时间都靠身手相传，体验领悟，以致我国民间广泛流传着宣传体验和领悟之重要的佳话："久病成良医。"

由于汉族人悟性思维发达的特点，在引进西洋文化和向他国学习时，很少人能建立自己的理论体系。汉语语法体系自马建忠比照印欧语（主要是英语）创立以来一直都在这个框架内修补增删，尽管这个体系几十年都受到"不合汉语实际"的指责，但一直未见有新的符合汉语实际的系统来替代它。这种现象从反面说明，一个新的理论系统不易在中国应运而生，其重要的原因除语法学家个人素质和努力不够外，恐怕主要是由于悟性具象思维的习惯势力的汪洋大海的反作用力。因此，在中国无论何人要想建构起自己理想的理论体系，以铸成人类文化的一幢幢划时代的大厦，那么他（她）首先要为自己驾起直渡习惯势力汪洋大海的巨艨方舟。

二 汉语语法的简约性和汉人俭朴实用的价值观

汉语语法的另一个显著特点是简约性。据说在联合国的各种语言的文本中，汉语文本要比其他文本薄得多。翻开一本英汉或汉英双解词典，中文所占篇幅比起英语来也要少好些。在一般人看来,这似乎是由于汉字不怎么占空间的原因,其实这不仅是汉字的原因,而且主要是因为汉语语法的简约。

和印欧语不同,汉语语法不注重语法形式上的完整,只求"辞达而已",只要不妨碍意义的理解,能不用的成分尽量不用,因此汉语的省略现象特别多。在汉语里,不仅主语、宾语可以省,修饰语和中心词也可以省略,甚至于连句子的结构核心谓语动词也可省去不用。如:(括号中的成分是可省或应删的)

(1) 这树不浇水不要紧,(如果)你(这树)死了(你)找我。
(2) 他的孩子比你(的孩子)多。
(3) 今天(是)中秋节。
(4) 真的,叔叔,(谁)(要是)骗你(谁就是)小狗。

要是换一种语言,这样省略有些就会不可理解。

一般语言的省略有一个普遍限制,那就是不能省略词的一部分(词语自主律),可是汉语则不受这个限制,可以省去一个词的一部分。如:

(5) 大力发展工(业)农业。
(6) 你喜(欢)不喜欢这本书?

有些成分在印欧语里是必须出现的,而在汉语中则一定不能出现。如:

(7) 他碰破了(他的)头,摔伤了(他的)腿。
(8) 他(将)吃了饭去。

简约不只是汉语语法的特点,而且是崇尚俭朴实用的价值观的表现,因为说话也是一种支出,是语音发音气力时间和文字篇幅的支出。千百年来,俭朴一直被尊为中华民族的美德。在中国生活了22年的美国传教士史密斯,曾把中国人的特性分为26项表述,其中第二项就是"俭约"。他说中国人注意控制家庭的支出,减少要买的东西,不浪费,尽量有效地使用。中国人是不挑剔食物的国民,什么东西都拿来吃,而毫不浪费。中国人的衣服,在做法、花样上连小布块都尽量利用,就是不美都不要紧,所留意的是如何实用。此外,从零卖交易上,他们能正确地知道各牌名的火柴各有多少支,连一点点的利益都不会忽略。① 史密斯所举事例不一定都十分合适,但他认为中国人俭约是符合中国人的自我感觉的。

与"俭约"密切相关的特性是追求实用,或者说实用是里是本、简约是表是末。节约的目的是讲究实用。实用的观念在中国文化中也是十分突出的。中国的文学艺术历来就强调"文以载道",突出其教化工具的职能。中国的哲学虽然派别诸多,但没有一派哲学家或它的思想家认为哲学只是一种思辨活动,而认为主要是指导人为人处世的原则。中国哲学家所追求的不是"真"而是"用"。"中国哲学家一开始就特别关注促进个人的幸福和社会及国家的和谐与秩序。儒家的道德观念和儒家的许多思想家都清晰地表示了这种心灵。即使在老子道家哲学中,也讨论到政府的最佳形式问题。""中国佛学的实践性也是无需多加解释的,因为很明显的是中国佛学的目的就在实际的解决人生的根

---

① 见吴立惠《汉民族的个性》,载姜义华等主编《港台及海外学者论中国文化》,上海人民出版社1988年版,第503—504页。

本问题。"中国的文艺观也"不是追求美与真的统一,而是注重美与善的和谐"①。凡此种种,都说明中国传统文化的心态特征都是重求"用"而轻求"真"的。这种实用的价值观有一种很大的弊端,往往容易牺牲原则和整体而只顾局部的与眼前的利益。认识这一点,对于我们主动自觉地进行整体思考不能说是不必要的。

三 汉语语法的灵活性与汉人思维的辩证性

与汉语语法的意合性和俭约性密切相关,汉语语法的另一特征是灵活性。这种灵活性可从三个方面来看。

其一,汉语词语的搭配非常灵活。这种搭配的灵活性可以述宾结构为例。汉语宾语和述语的语义关系非常灵活,宾语不仅可以是述语动词的受事、结果,而且还可以是施事、工具、处所、原因、目的、方式等等,有些宾语与述语的语义关系甚至难以说清。

如:

(9) 三个人吃一锅饭。(受事)　(14) 养好了伤。(原因)
(10) 他们造拖拉机。(结果)　(15) 跑完了生意。(目的)
(11) 树林跳出一只老虎。(施事)　(16) 他打惯了中锋。(方式)
(12) 他写惯了这支笔。(工具)　(17) 必须稳定物价。(使动)

---

① 见成中英《中国哲学的特性》,载姜义华等主编《港台及海外学者论中国文化》(上),上海人民出版社1998年版,第289—290页。

(13) 他去过上海。(处所) (18) 不能闯红灯。(?)

有时，宾语跟述语动词没有直接关系，只跟其中补语有语义关系。如：

(19) 他气歪了脸。(20) 他踢烂了三双鞋。

邢福义先生曾以打排球为例，说明汉语述宾搭配的灵活性。凡是跟打排球有关系的，几乎都可跟核心事件"打"构成述宾关系。如：

打排球 打冠军 打美国队 打主力 打二传 打4号位 打交叉 打短平快
打配合 打战术 打体力 打意志 打智慧 打技巧 打空当 打弱点 打强攻
打探头 打拦网 打边线 打擦网 打发球 打上半场 打水平 打风格 打荣誉 打友谊……

如此灵活的述宾搭配关系，在其他语言中恐怕是不可思议的。其实不仅述宾结构如此，主谓结构也差不多，因为上述述宾结构大都可将其宾语提到前面作主语（详下），而述补结构的语义关系也是十分灵活的。[1]

其二，汉语词语的句法位置非常灵活，同一语义成分往往可以占据不同的句法位置。这一点在主语和宾语的关系上最为突出。汉语里作宾语的词语，大都可提到动词前面作主语。如上述

---

[1] 见吕叔湘《汉语句法的灵活性》，《中国语文》1986年第1期。

例(9)—(18)都可将宾语变为主语：

(21) 一锅饭吃三个人。　　(26) 拖拉机他们造。
(22) 一只老虎跳出树林。　(27) 这支笔他写惯了。
(23) 上海他去过。　　　　(28) 伤养好了。
(24) 生意跑完了。　　　　(29) 他中锋打惯了。
(25) 物价必须稳定。　　　(30) 红灯不能闯。

有时，甚至可以将句中的修饰语或谓语性成分提到句子前面作主语（话题）。如：

(31) 他撕去了那本书的封面。——→那本书他撕去了封面。
(32) 他对这种事不感兴趣。——→这种事他不感兴趣。
(33) 他下围棋比我强。——→下围棋他比我强。
(34) 现在种树正是时候。——→种树现在正是时候。

此外，句中的定语和状语有时也可互易位置。如：

(35) 他打了一把长长的剑。——→他长长地打了一把剑。
(36) 他冤枉花了一笔钱。——→他花了一笔冤枉钱。

应说明的是，汉语词语句法位置的灵活性，不同于印欧语词序的灵活性。印欧语由于有丰富的形式标志来显示句法关系，因而词序的变化不致引起句法关系的变化。而汉语往往不用特定形式标志来显示句法关系，句法关系主要靠词语的语义关系和词序来确定，因而词序的改动，一般可看作句法关系也起了变化。如果着眼于词序与句法关系的对应性：前主后宾、前偏后正、前状后补，那么可以说汉语的词序比较固定；而如果着眼于词序与语义关系的不对应性：同一语义关系可用不同词序（句法位置）表示，那么就可以说汉语的词序灵活。词序与句法关系的对应，是语法学者为了说明得方便而人为建立的，而词序与语义关系的不对应性，则是汉语事实本身显示的。因此，如果用客观的朴素的眼光看汉语，应该说汉语的词序是十分灵活的。

其三，汉语词类的功能非常灵活。汉语词类往往是一类多能，词类与句子成分没有固定的对应关系。如汉语的名词不仅可作主宾语，也可作谓语，而动词形容词不仅可作谓语，还可作主宾语，而且形式上没有任何区别。如：

(37) 今天国庆节。　(40) 去是对的。
(38) 明天晴天。　　(41) 游泳不难学。
(39) 你神经病。　　(42) 干净最重要。

仅就汉语的动词和形容词来说，汉语的动词形容词可作主、谓、宾、定、状、补六种句子成分中的任何一种。这一点与印欧语大不相同。印欧语词类与句子成分基本上是互相对应的。如英语的名词只能作主宾语，不能作谓语，动词只能作谓语，不能作主宾语，而形容词则只能作定语和表语，不能作其他成分。

汉语词类功能的灵活性，其实根源于汉语不重形式。如果汉语的动词、形容词作主宾语时要改变形式，像印欧语那样，那么汉语动词形容词的句法功能就不会如此多样。汉语的名词作谓语，实际是略去了关联性系动词如"是"、"有"等形式。

汉语语法的灵活性，当然远不止上述三个方面。而且这三个方面又是彼此相通的。词语搭配的灵活性，就是同一句法关系可容纳多种语义关系，词语句法位置的灵活性，就是同一语义关系可表现为多种句法关系。它们都体现了句法关系与语义关系的不对应性。汉语同类功能的灵活性，就是词类与句子成分的不对应性，这实际上是横向组合关系和纵向聚合关系的不对应性。可以说，汉语语法的灵活性，就是各种关系对应的灵活性。

汉语句法的这种灵活性，与汉人的思维特征是否有内在的联系呢？我们的看法是肯定的。汉语句法的灵活性，实际上反映了汉人重整体把握，不重具体分析，重相互关联，不重相互区别的辩证思维特征。

"很多学者认识到，与西方哲学史相比，中国古代思维的逻辑方法是辩证法发展较早，而且传统悠久；形式逻辑则相形见绌，自先秦墨辩中衰，没有多大进步。中国先哲大多擅长从阴阳对立、交感变易、动态过程和有机整体的角度来思考一切……"中国古代辩证法"是直觉、综合地从总体上反映世界，虽然正确把握了现象世界总画面的一般性质，却不足以说明构成这幅总画面的各个细节，还没有对整个世界的各个方面进行解剖、分析……"[①]这种朴素的辩证思维方式，使中国人形成了重整体依存联系而不重个体区别独立的思想倾向。这种心态特征渗透于中国人为人处世的各个方面。

中国人特别重视人与人之间的联系依存，从家庭、家族到整个社会组织网络，都是以伦常关系和人情关系为线索织成的。一人得道，鸡犬升天，一人犯法，株连九族。中国人不注重分工，缺乏明确的责任界限。干工作讲究不分分内和分外，人人有义务关心他人痛苦，人人有权干涉他人私事。中国人的是非观也比较灵活，法制观念模糊，不仅缺乏严格的法制体系，而且有法不

[①] 见黄卫平《融事实于价值之中的运思特征——中国传统思维方式》，载《中国传统文化的反思》，广东人民出版社1987年版，第65—66页。

依、执法不严、权大于法、情大于法。中国人的平均主义思想特别突出,"不患寡而患不均",从历代农民起义的"均贫富",到当今的大锅饭、红眼病、尚同尚均的思想,也都不同程度地反映了重联系重区别的心态。而所有这些,都是中国人惯于运用朴素的辩证逻辑思维的外在表现。而汉语语法的灵活性,也正是这种思维辩证特征的一种表现。

四 结语

以上所论汉语的语法特点,只是撮其要旨而已,详细探讨汉语的语法特点,自非本文所能及。汉语语法的意合性、简约性、灵活性,是互相关联、互相制约和互相渗透的。三者之间互为因果,你中有我,我中有你。这样表述汉语语法的特点,只是一种尝试,有待大家切磋。

与上述情况类似,汉人心态的上述三个方面,也是彼此相通的。不仅重领悟不重推理求证的悟性思维特征与重整体关联不重个体区别的辩证思维特征相通,而且重俭约实用的价值观,也与汉人的上述思维特征相通。中国传统哲学是一种实用哲学,不重其真而重其用。有人认为中国传统思维方式的一个重要特征,就是融事实于价值之中。[①] 所以,中国人的心态特征怎样概括分析,也是有待探讨的。

基于以上原因,本文所论汉语语法的几个特点之间的关系,也不能看成是一一简单对应的,其间互有交叉联系。而且所论述

[①] 见黄卫平《融事实于价值之中的运思特征——中国传统思维方式》,载《中国传统文化的反思》,广东人民出版社1987年版,第65—66页。

的这种关联是否可信,也有待大家评判。

本文的写作基于这样的信念:文化研究的重要目的是探究各种文化特质之间的关联与差异,并从整体上把握各民族文化的基本特征,从而促使民族文化传统健康发展。对汉语语法特点与汉人心态特征的关系的探讨,不仅有助于了解中国传统文化特征的整体面貌,而且有利于加深人们对汉语语法和汉人心态的认识,促进汉语和汉民族文化研究的深入发展,并对我们如何对待中国传统文化和西方文化提供一些线索和启示。

(本节与吴振国合写,原载《华中师范大学学报》1989年8月第4期)

文化语言学的方法

"工欲善其事，必先利其器。"方法是我们研究成功与否的关键，也是一门学科成熟与否的重要评价标准。方法，简言之是完成特定任务和达到既定目标的手段和方式。根据使用范围的不同，方法首先可有总体方法和具体方法之分。如我们通常认为的哲学方法、逻辑方法之于某个学科的具体方法。其次根据完成任务和既定目标的不同，方法又有不同内容。如游泳和乘船是过河的方法，而把身体在水中浮动和把身体支撑在船上又分别是游泳和乘船的方法。再次，和生产工具、生产技术不断被改进和发明一样，在某些具体领域里，认识问题和解决问题的方式、手段、观点也不断地被改进、发现和提交出来，因此，方法又是多种多样和不断发展的。如语言学就先后有断代描写法、历时比较法、结构分析法、转换生成法等等。有时某种方法在一个时期内可能只为一群人所推崇和使用，具有不同学派、流派的特色。因此，在某种意义上讲，方法是一个多属性、多层面、多内涵、非封闭性的相对的手段集合。

文化语言学是研究语言的文化属性、研究语言和文化的相互关系以及通过语言探求人类文化的交叉学科，因此，文化语言学的方法就是进行这种研究和探求的手段和方式。这种方法从一方面看它应是文化学的,从另一方面看,它又应是语言学的,换句话说,文化语言学的方法应是文化学方法和语言学方法的融合和提炼。由于方法具有多层面、多内涵、多属性和非封闭性、相对性的特点,文化语言学的方法也是多种多样的。这里我们不能照顾到各个环节倍加细说,只能就一般意义上理解的能反映这门学科的突出特点与追求目标的方法,撮其主要而言之,以作为这门学科学习和研究的参考。

一 实地参与考察

　　实地参与考察法是一种调查方法,它由参与和考察两部分构成。其突出特点是亲临现场参与其中,这种方法有的人类学家称为"田野调查法"或"实地研究法"。这种方法是人类学家了解人类行为、考察包括语言在内的文化现象、获取第一手科学依据的最基本的方法。

　　具体地讲,实地参与考察法就是研究、调查者将自己融入被他们考察的文化群体的生活中,较长时间(一般为两年)和这个群体一起生活,参与他们的各种活动,在生活和参与中考察、体会和评价该文化群体的一切文化现象和该文化的使用者对这些现象的态度,以及语言的表达形式和方式。

　　根据人类学家的经验,一般来讲,被调查的群体的行为、信仰、传统、习惯和风俗通常是很奇特的,甚至是无法理解的,其生活方式和环境也往往是让人难以习惯的。不仅如此,而且被调查的一方往往对调查者抱着一种多疑的戒备态度。因此,要成功地完成这种考察,第一,要选好点,被选的点,最好是通过面上的"走马观花"之后确定下来的,并能接受调查和提供工作条件的群体；第二，要紧紧依靠帮你与这个群体第一次取得联系的人，建立起与该群体的接触；第三，通过向他们学习语言这种方式调查他们的语言——文化现象的形式和载体，建立和发展同他们的亲密友好关系；第四，尽可能地作为他们中的一员（如珍·布里格斯是作为爱斯基摩人接收的女儿，有的是作为朋友或伙伴）而参与他们的活动（如喝酒、宴会、聊天等等），在参与中观察、体会；第五，选择合适的合作者以保证了解情况的可行性（因为有些情况和知识只有少数人——如教徒、接生婆、讲故事的人、政治领袖——才知道），选择不同的合作者以保证了解情况的可取性（因为不仅不同地位、不同立场的人或者同一人在不同的时间可能有不同的看法，而且可以防止有的合作者为了赚钱，或为了取宠，或其他原因而提供假情况）；第六，努力把目光集中在具有系统类型的模式上，而不过于探求支离破碎的细枝末节；第七，竭力弄清每一种语言形式和范畴的各种文化意义以及与其他文化要素的联系，并及时进行材料整理。

实地参与考察法不仅对于无文字的语言文化群体十分重要，也不能小视，这不仅因为相同的语言材料在不同文化和亚文化中有不同的文化含义（如在苏联就和中国不同，"黑面包"的价值比"白面包"高；在湖北钟祥方言中"亲家母"就有不同于汉语普通话的词义——在普通话中，"亲家母"是具有婚姻关系的男女双方长辈，对对方长辈中女性的称呼，但是在钟祥方言中"亲家母"有"姘头、妓女"的词义，钟祥有"嫖亲家母"的说法），而且任何文化的文献、艺术、技术和产品都不能全面反映该文化和语言的所有要素及其联系。即便能够反映并能全面反映，但它们也不能或不完全能代替我们置身该文化群体对文化的共享体验和对不同阶层人们对该文化态度的真切而全面的了解，更何况文化语言学和纯语言学（如传统语言学、结构语言学、符号语言学等)的最大不同在于,文化语言学的研究重在语言和语言要素的文化原因、文化意义、文化联系以及语言所代表的事物的文化功能、文化地位的探求。比如当一个外地人向钟祥打听某人的亲家母怎么样时,他、她心中的感受和脸上的神秘表情,是不了解"亲家母"有"姘头、妓女"的词义的非钟祥人所无法理解的。又如"蜡烛"的自然功能是照明,但是,不同文化素养和经历的中国人,对它的文化理解、心理联想和心理反应,是不尽相同的:洞房花烛夜;春蚕到死丝方尽,蜡炬成灰泪始干;红烛——照亮他人,燃尽自己;风前烛,瓦上霜;……但是对于非中国人和没有受过传统文化教育的中国青少年,他们一般是不怎么会产生上述文化联想和共同的文化感受的。

文化语言学实地参与考察法的突出特点是"亲自"参与和"实地"考察。实地考察强调的是第一手资料,第一手资料对于文化语言研究来说,不仅材料是新鲜的、可靠的,而且是可资引发独立思考和真知灼见。亲自参与强调的是文化的直接体验,好多文化内容的研究,是十分需要进入角色和亲身体察的。实地参与考察,对于非母语文化的研究是必不可少的,即使是自己的母语文化,也不能轻视,严肃的学者,可能也会以研究者的角色再来体验和思考自己的母语文化。

上述参与考察,主要是从语言看文化;我们的文化语言学还要从文化看语言,从而更好地揭示语言以及语言与文化的关系。因此在我们的实地参与考察中,还要十分注意考察各语言要素的文化变体和文化差异。

语言的文化变体,是指同一语言或方言内部,因满足文化的需要而形成的语言同义形式或同(交际功)能的形式。比如性文化是汉民族文化的一忌,与性有关的词语(如男女生殖器官和性行为)在汉语里是构成骂人的话——一种语言表达相同意思的情绪变体。观察一些人在下意识状况下的言语行为，你可以看到，他们中的有些人，常常不分男女，在气愤和痛快时都用同一句话：我操！（我尻！）个婊子！等等。但是，在冷静和讲究的场合，其忌的一面就被凸显出来，当有的词语和句子中，个别发音与性行为有瓜葛时，就用其他形式或零形式代替。例如"侃大山"在湖北有的方言中叫"日白"，"日"作为动词与性行为有关，很多女士在使用这一词语时，是把"日"的音发得近似"叶"。又如20世纪80年代，我国青少年最喜欢唱的一首歌里有这样一些歌词："要靠你，要靠我，要靠我们八十年代的新一辈。"但是在所配的曲子中，"靠"字听起来和"尻"一个音，因此，中原地区的大中学生，全班或全年级合唱，唱到这几句时，或者唱"靠"的只有男声，或者是唱这几句只有男声，女声是把一个词或整个句子用零形式（不发音）来进行处理。这里的变音和零形式，就是原语言形式的文化禁忌变体，"日白"和"叶白"的差异，唱歌歌词的有声与无声处理，就是语言文化差异的表现。

二　共层背景比较

比较是鉴别事物的重要手段，也是发现规律不可缺少的方式。文化语言学从确定材料到规律揭示，都离不开比较这种方法。

由于文化语言学是对语言的文化属性及以语言为表现形式的文化研究——统称"语言文化现象"研究，因此文化语言学的比较从其全过程看是一种"语言·背景"比较，这种比较方法要求我们在进行语言比较的同时，还要进行文化背景的比较，并在此基础上建立起两种比较结果之间的内在联系。如颜色是客观存在的,通过比较就会发现,有的语言有表示蓝、绿、黑的词,有的语言却只有其中两个。这些语言,或者把蓝色与绿色、蓝色与黑色等同,或者把蓝色与绿色、黑色等同。这种比较是语言比较,通过这种比较可使我们看到,不同语言的颜色词是不尽相同的,在把甲种语言翻译成乙种语言时,一定要注意两种语言颜色词之间的对应关系。可是文化语言学的比较,还要我们进一步透过语言的差异去揭示前提的差异,即进行有差异语言文化背景的比较,揭示前提与现象之间的联系。如对不同颜色词(或对相同颜色的不同划分)的前提进行比较,进而揭示不同语言颜色词数量的不同是由于该语言创造者眼睛里本身颜色密度的差异。这样一来就能使我们看到,语言差异是不同文化系统中其语言文化的享用者生理差异的反映及其产物。

  文化人类学还告诉我们,文化是一个"分层"的系统,其表层为物质层次,是人改造自然的全部产物,即马克思所说的"第二自然";其中层为制度层次,是人改造社会的全部产物,即在社会生活中形成的制度、风俗、人际关系等等,其深层是心理层次,是人改造主观世界的产物,即在历史中积淀而成的社会心理、价值取向、伦理观念、思维方式和审美情趣,等等。[①]因此,在文化语言学的比较中,就必须十分注意比较对象的"共层性"(即属于同一文化层次的内容)。而不能强调语言平面的"共层性"。如汉字"颠"(人的顶部)、"巅"(山的顶部)和"槙"(树的顶部)同音同源。从语言学的角度看,这属于书写符号文字的形式或造字问题,而从文化语言学的角度看,这种同

[①] 参见庞朴《文化的民族性与时代性》,中国和平出版社1988年版,第37—38页。

音同源现象却属于深层文化,它反映的是汉人早期思维和认知的特点是十分注重直观和类比的思维方式。① 因此,我们进行文化语言学分析,用来比较的对象就不一定强调非得是另一文化的文字,而应强调文化内容的同一层次性。所以我们可将西非达荷美丰人用人类的恩怨和战争来解释"月食"的传说作为比较对象。② 因为这个传说也是反映思维方式,属于深层文化。并且通过比较,我们会比较容易地看到,早期人类群体尽管远隔千山万水,但他们在认识事物方面却有着惊人的相同特点——类比,并且在类比时都是以"人"作类比对象,其思考问题的路子也都是遵循的一种"察己知人"、"察人而知天、地、万物"的一统论思维模式。

比较是各门学科都要用到的方法,而文化语言学的比较之特殊点就在于它注重比较内容的多重性(不仅有语言比较,又有文化背景比较),被比对象的共层性。因此,文化语言学的比较是共层文化对象(语言)及其背景的比较,这种比较方法可称为"共层背景比较法"。

共层背景比较的对象可以是同一语言不同历史阶段的比较,也可以是不同语言或不同亚语言同一历史阶段的比较。不同历史阶段的比较一般称为"历时比较",同一历史阶段的比较,一般称为"并时比较"。

并时比较可以发现几种不同语言同一语言文化现象的差异及其原因,进而揭示文化现象的特点和功能,找到人类文化的共

---

① 参见周光庆《古汉语词源结构中的文化心理》,《华中师范大学学报》1989年第4期。

② 参见[美]威廉·A.哈维兰《当代人类学》,王铭铭等译,上海人民出版社1987年版,第241页。

性。如通过不同语言或方言中相同年龄、相同职业、相同文化教养以及相同结缘方式的夫妻互称,可以看到其所属文化的差异,并且这不同的差异有各自的文化特点和功能,最后还能从文化特点与功能找到人类这方面的文化共性。又如通过不同语言"乱伦禁忌"内容的比较,可以发现该概念在各个社会有着基本相同的内容,即禁止父母与子女、兄弟与姐妹发生性关系(或结婚),进而可得出文化学方面的结论,即"乱伦禁忌"是人类在长期进化中为人类健康长寿和加强群体联系所作的物种选择和社会选择。

历史比较不仅可以描述出某一文化现象或某一文化乃至人类文化的发展轨迹,而且还往往能给某个文化乃至整个人类文化的发展以某种预示。不过,历时比较常常和并时比较结合起来使用。如被誉为"人类学之父"的美国著名人类学家摩尔根,在他的划时代文献《古代社会》中就采用了并时共层背景比较和历时共层背景比较相结合的方法(这是笔者的概括和称说),他从对古代社会的亲属称谓的系统比较入手,继而进行了与之相应的亲属组织、财产制度、政治组织、生产技术的比较。在此基础上,他又将上述比较内容在不同历史时期的状况加以比较,即历时比较,得出了人类文化从起源到古代文明的进展图表。他说:"人类的起源只有一个,人类的发展进程基本上也是相同的,只是在各大陆上采取了不同的但是一致的进程,所以在达到同等进步状态的一切部落及民族中都是极其相类似的。"[①] 即先经历了蒙昧时代的低、中、高三个阶段,又经历了野蛮时代的低、中、高三个阶段,最后到达文明时代。摩尔根的这一学说,以其丰富的资料论

---

① 见摩尔根《古代社会》,商务印书馆1971年版,著者序,第4—5页。

证、周到的理论结构和先进合理的方法为基础，赢得了马克思、恩格斯和当时学术界的极高评价，恩格斯按马克思的遗愿以《古代社会》为主要材料写下了光辉著作《家庭、私有制和国家的起源》。

三　整合外因分析

整合外因分析法由两部分构成，一是整合论，二是外因分析。

"整合论"是把一个文化要素或子系统看作整体中的部分从而探求部分与部分之间的联系的方法。这种方法的基本观点或理论基础是：任何一种文化或包含该文化的某种特定时空都是一个相对自足的结构系统，这个系统由若干子系统构成，子系统又是由更小的子系统或要素构成，任何部分都处在一定的整体中，并且以它相对部分的存在为存在前提；某个部分功能的实现依赖它相对部分的功能的整合，如果整体中某个部分消失或功能改变，其他部分也会发生连锁反应。例如：

"镰形红血球症"是一个医用术语，是在北美洲极受重视的一种疾病。这种疾病是由于血红蛋白的变态而引起的一种贫血症，这种贫血如果严重，那么患者一般在生育年龄之前就会死去，在北美洲这种病的患者大多是黑人。按照整合法的观点，镰形红血球症的出现不是一种孤立的现象，而是在一定条件下的产物。遵循这种思路，文化人类学家通过调查发现，这种疾病发源于旧大陆的一些国家和地区。在这些国家和地区，当人们开始从事农作时，致使生态的某一方面发生变化，意外地为蚊子的繁殖提供了理想的条件，因此"疟疾"病的流行成了一个严重的问题。在这种情况下，镰形红血球症作为人类抵抗疾病的一种环境适应能力而产生了，并且人类在自己的繁衍中把对抗这种疾病的能力传给后代。可是当这种疾病患者远涉重洋来到北美洲后，北美的生态环境无须这种抵抗，人类也无需再靠用忍受贫血症的折磨来维持自己的生命，因而这种以抵抗疟疾为功用的镰形红血球症就失去了它存在的价值，并且文化的选择摇篮也不愿再接纳镰形红血球病患婴儿，所以北美镰形红血球病患者在生育年龄以前就告别了人世。

从另一方面看，文化语言学的整合论也不简单地等同于结构语言学的整体功能大于它的部分之和，结构成分的性质（即充当结构成分词语的功能）依赖它相对的成分的理论。如"学习文件"这个符号串是一个整体，其整体的意义不等于它的部分"学习"和"文件"的简单相加。当其中前一部分"学习"是动词，后一部分"文件"是宾语时，"学习文件"是表一种行为；但是当"学习"是定语，"文件"是定语中心语时，"学习文件"是表一种事物。面对这种情况，结构语言学的语法分析，是从其内部成分性质的不同，"学习文件"结构关系（动宾和定心关系）的不同，去求出整体大于部分的原因，建立起对"学习文件"整体的意义理解。这种分析我们可称为"整合内因分析"。文化语言学的分析却还要进一步去探求：为什么同一个"学习文件"，一会儿可以是动宾关系结构，一会儿可以是定心结构？放开我们的视野，不难发现：从内部把同一"学习文件"表达两种不同的结构是由于"文件"一会儿是宾语，一会儿是定语中心语。其实这是对其外部原因的"内在化"解释，是倒果为因。一步到位的解释应该是外因（功能：表行为和表事物）决定内部结构（的内部）关系，是内部结构关系决定其构成成分的性质。因此，文化语言学的整合论是有内部对应范畴的外因决定论。打个比喻来说，春夏秋冬四季分明的武汉，有时人们全穿单衣，有时人们全穿棉衣，这不是武汉人身体一会儿全都发冷，一会儿全都发烧，而是外部气温的要求和制约。同样，"学习文件"有时是动宾结构，有时是定心结构，也不是其内部发冷发烧，而是其外部表达功能的要求和制约。并且外因是汉语和形态发达的语言结构关系和成分词发生的共同决定性因素，只是在形态发达的语言那里，"学习文件"作为不同结构使用时，其构成成分发生形变，这不同的形式常常会使我们认为：是结构成分的形式决定其结构关系和结构的性质，形态是不同结构的决定因素和鉴别标志。而事实是：形态发达的语言和汉语一样，是外因——功能决定结构的关系类型，结构的关系类型决定成分的形态。

外因，很多时候人们喜欢称为"背景"。因此整合外因分析又可称为"整合背景分析"。后一种称法有时却也更有利于突出文化语言学的目标追求，因为在文化模式或文化要素的分析中，文化语言学家的兴趣点在于揭示它的出现、发展、变化和消亡的规律及其条件，并且在其前提的追寻中不是着力于研究对象的内部矛盾，而是致力于其外部矛盾的探求，即"外因分析"。这一点正好是文化语言学和经典语言学（传统语言学、结构主义语言学、转换生成语法学等等）的本质区别，也不同于以语言与文化共变关系为最终目的的社会语言学。

苏联的社会语言学家什维策尔说："马克思主义的辩证法坚决摒弃现代唯心主义的不可知论，认为因果联系是现象之间联系的普遍规律，揭示被研究现象间的因果联系是科学知识的基础。"恩格斯更早地指出："为了了解单个的现象，我们就必须把它们从普遍的联系中抽出来，孤立地考察它们。而且在这里不断更替的运动就显现出来,一个为原因,另一个为结果。"① 不仅如此,而且"在此时此地是结果,在彼时或彼地就成了原因,反之亦然"②。"但是科学在研究相互作用的诸因素时,不能不弄清它们之间的区别,并努力在相互作用的力量和诸因素中找到决定性的力量和因素。"③ 正因如此,文化语言学的热点不在于对作为交际工具的符号系统内部规律和事实进行描述,而是奋力追捕不同语言文化现象同一时期或同一语言文化现象不同时期差异的外部原因,即产生这种现象的决定性力量。因此,对于汉语语法具有"意合性"的探讨,文化语言学不是从语言内部去寻找答案,而是要从其外部去捕捉形成这种特点的外部原因,即揭示出这种意合特点的决定性力量或因素——汉人思维的领悟性。④同样,对于爱斯基摩人对"雪"的语言分类十分仔细,而没有和英语"雪"相当的总体概念词这种语言文化现象,我们也不是去追寻词语间的联系和对应,而应是去揭示形成这种特点的文化条件:爱斯基摩人生活的环境多雪,雪的种类关系到雪橇的安全旅行和打猎的成功。

总的来说,实地参与考察法和共层背景比较法、整合外因分析法虽然都是文化语言学的方法,但是前者主要是获取材料或科研依据的方法,后两者则主要是分析材料、建立理论的方法。在后两种方法中,整合外因分析法是进行共层背景比较的理论依据和建立文化语言学理论的思路,它指引和规定着文化语言学比较

---

① 见《马克思恩格斯全集》第20卷,人民出版社1971年版,第575页。
② 见《马克思恩格斯全集》第3卷,人民出版社1972年版,第62页。
③ 见[苏]什维策尔《现代社会语言学》,卫志强译,北京大学出版社1987年版,第49—50页。
④ 参见萧国政、吴振国《汉语法特点和汉民族心态》,《华中师范大学学报》1989年第4期。

法的性质、步骤和内容，如果说共层背景比较是揭示规律的手段和保持所得结论可靠的条件之一的话，那么整合外因分析则是使我们的研究和整个人类学研究产生内在联系的理论基础。同时，整合外因分析所体现的彻底的"外在联系"和"相互依存"的思想，能使我们的文化语言学研究，对当今的社会乃至整个人类的幸福更具实用价值，并且还可使我们看到，世界以及构成它的万事万物无一不是整合的产物，并且它们无时无刻不处在一种特定的联系和特定的背景中，从而提高我们对事物复杂性的认识以及保持冷静对待问题与慎重处理问题的科学态度。

文化语言学研究是把语言作为文化符号或形式的人类学研究，是对语言给予文化解释的研究。因此，在研究过程中，不论处于什么环境，采取哪种方法，不论我们是从语言看文化，还是从文化看语言，或者是寻找二者之间的关系，我们始终都要坚持一种人道主义立场和不偏不倚的中立态度。不管我们研究的对象是处于原始的简陋状态，还是达到了美学意义上的艺术顶峰，我们作为参与者与观察者的双重身份始终不能改变，只有这样，才能使我们的研究尽可能地保持最大限度的客观性。客观性是我们的研究具有科学性和理论合理性的基石。

（本文为邢福义主编《文化语言学》的一节，原载《华中师范大学学报》1991年1月第1期，《新华文摘》摘目，人大复印资料复印，《高校文科文摘》、《语言文字信息》摘要）

文化语言学与当今社会

　　文化语言学是研究语言与文化相互关系的一门学问。语言作为社会最敏感的神经，几乎可以说它每时每刻都在同步地反映着社会的变化。语言又是文化的载体，任何社会文化都在语言里留下了历时的记忆和现实的标本。因此，在这个意义上，文化语言学是以语言为符号标志，研究人类文化之社会功能的一门科学。这门科学和现代人类学一样，它并不是只把目光集中在未开化民族和语言的化石资料来构拟人类早期社会的原貌和寻找人类发展的历史足迹，而更重要的目标是通过语言文化的理论工具，从一个全新的角度，认识和分析人类当今，洞察和把握社会发展，预示和构拟文化未来。

　　进入 20 世纪以来，人类就以超越自然时空的手段和坚毅执着的热情，建构着无与伦比的人类文化系统（包括物质的和精神的），探索人类文化发展的规律，研究人类对环境的适应能力，预想"后工业"社会的状况以及西方文化与非西方文化接触带来的变化，等等。与此同时，人类又从纷繁复杂的文化现象和文化因素中重新发现自己——既认识到人类创造的伟大，又反省着自身的局限性和特点。从这种时代潮流的特色出发，现在世界上把当今方兴未艾的文化热潮看作继欧洲"文艺复兴"以来的人的"第二次发现",并认为,如果"第一次发现"带着雄赳赳的气概宣告了人的至高无上的地位,挣脱了神灵的枷锁的话,那么"第二次发现"则摆脱了宣言式的呼唤而更趋于客观的考察,更趋向于对自身进行清醒冷静的全面审视。文化语言学作为这种特定历史文化背景中的"文化现象"和"文化产物",也必然带着它鲜明的时代特色和价值追求。因此,现代文化语言学既有雄视古今的磅礴气势,又有冷静客观的科学气质,同时也表现出改造社会、造福人类的强烈期望。

正因为如此,对于当今社会来讲,文化语言学的价值主要在于它的文化功用。下面我们从社会理解、文化思考以及人类未来三个方面谈谈文化语言学对于当今社会的作用。

一 文化语言学的社会理解

现代社会早已告别自给自足的自然经济而走向了社会化乃至全球性的大生产,上古时代那种"鸡犬之声相闻,民至老死不相往来"的习俗早已成为历史的过去。在现代社会中,人们要想成功地进行学习,从事工作,组织生产,获取各种生活需要,无一不需要对其他人、其他集团、其他阶层、其他行业、其他国家,有一个尽可能充分的文化了解,而文化语言学正从一个方面给我们提供着进行这种了解的理论、途径和方法。

语言作为人类最重要的交际工具,对所有的使用者都是一视同仁的,每个社会成员都可以平等地使用它,拿它为自己服务。对于同一语言的使用者来说,由于他们所处的地域不同,他们所说的语言往往带有地域性的特点,这样就使语言产生了地域变体——地域方言。地域方言最突出的特点是语音不同,其次是词汇，语法差异相对来说最小。因此，我们可以通过口音而判别讲话者为何方人士，进而对其文化习惯有一个基本认识。

人们使用的虽然是同一语言，但由于各自的文化教育不同，所属阶层、集团、行业不同，年龄、性别、立场、观点不同，人们讲话往往在发音、选词、组句等方面也会有比较明显的差异，使语言产生社会变体——社会方言。不过这种方言没有地域方言那样区别明显和定形。尽管如此，这种社会差异还是给我们提供了人们对社会情况理解的一个途径。

美国社会语言学家拉波夫曾对纽约市上中等级的百货公司的职员进行语言发音和所属阶层的调查。他调查时让被调查者说出 fourth 这个词，统计不同阶层职员对词中 r 的发音情况。调查结果表明，不同的 r 发音实际上代表不同的社会阶层。发 r 音的上层和中层职员占的百分比相当大，为 62% 和 51%，而下中层职员却只占 20%。因此，发 r 音成了上层职员的标志，不发 r 音成了下层职员的标志。[①]

在词语的使用上，不同来源、不同色彩的同义词也为语言社会变体的形成提供了条件，而对不同词语的选择却又往往反映着选用者不同的立场、观点、思想倾向和所属阶层。如在美国，一般人称"警察"为 policeman 或 officer，但居住在贫民区的男青年则用他们认为有蔑视附加意义的俚语词 cop, fuzz 或 the Man 指警察，从而表现他们与政府的对抗。无独有偶，在我国有些青年用"雷子"指警察。"雷子"是犯罪团伙的黑话，意思大致为成功作案中的"地雷"。用"雷子"不用"警察"指警察，意含着他们对循规蹈矩和对我们某些政治行为的否定。

---

① 参见祝畹瑾编《社会语言学译文集》，北京大学出版社 1980 年版，第 120—148 页。

现在由于教育程度的提高，很多人既会方言又会标准语。而对于同一个人来说，究竟是使用方言还是使用标准语，与其社会角色有关。如一位方言区的女教师，在通常情况下，给学生上课时讲普通话，和邻居拉家常讲方言，和刚上幼儿园的孩子交谈说点儿语。这就是因为她在这三种环境中的社会角色不一样，分别是教师、乡亲和妈妈。不同角色讲不同的话，这种情况表明语言形式与社会角色具有对应性。但是这只是问题的一个方面，语言形式还有同社会角色错位性的一面，并且错位性往往能给我们更多的社会启示。错位一般可有两类：逆反性错位和区分性错位。

逆反性错位最激烈的形式是集团、阶层或个人对社会现行规范和现行政策或社会现实不满而故意采取的一种针锋相对的语言立场。这种立场的采用是将社会对抗形式化。在美国有些青年不满现实，他们把标准英语看作是现存制度的象征，因而他们故意使用俚语，以表明他们集团内部的联结和对现存制度、行为规范以及一切思想守旧、行为古板的人的反对。

逆反性错位往往是以现行政体和制度为参照物，这种错位背逆和反对的是现行制度和社会现实，因此随着阶层和社会实际情况的不同，错位程度的表现也不一样，有的只表现为本阶层与政府不是一个文化团体，而是一个相对独立的政治力量。如英国东部诺里奇工人区的工人就不推崇标准英语语音，因而有方言的工人在放弃自己的方言后也不是去学标准语音，而是学当地工人阶级的方言，并且这种行为在工人中已成为一种不可阻挡的潮流。

不过，这种语言立场或语言意识有时是十分自觉的，有时是一种集团或阶层意识，其逆反性不是时时刻刻表现为个体的主观愿望，而是表现为集体的主观意志，并且不论个体讲话时的主观意志强烈与否，其客观效果则总是保持着逆反的社会作用。逆反对于政府是一种集团分离、划清界限、"势不两立"的表现，而对于本集团则是一种"联结"和"认同",是加强内部凝聚力、密切对话双方感情的手段。因此,地下组织或团伙总要先用密码暗号或黑话对话后方才进行下一步的交谈。小说电影戏剧等打入敌方内部的描写中,也往往不乏这方面的细节。认同也好,区分也好,其着眼点或参照对象都是讲话对方。因此,在讲话中,以把自己和对方分离开来的错位就是一种区分性错误。区分随着讲话人的选择或追求不同而不相同。如北京的女性在和自己年龄差不多的男性讲话时,常称对方为"您"而保持相互间的感情距离,从而显示不同于"亲爱者"的关系区别。北京15—30多岁有文化的妇女把舌面辅音〔ts、tsʰ、s〕的发音部位前移,发成一种近似于〔tɕ、tɕʰ、ɕ〕的音,连中央电视台的女播音员往往也不例外(可是同年男性则不然),这种发音被称为"女国音"。"女国音"是这些妇女在讲话时选择的特定年龄段的性别区分。同样,北京的男性青少年说话时,轻声音节特别多,并常常把舌尖辅音发成卷舌元音。如把"反正"说得好像"反二","把"保证"说得好像"保二"。在他们的随便语体中,语音也比较含混。而这种现象在同年女子中则很少有。如果女孩这样讲话,则被认为"粗鲁"或"有男孩子气"。

总的来说,不论是逆反性错位还是区分性错位,都是错位集团、阶层和个人独立自我意识的反映,是对自己所在社会角色的自我肯定和标榜,表现出一种角色自豪感和执着的性格。并且错位选择者往往也不会轻易流为其他集团的附庸,起码在形式上给人以这样的感觉。因此有的人特别注重语言错位,尤其是在语言变体对立十分尖锐敏感的社会里。如在挪威,语言的使用往往跟社会不平等相关联。地主、官吏和商人总是讲标准语,其他人则讲本地方言。因此上层分子要体现自己的地位和教养,就要使用标准语,并且如果对方不是上层人,你使用标准语就是在有意显示自己与对方的差别。如果你用标准语跟农民讲话,那么他会认为你这样做是对他们阶层文化的不敬,并马上就会与你格格不入起来。

虽然没有谁在那里做语言形式与社会文化联系的硬性规定,但社会却在那里做了一种不以个人意志为转移的约定,并且语言及其使用也总是毫不掩饰地反映着社会及其变化。亲属称谓历来受到人类学家的重视,它总是最直接地反映着文化制度及其人际关系。在我国,汉语的亲属称谓向来区别得很细很严,男女有别,长幼有序,十分重视血缘关系的远近,而且充分体现着以男性为中心的封建礼教思想,妇女不论在社会上还是在家庭中的地位都是从属于男性的。如从北京对上一辈非亲属熟人使用的亲属称谓看,35岁以上的最普遍使用的是"大爷、大妈、大叔、大婶、姑、姨"。"大爷、大妈"用来称呼上一辈中比自己父母年长的熟人,"大叔、大婶"用来称呼上一辈中比自己父母年纪小的熟人。但是在这两对称谓中,"大妈"和"大婶"都是从属于"大爷"和"大叔"的,即只要她是大爷或大叔的妻子,不论其年龄是否比自己父母大或小,一律要依其丈夫年龄与自己父亲的年龄关系大小来称"大妈"或"大婶",即使大叔的妻子比自己母亲年长,也只能称"大婶"而不能称"大妈"。这种约定明显地体现着男尊女卑的社会文化关系。可是从30岁以上的人对非亲属上一辈熟人的称呼看,过半数的人已把"大爷、大妈"和"大叔、大婶"改称为"伯伯、阿姨"和"叔叔、阿姨"了。这种改变,对于男性长辈来说,没有多大实质性的文化变化;而对于女性长辈来说,她们的称呼已不再从属于她们丈夫的年龄而是仅仅依据自己的辈分和性别了。这种女性长辈称呼的变化表明,现代中国妇女已由从属地位进入了独立地位。不仅如此,在很多城市,以前小孩对父亲的兄弟姐妹分别称"伯伯、叔叔"

和"姑姑",对母亲的兄弟姐妹分别称"舅舅"和"姨妈",而现在的小孩则不分父亲还是母亲的兄弟姐妹,一律使用一组统称"伯伯、叔叔、阿姨",或者"伯伯、叔叔、姑姑"。这种从分到合的改变进一步反映出妇女在家庭中开始具有重要的地位。

不同的称呼,即对同一对象使用不同的语言符号的历史变化,反映着文化因素的历史变迁,而新的语言符号的产生则标志着新的文化社会现象的出现。如"拨乱反正"、"改革开放"和"市场经济"在中国的先后出现,分别反映着这样一些文化现象:中国人民的政治生活从一片混乱走向历史正轨,中国国策由"政治中心"、"闭关锁国"走向经济为本、拥抱世界,经济模式由主观占主导的计划经济走向客观受重视的市场经济为主体的经济。同样"电子计算机"、"航天飞机"、"电冰箱"、"传真"等等,同步地反映着人类征服自然能力的新进展;而香港社会的"太空人"[太太不在(香港)家里而显得无所顾忌的男人]和"黑市夫人"(职业情妇)、"星期日寡妇"(黑市夫人的又称,即星期天"黑市"丈夫回去陪自己太太了),则标志着香港特定时间、空间和社会环境产生的新的文化社会现象。

不仅如此,有些实用学科和有关部门还从文化语言学中吸收一些新的识别手段。人们讲话,不仅话题、背景、角色之间有一定的文化模式,而且语调和声音的高低大小也是有规可循的。一个人讲话声音有高有低,这种声音的高低,讲话人是通过声带的松紧来控制的。把声带拉紧,声音就高,反之就低。通常人们讲话时感情平和,声高也保持在平常水准。如果说话人感情上不快、厌倦或失望,音高往往过低。如果一个姑娘放低声音对其同伴说:"随你的便吧!"那就可想而知这个姑娘心里不高兴。如果说话人很紧张或很激动,音高往往过高。如果是上面那个姑娘在房间里猝然尖叫,"老鼠!老鼠!"那么听话人就会从她提高的声音里听出她的惊慌。音重也有一定的规律。通常讲话一般轻重适宜，但如果为了达到某种目的，人们就会说得响些即加重，如集市贸易中招揽顾客的喊叫；为了达到某种目的，人们又会说得轻些，比如年轻男女谈恋爱的轻言细语，夫妇在公共场合发生口角。如果不是这样，那就往往是违反文化常规，其中也常常包含有别的意思。英国影片《阳光下的罪恶》里有一对年轻夫妇，男的叫帕特里克·瑞特芬，女的叫克里斯丁·瑞特芬，他们双双来到丹弗尼旅馆准备到附近旅游。可是有一天，他们却不顾家丑外扬，在房间里放大喉咙争吵起来，引得那些闲得无聊的人来看热闹：

夫："克里斯丁，这个我不谈。"
妻："好啊，你还不愿意谈。"
夫："我说，克里斯丁，我一跟一个女人谈话，你就疑心我跟她有什么关系。"
妻："是有吧，你把我摆在一边；整天陪着她，人家看了都在笑话我。"
夫："没人笑话你，是你多心。阿琳娜跟我不过是个好朋友。"
妻："我不相信。我们离开这儿吧。"
夫："这我做不到，来了就来了。你要是不喜欢……"
妻："是啊，我活该了……"

比利时侦探波洛也挤在看热闹的人们中间听得入神，但他凭借文化语言学的知识和职业敏感，从这一对夫妇反常的喧嚷中听出了不寻常的秘密，马上断定他俩是一对凶手。结果也不出他之所料。

从上我们看到，文化语言学的社会理解不仅为我们观察问题提供了新的视角，而且也提高了我们社会理解的深度和效率。

二 社会语言的文化思考

在文化语言学中，文化思考是指对语言进行文化方面的研究和探索。这种思考包括两个方面的基本内容，一个内容是语言系统的文化思考，另一个是语言所指对象的文化思考。

语言系统的文化思考告诉我们，语言一方面是人类最重要的文化标志，是它把人类最后从动物界分离出来；另一方面语言又是文化的产物，不同的语言是不同的文化的造化，同一语言和不同语言的差异不仅本身就是文化的差异，而且这些差异都或松或紧地与不同的文化背景发生相应的联系，或者说语言差异说到底就是文化背景的差异。语言系统的文化思考不仅要弄清语言差异的内容和文化背景，而且要尽可能地揭示差异内容和差异背景之间的联系规律。语言系统方面的文化思考后面有专章专节讲到，这里不再赘述。

语言所指对象的文化思考是根据一套语言文化理解的模式对语言单位（词、短语、句子、句群和篇章）进行文化内容的探索。这种探索是文化语言学的重要任务，是文化语言学与经典语言学的重要区别。语言文化理解模式的基本内容包括所指对象的文化坐标定位、文化内涵剖析、文化外延扫描以及文化运动特点和规律的展示等等。就拿"改革"这个词来说吧！

首先，在文化系统坐标上，"改革"所指的对象是一种文化现象，究其实质又是文化更替的手段。人类文化虽然总是在以各种方式改变着自我的形式和内容，但在通常的情况下，文化一般是量的渐进，而改革则是使用外在力量使文化发生质的突变和飞跃。因此，"改革"是文化在外在作用下发生突变的手段。"改革"又不同于"革命"。"革命"相对而言是以政权更迭为主要追求目标，其手段往往是武装斗争。"改革"一般不追求政权的质变，只求得文化内部的和谐统一。一般来讲，"改革"以调整部分文化内容、最大限度地解放生产力为追求目标，不再提出更高的政权要求。因此，改革的阶段性结果是文化因素或文化形式的新因更迭和交替。这种文化要素和形式的更迭与交替就是"改革"的基本文化内涵。

"改革"或曰"文化更替"的实现方式一般有三种：一是"自创"，即在原有基础上进行由量变到质变的升华，或者在原有文化系统内作新的选择和综合；二是"引进"，即搬用其他系统的文化；三是"融合"，即把甲文化和乙文化进行综合、选择和改进，或直接对其他文化进行改造。改革实现的这三种方式就是"改革"从一个角度显现的文化外延。如果我们只是对"改革"一词求得一个大致的了解，外延的揭示一般也可以止步于此。但是，如果我们要透彻理解"改革"并进行"改革"的话，那么我们还要知道这三种方式的适用对象和条件是不平衡的。从适用对象看，"引进"对物质文化和技术文化最富魅力，也最简便，但对深层文化就不怎么适用了。不过比较起来，即使是物质和技术文化的更迭，最理想的方式还是融合，因为融合不论对于更迭者还是对于人类文化的发展都具有更积极的意义。不论是从日本引进他国技术和产品还是从我国引进的情况看，都说明了这一点。不过，要采用融合方式并不那么简单，其一要有民族文化的自信心和对民族文化的透彻了解，其二要有选择改造的水平和能力，其三要有一整套的政策措施。因此，如果从整体文化效果看，最有成效的改革应是融合方式占优势的文化更替。

"改革"作为一种文化现象它又具有自己的运动特点和规律。尽管"改革"本身并不是带有非分欲望的文化更替,但文化更替要受文化内部运动规律的制约,并且常常是牵一发而动全身。有时表面看来只是表层文化的微不足道的变迁,然而它却具有对原有文化(母型文化)体系及文化秩序灾难性的破坏力。如对澳大利亚的伊尔-约龙特人来说,石斧是他们主要的工具,也是神话的象征之一。这种石斧在他们那里是部落图腾与男性气质的象征,并且在伊尔-约龙特人的宇宙观中具有重要的地位。石斧是一年一度的部落正式集会中的重要贸易品,非常稀少,只有地位很高的人才有这种东西。可是,几十年前,一些好心的牧师送给伊尔-约龙特人以铁斧,后来铁斧越来越多,连妇女孩子都有。这样一来,铁斧消除了人们对石斧的需求,石斧作为男性气质的象征也不复存在,再加上铁斧与部落图腾无关,所以伊尔-约龙特人以贸易石斧为重要目的的一年一度的部落集会减少了,部落的观念系统也开始瓦解,整个社会结构基础都被削弱以至开始动摇,可是代替旧秩序的东西却还未出现。这种局面是初始接受铁斧的伊尔-约龙特人所未曾预料到的。所以文化语言学提醒我们,人类发展到今天,人们已经从单一运用语言的逻辑思考、政治思考进入语言文化的综合思考了。当我们的语言生活中出现一个"新词语"的时候,我们不能只是在词典里给它一个指示意义,还要在运用中给予它文化性质和文化功用的说明;当我们文化中出现一个新成员的时候,我们要充分估计它可能引起的文化系统的连锁反应,预变于未始,防患于未然。

"铁斧"在伊尔-约龙特人中出现是一种文化引进。"引进"是上述改革的第二种方式,以这种方式进入约龙特人部落的铁斧在其文化中发生作用是一步一步由表入里的,它遵循文化引进的运动规律。文化引进一般首先是表层——物质文化最先为其他文化所接受，其次是中层或心物的夹层（如制度、技术、理论、思想等等），最后是里层即文化心理状态（包括价值观念、思维方式、表达方式、信仰等等）。这是一个由物质表层到心物夹层再到心态里层的由"表"及"里"的过程。一般来讲，文化接触都会产生这样三个阶段。很有意思的是，这种三层接受模式在中国近代史上刚好表现为三个历史时期：物质上技术上接受洋枪洋炮，"师夷长技以制夷"的洋务时期；变革社会制度和政治制度的戊戌变法和辛亥革命时期；解决文化心理问题的五四新文化运动时期。从文化更替的难度看，这三个时期是不平衡的，并且越往后越难，这种难和易是由文化的性质决定的。就拿明末清初意大利传教士到中国传教的情况来看吧，当时意大利传教士利玛窦来到中国，他带来了钟表、呢绒、天文历法和天主教，并希望这些都被中国人所接受。可是钟表一类最先被接受，天文历法经过十几年才被接受（尽管它超过了当时的中国天文理论）。而他最想宣传的天主教，即使放宽了许多尺度，由于接触到文化的心理层，其成效最小。和中国近代史上文化引进的三层三步模式相类但又不尽相同，被约龙特人接受的铁斧不是分别属于三种层次的文化，而是先后影响三个层次的文化，尽管它影响不同层次文化的阶段并不是同样明显，但过程是相同的，并且一旦它影响到文化的深层时，约龙特的文化危机就到来了。一种文化要想在文化接触和交流中推迟危机的到来或避免危机的产生，一方面最好是采用"融合"的改革方式，另一方面要注意发挥母型文化的主导控制作用。因为在改革中，一种文化因素的更替并不是孤立进行的，它往往受到其他文化因素的制约，尤其要得到母型文化的认可。因此，在很多情况下，人们宁肯蒙受损失而固守原有的文化。如在一个以制水罐为业的制陶区，有段时间旅行社劝几位有艺术爱好的姑娘生产烛台、小雕像和动物雕塑，这本是件好事。可是其中有个姑娘曾有过三个求婚者,但结果都没能结成婚,原因就是那几个男孩子的家长严肃考虑了这个姑娘的可靠性之后,放弃了原来的安排。这种挫折使这位心灵手巧的姑娘在22岁时作出了不再制作雕塑的决定,而决心和大家一样生产同样的水罐。后来当她生产出了头等质量的水罐而拿到集市上去出售时,公众舆论很快就改变了,并且很快她接到第四次求婚并结了婚。从此,她再也不做收入高得多的玩具和塑像了。[①] 从这里我们不难看到,母型文化的力量是不可估量的。如果要使改革成功,首先要设法克服母型文化这个强大的阻力;如果要防止母型文化的危机和有害文化的渗透,我们又要充分地利用母型文化这个法宝。因此,对母型文化功用的研究是改革成功必不可少的一个重要方面。

至此,我们说文化语言学所指对象的文化思考不仅给编撰文化词典提供着两条内容编写的语言模式,而且在某种意义上讲它是给语言文化学提供了一个语言思考模式,这种模式在方法论上有它独有的理论价值。

三 人类未来的语言文化构拟

当今世界,文化发展很不平衡,语言模式和文化模式多种多样。在未来几十年、几百年乃至几千年,人类将怎样选择语言模式和文化模式?人类文化将怎样发展?这是进步的人类不得不十分关注的问题。

[①] 参见 [美] 威廉·A. 哈维兰《当代人类学》,王铭铭等译,上海人民出版社1986年版,第565—566页。

语言是人类与动物区别开来的重要文化特征，并且语言因民族和亚文化而异，语言的共性和差异反映着文化的异和同。如果把文化看作一个由若干要素构成的系统的话，那么语言这个要素是最难融合的一个要素。在文化中，最容易融合而趋同的文化要素是物质产品文化，如电视机、电冰箱、汽车、飞机、火车、发油、健美裤等等。从整个文化史看都是如此，从不同语言词汇内容的构成看也可见一斑。不过，随着世界性文化交流的频繁，人类语言总的来说呈现着一种趋同的形势。尽管直到现在对未来人类共同语是什么语言还没有一个定型的为绝大多数学者同意的见解，但对人类走向大同和语言走向共同这一点，在好多学者看来是有可能的，只是时间会比较遥远。

人类语言实现共同的道路一般来讲主要有两种，一是几种有交际市场的语言的融合；二是一种强有力语言对世界所有语言的取代，中间经过一个三五种语言并行的阶段。不过对于文化语言学来讲，最关心的是语言实现共同的文化基础，亦即客观条件。人类文化的发展是一条趋于单一文化的历史巨流，人类在与自然斗争和征服自然的过程中越来越多地享用共同的文化成果和做出相同的文化选择，并且这种共享和共选的绝大多数是人类晚近的成果，而晚近的成果又是建立在全社会乃至全世界共同合作互相依赖的基础上的。因此，从一方面看，这种趋同是好事，它有利于世界团结、和平和安定，但从另一方面看又潜伏着很多危险和威胁，因而这就引起了一些人类学家对单一性世界文化的忧虑和对多元性文化的推崇。

在一些人类学家看来，单一性世界文化不仅缺乏多样文化所具有的丰富性和多样性，因而是乏味的，更为严重的是，这种单一文化会导致人类适应能力的丧失，因而在将来可能有的危机面前，人类会变得完全无能为力。例如，假定地球上化石燃料供应到21世纪初将完全枯竭,那么生活在北方气候中依靠人工取暖房御寒的人就无法抵御寒冷,而燃油运输工具因缺油又不能发动,这时人类生存就面临危险,并有人种灭绝的可能。可是如果是处于现在多文化中的爱斯基摩人、拉普人和西伯利亚人,那么他们就会有生存下来,并有把人类延续下去的希望。因此,保存世界上许多地区存在的多样文化,对人类未来将有十分重要的战略意义。

不过,就像语言的发展有两种选择一样,文化的发展也有两种选择。语言的一种选择是自然发展的多样性选择,不同的文化群体总是使语言产生多样性的变异;另一种选择是突出功用的单一性选择,共同的文化利益迫使语言走向高度统一,甚至像国际音标一样,一个形式指代一个对象,一个对象为一个形式所指代。语言就是在这种集团多样性和功能单一性两种选择斗争中发展前进着的。同样,文化也是在单一性和多元性的选择的斗争中,发展和走向未来的。只是单一性是文化接触的自然选择,多样性是人类为生存和幸福而作的主观选择,并且这后一种选择带有某种理性的色彩,而为人类所共同追求。

语言走向共同、文化走向大同是就不同语言不同文化说的,而对于同一种语言来说,就是语言实现了统一,它的社会变体和地域变体还是存在的,尤其是为满足不同文体、不同风格、不同交际场合和交际对象的词汇、句子变体更会长期存在下去,并会更加丰富多彩。如果说人类语言在实现统一以前的"丰富"主要是种类繁多的话,那么实现统一之后则是语言变体的复杂多样,即在一个体系内部呈现出多彩多姿的局面。如果从语音、词汇、语法、语用几个方面来看,语音应是尽可能统一和单一化的,词汇和句子会为满足语用而更加丰富多彩,语法规则将趋向简化,不断从综合走向分析,而语用规则将会日益增多以满足人们日益进化的表达需要。但也难说没有这种可能,即人类为了迁就和机器对话、和外星人对话(假若有外星人存在的话),将语用规则限制在基本够用的范围内,不致使其无限发展下去。不过,即使是无限发展也是有限的,因为太多人们也掌握不了,只是比较而言,语法规则将趋向简约,语用规则将趋向繁丰。但是反过来,如果一种思想只有一种表达模式,一种表达模式只能表达一种思想,那么不仅语言的系统成员将会恶性膨胀,而且人们将会觉得这种语言太僵死、太累赘、太单调乏味而最终抛弃它。这就是说,语言走向统一和统一后的发展有它自身的规律,人类只能按照这种规律促进它的发展,不能随心所欲地做出一些限制和硬性的规定。

同样,人类文化的发展也只能按其自身的规律发展,人们不能随意改变它,但是人们可以加速它的发展。由于语言是文化的一部分,语言接触就是文化接触,因此加强语言接触、实行多语教育,是加快人类文化走向大同的重要步骤。也正因为如此,进行第二语言学习和教学的意义远远超过了多掌握一种交际工具本身,它是人类为加速实现文化大同的战略努力。

总之,文化语言学不能只是通过语言勾勒人类历史过去的遗迹,而更重要的是站在人类文化的高度认识和把握现在,从语言和文化的发展中预示和加速走向未来,这样,并且只有这样,文化语言学才是人类文化科学合理的和不可缺少的有机组成部分。

(本节原载《语言通讯》1991年第2期,正文为邢福义主编《文化语言学》的一节)

[附录]2012年中国教育热点网络舆情报告

一 前言

近年来，在我国的各类社会热点问题中，教育领域存在的问题相对比较突出，覆盖面比较广。2012年，教育界又发生了一系列影响重大的事件，产生了强烈的社会反响，受到媒体和民众的广泛关注。这些问题，在广大人民群众中造成了一定的负面效应，引起民众对教育体制和政府在教育领域的执政公信力的质疑。这些事件，折射了中国目前教育的哪些问题？这些问题存在的原因是什么？怎样才能得到有效的遏制和杜绝？

二 概览

针对上述问题，我们对2012年网络世界中关于中国教育问题的舆论进行了监测和分析，并就其中三个有代表性的突出性问题的网络舆情撰写出本报告。（关于"舆情"请参见附件一）

上述三个问题分别是：1. 校车安全问题；2. 幼儿园和小学虐童问题（以下简称"虐童问题"）；3. 大学新任校长不申报新科研课题，不招新的研究生，不申报任何教学科研奖，个人不申报院士，把百分之百的精力用于学校管理的问题（以下简称"大学校长'三不'、'四不'承诺"）。校车安全事关下一代的生命，虐童问题事关孩子的现阶段成长乃至一辈子的身心健康，这两个问题集中于基础教育。第三个问题事涉高校，关系到管理体制、人事体制和高校办学质量问题。

能搜索到的网站很多，根据网民关注度和媒体代表性，经过筛选，我们确立了100种网络作为信息来源的代表，这些网站包括中央及地方级主要官方网络媒体、主流门户网站、影响较大的论坛与评论、主流微博以及其他部分普通网络媒体。（网站清单见附件二）

网络舆情所涉的问题一般称事件，下面"问题"改称"事件"。本报告所涉事件，其时间从2012年1月—2012年12月10日，事件采集的网站及数量，我们的有关软件自动行成下表：

表中网址及色块后的阿拉伯数字代表三类舆情今年在该网站所出现的次数。它较直观地显现了三类事件在各网站出现的状况，以及这些网站对这三类事件的混合关注度。

如果把三类事件分别开来，综观所有网站对三类事件的关注度，请见下图。

从图中，我们可看到不同的事件受到的关注和它涉及社会面呈正相关。从图中还不难看出关涉社会面宽的事件不仅反映强烈，而且还在一年里有几个高峰值。

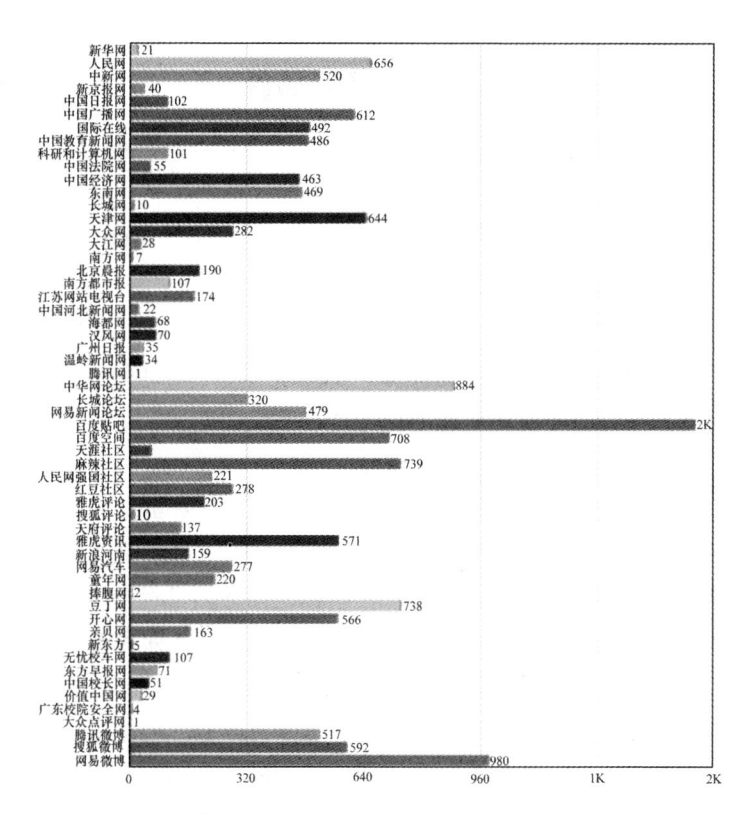

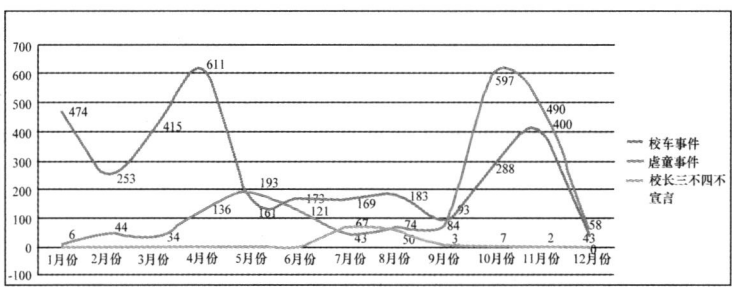

[附录]2012年中国教育热点网络舆情报告

各来源网站统计

三 校车安全事件

1. 事件概述

引发舆论关于校车安全问题热议的事故发生于2011年年底，但在2012年的网络舆情中依然存在着持久而强烈的影响。

2011年11月16日，甘肃省庆阳市正宁县发生特大校车事故，该县榆林子镇小博士幼儿园一辆核载9人实载64人的改装金杯牌校车与一辆货车正面相撞，造成21人死亡，其中幼儿19人，另有43人受伤，重伤11人。

2011年11月23日，国务院安全生产委员会办公室就甘肃省庆阳市校车事故发出通知。2011年11月27日，温家宝总理在第五次全国妇女儿童工作会议上指出，国务院已经责成有关部门迅速制定校车安全条例。2012年3月，国务院总理温家宝主持召开国务院常务会议，审议并原则通过《校车安全管理条例（草案）》，要求校车通行优先；2012年4月5日，温家宝总理签署国务院令，公布了《校车安全管理条例》，自公布之日起施行。

2012年度，全国又有若干起校车安全事件发生。

2. 校车安全事件的原因

对校车安全事件屡屡发生的原因，媒体及网友的分析可归纳如下：

（1）校车超载；

（2）校车质量问题；

（3）教育经费投入不足；

（4）政府重视程度不够；

（5）司机素质低、违章驾驶；

（6）行人车辆不注意避让。

持以上各种观点的分布比例可画成下图：

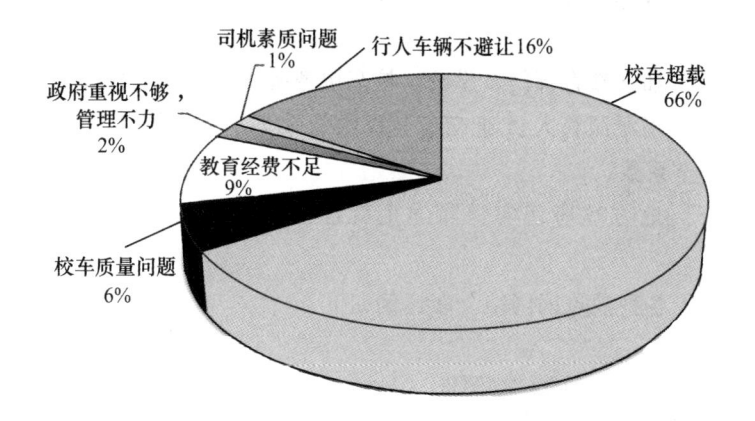

司机素质问题 1%
行人车辆不避让 16%
校车超载 66%
政府重视不够，管理不力 2%
教育经费不足 9%
校车质量问题 6%

以上六种原因可归纳为两大方面，其中（1）、（2）、（3）、（4）属于政府重视不够的问题，（5）、（6）和（1）属于政府管理不力。其中反映最为突出的"校车超载"有两种可能，一是车辆缺乏，属于没真正重视的问题；二是有更多可用的车不用，想争取利润最大化，却没受到管控，即为管理不力的问题。

从理论上讲，如果政府真正重视了，就不存在管理不力的问题了。当然，无论怎么重视，校车是车，事故总是不可避免的，但这种不可避免的事故发生率只能是偶发性的，不能是高频发的或广泛潜在的。对教育的重视，不能止于口头、文件和国家层面。

3. 杜绝事件发生的对策或措施

减少和杜绝校车安全事故发生，媒体和网友认为可采取的措施有以下几种：

（1）制定相关政策和法律（如：《小学生专用校车安全技术条件》、《校车安全管理条例》）；

（2）依法做好监督管理，落实好相关政策；

（3）落实政府对本行政区域的校车安全管理工作所负的责任；

（4）加强教育部门、学校、校车服务提供者的安全教育；

（5）指派照管人员随校车全程照管乘车学生，提高校车运行的安全系数；

（6）地方政府切实保障学生就近入学或者在寄宿制学校入学。

以上各种观点的网络分布比例如下：

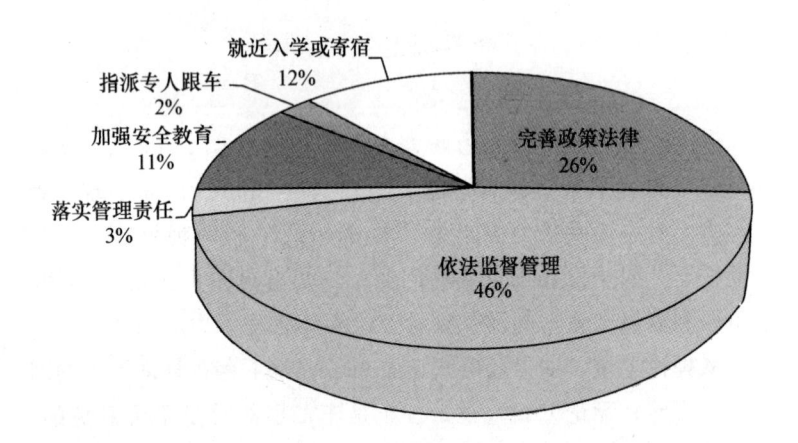

- 就近入学或寄宿 12%
- 指派专人跟车 2%
- 加强安全教育 11%
- 落实管理责任 3%
- 完善政策法律 26%
- 依法监督管理 46%

4. 建议

在网络舆情建议基础上，关于校车及安全问题我们建议：

（1）通过立法建立统一的校车质量国家标准和校车营运体系（针对小学及幼儿园）。这一点可以学习和借鉴美国的经验。美国的校车是地方政府统一管理和经营的，只服务学生，其所有权和管理权均不在学校。

（2）在教育管理部门增设"学生安全处"，专门来监督和管理与学生人身安全有关的各种事务。

（3）通过立法，加大对故意不避让校车等行为的打击力度。

（4）政府鼓励有条件的地方开办寄宿学校，并在财力上给予相应的支持。

四　虐童事件

1. 事件概述

浙江省温岭蓝孔雀幼儿园教师颜某，双手拎着一名小男孩的双耳，将他双脚提离地面约10厘米，同时让另一名教师用手机拍下，之后该视频被上传到网上，此事在2012年10月24日被网友披露后，一时间众网友声讨不断。后来有网友在其QQ空间发现大量虐童照片，例如将孩子倒插在垃圾桶内、强迫孩子接吻、胶带纸封嘴等。后查明，颜某自2010年在温岭城西街道蓝孔雀幼儿园工作以来，多次对幼儿园学生进行虐待，并拍照取乐。温岭公安机关以涉嫌寻衅滋事罪刑拘了颜某，对拍照者童某处以7日行政拘留的处罚。涉事幼儿园园长被免职。被虐儿童陆续重新回到校园，但虐童事件对他们幼小心灵造成的创伤是无法轻易消除的。被虐儿童的家长看到众多虐童照片，失声痛哭。遭受不幸的儿童和家长重新建立起对学校对教师的信任，需要很长的时间。

对颜某行为，网友认为其道德严重缺失，并纷纷要求对其治罪。法律界专家呼吁"虐童罪"应入刑。

温岭虐童事件不是个别现象，今年来，幼儿园和小学虐童事件发生了多起。

2. 虐童事件发生的原因

对虐童事件屡屡出现的原因，媒体及网友的观点可归结为以下几点：

（1）体罚教育传统的沿袭，使得很多老师对"棍棒式"鞭笞情有独钟；

（2）受"应试"影响，超前教育受到家长们的追捧，成为虐童的社会土壤；

（3）中国公共教育资源的匮乏和不平衡，公办幼儿园供不应求，民办幼儿园爆发式增长，良莠不齐，造成很多条件、设施、师资水平达不到国家标准的幼儿园林立，甚至存在不少"黑户"幼儿园和"无证上岗"的教师；

（4）政府部门对于幼儿教育行业管理混乱，行政监管经常缺位；

（5）缺少相关的法律法规作为惩罚依据，虐待儿童法律定性不清晰，很多人不知道虐待儿童的边界，我国刑法中没有专门设立虐待儿童罪，导致对此类事件的当事人处罚乏力；

（6）对职管理阶层（园长）及幼师的心理素质培训，没有得到国家重视，教师心理失衡。

以上几种观点的网络分布比例如下图：

概括地讲，虐童涉及教师的素质问题、教育方式或理念的问题或对虐童的认识问题，特别是国家层面对虐童的界定。文明国度、先进文化、以人为本，都是排斥对儿童的虐待的。

3. 防止事件发生的措施

要杜绝虐童事件的发生，媒体及网友认为可采取的措施有：

（1）学前教育必须尽早摆脱"体罚教育"和"应试教育"的影响，加强对生命尊重和敬畏的教育。

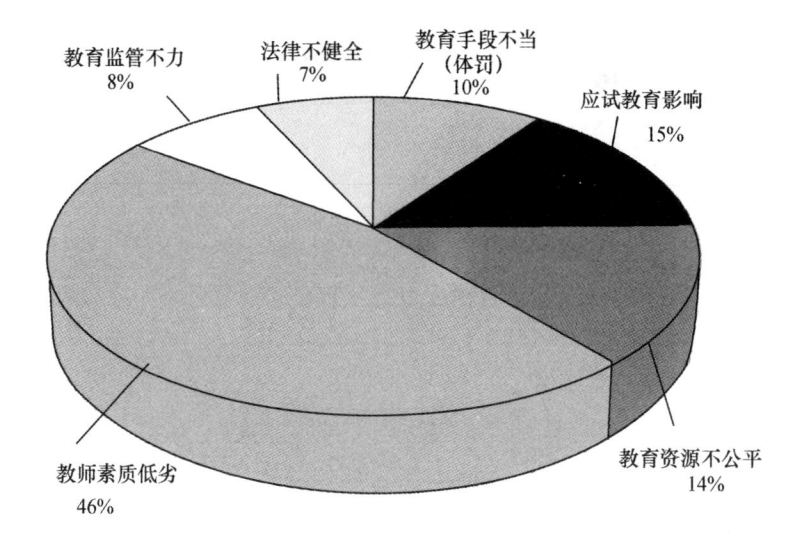

教育监管不力 8%
法律不健全 7%
教育手段不当（体罚）10%
应试教育影响 15%
教育资源不公平 14%
教师素质低劣 46%

（2）政府要加大投入，改善学校办学条件，保障和提高幼师的收入待遇；加强对学前教育的教育行政监管。

（3）提高幼儿园办园准入门槛，提升教师素质，加强师德建设，从职业规范、法律与制度层面解决幼师队伍的建设和管理问题；刑法应尽快增设独立的虐待儿童罪罪名，放宽虐待儿童的入罪标准。

以上各种观点的分布比例如下图：

虽然网络关于虐童的思考中，有25%的网民认为要加大教育投入，其实，真正导致虐童的原因应该是教育理念和教育监管的问题，应把虐童问题作为师德建设的首要问题来解决。

4. 建议

根据以上分析，我们建议：

（1）根据各地实际情况，国家制定相应的幼儿园标准，包括幼儿园的自然环境、硬件设施、师资条件、管理等做明确规

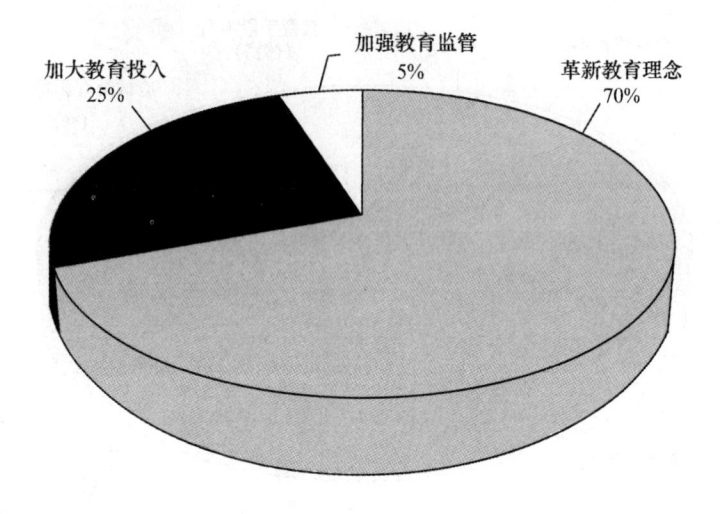

加大教育投入 25%
加强教育监管 5%
革新教育理念 70%

定,取缔没有合法手续开办的幼儿园。

（2）加强教师师德教育,严格把关幼儿园教师的任职资格的入园考察和年度考查。

（3）强行规定设立幼师爱祖国花朵（儿童）的专项经费——爱花津贴,按月发放,数量根据各地、各园情况制定。幼儿园天天考核爱心出勤和爱心到位,周周做爱心积分统计,一月一发爱花津贴,形成中华民族最适宜幼儿成长的新风尚和孩子快乐成长在中国的新氛围。

（4）强化教育管理、社会监督特别是能表述的孩子和家长的多维反馈监督形式。

（5）在刑法中增设虐童罪,对缺乏耐心和爱心或其他原因触犯该法者以法律制裁,并终身不得从事教育和管理孩子的职业,在夫妻争夺孩子监护权时有此罪记录者不具备优先考虑条件。

五　大学校长的"三不""四不"承诺

1. 事件概述

2012年7月9日，北京师范大学新任校长董奇在就职演讲中表示：不申报新科研课题，不招新的研究生，不申报任何教学科研奖，个人不申报院士，把百分之百的精力用于学校管理，切实加强和改进学校的管理水平，提高管理的公信力和权威性，并接受全校师生监督。而且"四不"也是对北师大新一届领导班子候选人的要求，要成为学校的一项制度。

2012年8月7日，北京外国语大学新任校长韩震在任职大会上向全校师生员工承诺："在担任校长期间，不再作自己的专业学术研究，不再申请自己原有学科专业的研究课题，不再谋求与教学有关的个人荣誉。"

教育部鼓励大学校长承诺"三不"、"四不"，准备进一步推动高校领导班子强化职业意识，引导和促进高校主要领导干部全身心投入管理工作。

2. 网络舆论对事件的反应

大部分舆论观点对此持肯定态度。支持者认为，这是难能可贵的自我觉醒，是"校长去学术化与学术去校长化"的过程中一个闪亮的开端，是校长角色本位的回归和学术在校园的重新定位。认为其有利于遏制学术腐败，可促进大学管理专业化、大学校长职业化。

也有部分质疑者认为，这是在作秀，仅凭一个个人化色彩很浓的"承诺"，而不是从制度层面去思索校长与学术之间的关系，是很难对早已约定俗成并成为习惯的做法有任何实质性的撼动作用的。

还有部分反对者认为，不能要求所有高校如法炮制，要因校而异、因人而异，如某校长是别人不可替代的学科带头人、资深专家，仍可牵头申报课题，抽空指导课题组工作。如果某校长学术造诣很深，带少量的研究生是可以的。专家型校长适当上点课，从事科研，有助于了解教学、科研情况，更好地做好管理工作。

3. 各种评价的网络分布

此事件的网络舆情的评价及比例如下图：

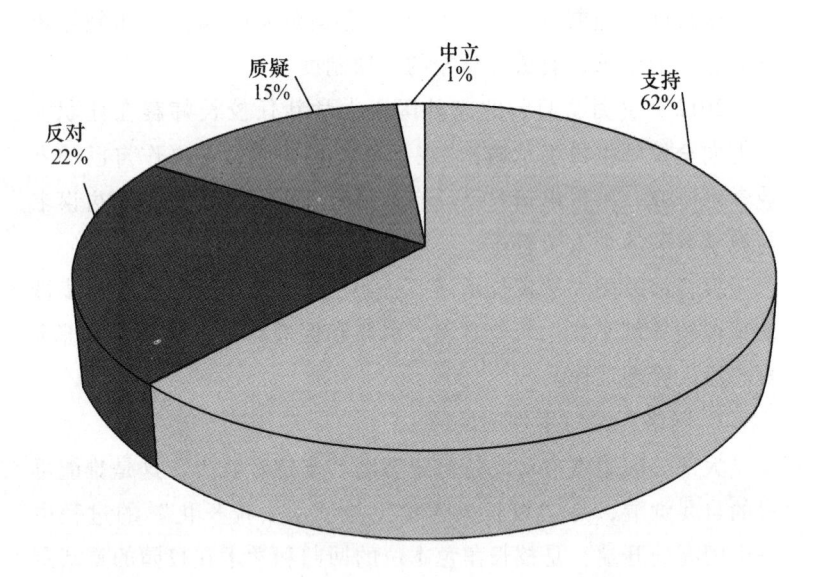

应该说，一只手不能抓住两条鱼，一个人的精力是有限的，我们应该把有限的精力集中到尽可能重要的目标上去，以使我们的工作做得更好，使我们的国家发展得更快。

大学校长应该是专职管理人员，要做好学校的管理和建设，再多的精力都是不够用的。同一个人，用 50% 的精力做管理和用100%的精力做管理，那结果会一样吗？反过来，校长既做管理又做学术研究和教学，那他的学术和教学能达到其用100%的精力做到的水平吗？有利于一个人把他从事的工作做到极致吗？一个校长带头把管理、专业及教学都做到非尽善尽美（或非最高）的水平和程度，这不仅亵渎了科学研究、教学和管理，也亵渎了其他专职管理人员和专职教学科研人员，因为这种兼职似乎在说，兼职者花一半的精力就可和全职者媲美。

更为严重的是，校长等管理者占有更多资源的机会和条件更多，如果各层管理者把资源都集中在非最高水平的工作上，这等于是在拖国家和民族高水平发展的后腿，拖教育高质量发展的后腿，延长实现我们强国目标的时间，降低强国标准的水平。

此外，要破除"学而优则仕"和官本位观念，形成更加科学、优秀的等级标准，形成新的先进文化观和体制、机制。

4. 建议

（1）严格区分管理岗位和教学科研岗位，一人一岗，大学率先建立和形成最大精力投入和最高水平产出的从业新风尚，做管理就停止业务岗位的工作，反之亦然。一个有多种才能、智慧和兴趣的人，不要在同时段从事不同岗位，不要同时兼任管理岗位和非管理岗位。

（2）教育部要适时出台"大学校长及管理工作评价体系"，以对大学校长任职期间管理工作进行考核和评价，对其教学科研不宜列为考核内容。

（3）完善学校机构设置、人员聘任以及教学科研管理制度，健全相应的激励、保障、约束、考核制度，使相同等级的优秀人才得到基本相同的社会待遇和工作待遇。

（4）把专人专职作为高校制度改革的一项重要工作来做。

六 结语

上述三个热点事件的网络舆情,虽然不是教育问题的全部,但是它从一个方面反映了人民对教育、对国家、对人的关怀、关注和思考。尽管网络舆情难免非理性倾向、情绪化表述、解构主义影响,但总的来看,网民的舆论主流是较有价值的,是我们认识问题、了解社会、处理问题、推动社会和工作前进不可或缺的观察点和民情依据。

校车安全问题、虐童问题和大学校长的"三不"、"四不"承诺问题,都折射出我们跟发达国家的种种差异和差距,正视我们的实际和问题,实事求是地解决问题,是我们提高儿童、学生、教师和国家幸福指数,提高教育质量,建设文明发达社会主义强国的重要方面。

(本课题组成员:萧国政、姬东鸿、胡悍、双文庭、王兴隆、屠爱萍、任函、万菁、熊苇渡、刘苹、韩欣)

附录一 关于"舆情"

舆情是"舆论情况"的简称,一般指在一定的社会空间内,大众对某类事件、某种现象或某个问题所表达的观点、态度或意见。舆情具有社会性、大众性、时空性和导向性的特点。官府、民间、文人墨客历来都十分重视舆情,如南唐·李中《献乔侍郎》诗曰："格论思名士，舆情渴直臣。"宋·秦观《与苏公先生简》："伏乞为国自重，下慰舆情。"明·刘基《处州分元帅府同知副都元帅石末公德政碑颂》："予既敬公德，又重父老请，于是述舆情而颂之。"郭孝成《山东独立状况》："始议组织临时政府，以顺舆情，而维大局。"自互联网诞生以来，网络给舆情带来了新的空间，插上了传播和增容的翅膀，彰显出多元共存和肆无忌惮的媒体个性，某个事件成为网民关注的热点，则其信息增长和传播可谓排山倒海，势不可当。

上海交通大学舆情研究实验室主编、社会科学文献出版社出版的2012版舆情蓝皮书《中国社会舆情与危机管理报告（2012）》（以下简称"上交蓝皮书"）指出，去年高等教育热点事件频发，成为最受关注的教育领域，认为校园安全事件成为舆情重灾区，高等教育成为最受关注教育领域。该书指出：2011年，在全部49起影响较大的校园安全类教育舆情事件中，由校车事故引发的舆情事件就有26起，占整体校车安全类舆情事件的53.1%，比2010年多了26.2个百分点。幼儿园和中小学校车安全事故多发，频频成为媒体及社会舆论关注的焦点，2011年11月16日发生的甘肃正宁校车事故，更是将校车安全问题推到了舆论的制高点。2011年影响较大的168起教育舆情案例中，高等教育舆情占比41.7%，较2010年的28.3%上升十几个百分点；学前教育舆情占比21.4%，较2010年（15.1%）略有上升；初等教育及中等教育较2010年有所回落，分别占比14.9%和19.6%。各大高校的招生就业问题、部分高校教师言行不当、高校学生生理和心理健康等问题多次引发高校的舆情危机，使得高等教育成为本年度舆论广泛关注和讨论的领域之一。

（可参见http：//www.shedunews.com/web/disp_48260.html）

"上交蓝皮书"主要侧重舆情涉及的2011年的危机性事件

类型及领域,本报告则是在调查分析广受关注的教育热点事件的基础上,归纳社会各界对事件反应的角度、观点及其折射出的教育问题及相关问题。

附录二 相关网站列表

网站名称	网站地址
新华网	http://www.xinhuanet.com/
人民网	http://www.people.com.cn/
中新网	http://www.chinanews.com/home/
新京报网	http://www.bjnews.com.cn/
中国日报网	http://www.chinadaily.com.cn/
中国广播网	http://www.cnr.cn/
CCTV 新闻频道	http://cctv13.cntv.cn/
国际在线	http://gb.cri.cn/
环球网	http://www.huanqiu.com/
中国教育新闻网	http://www.jyb.cn/
中国教育科研和计算机网	http://www.edu.cn/
检察日报	http://newspaper.jcrb.com/
中国法院网	http://www.chinacourt.org/
中国三农资讯网	http://mlxc.pway.cn/vilage/
中国经济网	http://www.ce.cn/
中青在线	http://www.cyol.net/
科学网	http://www.sciencenet.cn/
南网	http://www.nfdaily.cn/
东南网	http://www.fjsen.com/
齐鲁网	http://www.iqilu.com/
南都网	http://nandu.oeeee.com/

续表

网站名称	网站地址
东方网	http：//www.eastday.com/
西部网	http：//www.cnwest.com/
长城网	http：//www.hebei.com.cn/
天津网	http：//www.tianjinwe.com/
大众网	http：//www.dzwww.com/
北方网	http：//www.enorth.com.cn/
大江网	http：//www.jxnews.com.cn/
南方网	http：//www.southcn.com/
北京晨报	http：//www.morningpost.com.cn/
南方都市报	http：//epaper.oeeee.com/
江西广播网	http：//www.jxradio.cn/
江苏网络电视台	http：//www.jstv.com/
中国河北新闻网	http：//www.heb.chinanews.com/
舜网	http：//www.e23.cn/
厦门网	http：//www.xmnn.cn/
海都网	http：//www.nhaidu.com/
汉风网	http：//www.kaixian.tv/
百湖网	http：//www.baihuwang.com/
广州日报	http：//gzdaily.dayoo.com/
渭南日报	http：//szbk.wnrb.net/
巢湖日报	http：//szb.ch365.com.cn/
温岭新闻网	http：//wlnews.zjol.com.cn/
中国路桥新闻网	http：//luqiao.zjol.com.cn/
华西都市报	http：//www.wccdaily.com.cn/

续表

网站名称	网站地址
贵州农经网	http://www.gznw.gov.cn/
丽水在线教育	http://edu.lsol.com.cn/
搜狐网	http://www.sohu.com/
腾讯网	http://www.qq.com/
新浪网	http://www.sina.com.cn/
凤凰网	http://www.ifeng.com/
网易	http://www.163.com/
中华网论坛	http://club.china.com/
长城论坛	http://bbs.hebei.com.cn/
大众论坛网	http://www.dzhltw.com/
网易新闻论坛	http://bbs.news.163.com/
百度贴吧	http://tieba.baidu.com/
百度空间	http://hi.baidu.com/
天涯社区	http://bbs.tianya.cn/
猫扑社区	http://www.mop.com/
麻辣社区	http://www.mala.cn/
人民网强国社区	http://bbs1.people.com.cn/
红豆社区	http://hongdou.gxnews.com.cn/
雅虎评论	http://opinion.cn.yahoo.com/
搜狐评论	http://star.news.sohu.com/
天府评论	http://comment.scol.com.cn/
雅虎资讯	http://news.cn.yahoo.com/
新浪河南	http://henan.sina.com.cn/
网易汽车	http://auto.163.com/

续表

网站名称	网站地址
和讯网	http://www.hexun.com/
财经网	http://www.caijing.com.cn/
童年网	http://www.tongnian.com/
捧腹网	http://www.pengfu.com/
豆丁网	http://www.docin.com/
开心网	http://www.kaixin001.com/
亲贝网	http://www.qinbei.com/
桐城网	http://bbs.itongcheng.com/
金融界	http://www.jrj.com.cn/
农博网	http://www.aweb.com.cn/
新东方	http://www.xdf.cn/
无忧校车网	http://www.51xiaoche.com/
青州教育网	http://edu.qzshangwu.com/
东方早报网	http://www.dfdaily.com/
中国校长网	http://www.zgxzw.com/
价值中国网	http://www.chinavalue.net/
中国企业家网	http://www.iceo.com.cn/
广东校园安全网	http://www.gdxyaqw.com/
中国科教评价网	http://www.nseac.com/
大众点评网	http://www.dianping.com/
万家资讯	http://www.homephoto.cn/
新浪微博	http://weibo.cn
腾讯微博	http://t.qq.com
搜狐微博	http://t.sohu.com
网易微博	http://t.163.com

后　记

　　首先感谢文学院组织和出版这套丛书，感谢中国社会科学出版社编辑李炳青，感谢为本书付出努力和给予合作与支持的诸位同人和朋友。

　　此前，笔者出版过两本论文集，一本是《现代汉语语法问题研究》（华中师范大学出版社 1994、1997 年版），一本是《汉语语法的事实发掘与理论探索》（湖北人民出版社 2005 年版）。《语言的多角视野与应用研究》是第三本论集。本集的文章，选自前两本论集未能和未及入选的文章。

　　1982 年春笔者师从邢福义先生攻读硕士学位，专业为现代汉语，研究方向是语法。自 1982 年以来，主要精力在语法研究，前两本论集也是语法研究集，语法研究可算作笔者的第一块"一亩三分地"。

　　语法研究是笔者的起点和重心，但不是全部和止点。一方面是工作性质和社会发展需要；另一方面是笔者的兴趣和关注点所致。并且，做学生的时候，业师邢福义先生和很多授课老师及前辈都说：做学问的知识面不能太窄，你们是某个方向的研究生，并不等于说只学某个方面的知识，只关注某个方面的语言研究，语言的各个要素是相通的，做语法研究必须得懂语音、词汇、语法、修辞、方言、文字、音韵、训诂等等。总之，很多方面，可以不为，但不可不知。要把一个方面研究透，会涉及语言的方方面面，还可能涉及逻辑、文化、理论、方法、应用，跨越历时和共时、关涉一语言和他语言等等。先贤的指引，使我们看到了努力的方面和需要到达的空间。在研究生阶段的学习和研究中，就涉及语法以外的若干必修和自选课程，这些学习课程作业和心得，在研究生就读及毕业不久，修改提升后成为刊发在杂志上的铅字，有些被人大复印资料复印，其中有几篇也收进了本论集。

进入21世纪以来，笔者的研究重心向语言理论和语言应用延伸。这一方面是本人的兴趣所在及前期研究兴趣积累的必然发展，另一方面与本人所在的学科"语言学及应用语言学"有关。本集和本人所关注语言学及应用语言学，可以说有这样一些领域或方面：1. 语言理论；2. 母语的规范、教育和应用；3. 第二语言教学（在文学院或中文系主要是对外汉语教学或叫国际汉语教学）；4. 语言信息处理；5. 社会语言学；6. 语言文化。

选入本集的32篇文章，分为四章，从语言的多个角度和不同视野，从一个方面代表着本人和合作者，文章写作时对语言及语言应用研究若干方面的理解、探索与理论追求。

我们以为，理想的学术境界之一，是应不断回答和解决前人和现实中与语言有关的种种问题，不断走向理论前沿、应用前沿和技术前沿，为语言学及应用语言学的知识大厦添砖加瓦。许多年来，我们一直在努力这样做，但做得还不怎么快，也还未那么惬意和理想。

为了方便读者了解我们相关的工作，这里我们附录了本人截至2013年10月的著作目。这里的著作不含论文，即所谓称作"书"的部分。这些书分独著（编）、主编、参编三类：

（一） 独著（4种）

1. 《现代汉语语法释疑》，华中师范大学出版社1988年7月版。

2. 《现代汉语语法问题研究》，华中师范大学出版社1994年2月第1版，1997年8月第2版。

3. 《汉语语法研究论——汉语语法研究之研究》，华中师范大学出版社2001年11月版，2003年7月第二次印刷。

4. 《汉语语法的事实发掘与理论探索》，湖北人民出版社2005年6月版。

（二） 主编（15种）

1. 《语法求索》[全国首届青年现代汉语（语法）学术讨论会（1986年9月，武汉）论文集]，华中师范大学出版社1990年7月版。

2. 《新订教学语法精讲》（主编），武汉测绘科技大学出版社1991年4月版。

3. 《毛泽东著作语言论析》（副主编），湖北教育出版社1993年12月版。

4. 《现代汉语教程》（自学考试用书）（副主编），湖北科技出版社1994年4月版。

5. 《现代汉语自学考试大纲》（副主编），湖北科技出版社1994年4月版。

6. 《现代汉语习题集》（副主编），湖北科技出版社1994年4月版。

7.《汉语法特点面面观》(副主编),北京语言文化大学出版社1999年3月版。

8.《NC与语言学研究》(主编),武汉科技大学出版社2001年10月版。

9.《邢福义语法选集》(中国语法八大家之一,选编),东北师范大学出版社2001年12月版。

10.《言语与言语学研究》(主编),崇文书局2005年8月版。

11.《中文计算技术与语言问题研究》(主编),电子工业出版社2007年版。

12. Recent Advance of Chinese Computing Technologies, Coplis Publications, Singapore, 2007, ISTP索引(主编)。

13.《现代语言学名著导读》(主编),北京大学出版社2007年10月版。

14. Chinese Lexical Semantics[《汉语词汇语义学》(第13届词汇语义学国际研讨会(CLSW2012)论集](主编)[德国]Springer出版社,2013年2月,EI检索。

15.《中国语文的现代化与国际化》(副主编),军事科学出版社2012年7月版。

(三) 参编(11种)

1.《现代汉语》(全国卫星电视教师培训教材),高等教育出版社1986年7月版。

2.《现代汉语问题解答》,湖北教育出版社1986年12月版。

3.《文化语言学》,湖北教育出版社1990年10月版。

4.《现代汉语》(全一册),高等教育出版社1991年5月版。

5.《规范汉语教程》，华中师范大学出版社 1992 年 6 月版。

6.《现代汉语辅导》，高等教育出版社 1993 年 11 月版。

7.《学生常用成语词典》，湖北教育出版社 1996 年版。

8.《现代汉语语法修辞专题》，高等教育出版社 2002 年 6 月版。

9.《20 世纪中国学术大典》，福建教育出版社 2002 年 9 月版。

10.《文化语言学》（增订本），湖北教育出版社 2000 年 1 月版。

11.《现代汉语语法修辞》（增订本），高等教育出版社 2008 年 6 月版。

萧国政

2013 年 10 月于武汉大学